SOLIDARITÄT

Dietmar Süß | Cornelius Torp

SOLIDARITÄT

Vom 19. Jahrhundert bis zur Corona-Krise

Bibliografische Information der Deutschen Nationalbibliothek

Die Deutsche Nationalbibliothek verzeichnet
diese Publikation in der Deutschen Nationalbibliografie;
detaillierte bibliografische Daten sind im Internet
über http://dnb.dnb.de abrufbar.

ISBN 978-3-8012-0622-2

Copyright © 2021 by
Verlag J.H.W. Dietz Nachf. GmbH
Dreizehnmorgenweg 24, 53175 Bonn

Umschlag: Petra Bähner, Köln
unter Verwendung von »Populus Abstract: Perspectrum«
von Craig Alan (www.craigalanart.com), exklusiv bei Deljou Art Group.

Satz: Rohtext, Bonn

Druck und Verarbeitung: CPI books, Leck

Alle Rechte vorbehalten
Printed in Germany 2021

Besuchen Sie uns im Internet: www.dietz-verlag.de

Inhalt

1. Die vielen Sprachen der Solidarität

Sehnsuchtsort, moralischer Appell, Kitt der Gesellschaft: Von Solidarität ist in den Zeiten der Pandemiebekämpfung beinahe unablässig die Rede. Mal ist sie moralischer Imperativ, mal umschreibt sie euphorisch die vielen kleinen Formen nachbarschaftlicher Hilfe im Ausnahmezustand des Lockdowns. Und selbst die Einhaltung der Hygieneregeln und das Abstandhalten zum Nächsten gelten inzwischen als Akt der Solidarität. Das ist vielleicht eine der eigentümlichsten Wendungen eines Begriffes, der mit der Geschichte der modernen Gesellschaft untrennbar verbunden ist.

Viele ahnen und erleben am eigenen Leib, dass sich derzeit alte Ungleichheiten verstärken und neue entstehen und dass Solidarität etwas kostet – ob es sich nun um die Beschränkung der eigenen Mobilität, den ausgefallenen Sommerurlaub oder die milliardenschweren Hilfen für in finanzielle Schieflage geratene Unternehmen oder überschuldete EU-Staaten handelt. Wer hat hier Anrecht auf welches Maß an Solidarität, und welche Schultern sollen die solidarische Hilfeleistung tragen? Der Kampf um die »richtige« Solidarität entzündet sich an den Grundfragen der Krisenbewältigung, die noch über Jahre andauern wird. Dabei geht es nicht nur um die Folgen der Corona-Krise für das im Vergleich zu manch anderem Land noch einigermaßen glimpflich davongekommene Deutschland, sondern auch um die sozialen, ökonomischen und politischen Kosten der durch sie verursachten globalen Verwerfungen, um die Beziehungen zwischen Ost und West, Nord und Süd – innerhalb Europas und darüber hinaus.

Der gegenwärtige Solidaritätshype steht im Widerspruch zur großen Geschichte der »Entsolidarisierung«, als die das letzte halbe Jahrhundert vielfach erzählt worden ist. Der Siegeszug neoliberaler Ideen seit den 1970er-Jahren, die immer wieder diagnostizierte gesellschaftliche Individualisierung, der Zusammenbruch des »real existierenden« Staatssozialismus mit seiner erdrückend hohlen Solidaritätspropaganda und die Transformation der Sozialdemokratien und der christdemokratischen Parteien in ganz Europa – all das legte den Schluss nahe, dass sich Vorstellungen von Solidarität verschoben haben.

Was wir unter Solidarität verstehen

Unser Buch will dem schwierigen Begriff der »Solidarität« schärfere historische Konturen verleihen, und das heißt vor allem: sich mit seinen Widersprüchen und Fallstricken beschäftigen. Was ist das eigentlich genau: Solidarität? Ist sie schon da, wenn Steuerzahler den Solidarzuschlag bezahlen oder Klimaproteste auf Twitter ge*likt* werden? Erleben wir sie am 1. Mai, dem traditionellen Kampftag der Arbeiterbewegung? Die Solidarität hat in den letzten knapp 200 Jahren eine bemerkenswerte Karriere gemacht; ein großes Wort, eng verknüpft mit leidenschaftlichen Gefühlen und großen Träumen. Viele berufen sich auf sie, und schon lange sind das nicht mehr nur klassenbewusste Arbeiter, engagierte Feministinnen oder Anti-Rassismus-Aktivisten. Beinahe alle Parteien sprechen von Solidarität. Der am Beginn des 19. Jahrhunderts noch so randständige Begriff hat einen erstaunlichen Siegeszug hinter sich. Doch zuweilen kann man sich auch zu Tode siegen. Die Solidarität hat ihren ursprünglichen politischen Bezugsraum jedenfalls so weit überschritten, dass inzwischen selbst völkisch-nationalistische Trommler von »Solidarität« sprechen, wenn sie ihre Hassparolen ausspucken.

Unsere Geschichte der Solidarität nimmt ihren Ausgangspunkt in Deutschland und Europa. Vieles werden wir nur streifen können, einiges gar nicht behandeln, manchen Akzent sehr subjektiv setzen. Die Probleme sind damit aber nicht gelöst, denn sie liegen bereits im Begriff und seinen unterschiedlichen Verwendungsweisen. Über Solidarität zu sprechen kann sehr Verschiedenes bedeuten: Viele sehen in ihr die Idee einer allgemeinen menschlichen Verbundenheit, eine »Brüderlichkeit«, auf die wir uns alle als Menschen beziehen und aus der heraus sich gegenseitige Hilfe ableiten lässt. Solidarität kann auch als soziale Integrationskraft von Gesellschaften oder Nationen verstanden werden. Wir sprechen von Solidarität im Zusammenhang mit der Legitimation des Wohlfahrtsstaates, an den wir die Leistungen für jene Menschen delegiert haben, die sich in besonderen Lebenssituationen wie Arbeitslosigkeit, Krankheit oder Alter befinden und die daher einen allgemein anerkannten Anspruch auf gesellschaftliche Unterstützung besitzen. Und schließlich wird Solidarität – als Kampfbegriff – gebraucht, wenn sich Individuen zusammenschließen, um ihre Interessen durchzusetzen, für kollektive Ziele streiten und aus ihrer Sicht verletzte Rechte einfordern. In der Geschichte der Arbeiterbewegung galt Solidarität als Ausdruck eines gemeinsam erlittenen klassenspezifischen Schicksals, aus dem heraus sich dann der Kampf für die gemeinsame proletarische Sache ergeben sollte. Dabei sprachen männliche Arbeiter über ihren Kampf – und ließen die Erfahrungen von Frauen gerne unter den Tisch fallen. Die Geschichte der Solidarität – das wird gerne vergessen – erzählt deshalb auch etwas über Frauen und Männer, über geschlechtsspezifische Rollenzuweisungen und ihre Veränderungen im Laufe des 20. Jahrhunderts.

In den unterschiedlichen Verwendungen des Solidaritätsbegriffs spiegeln sich nicht nur verschiedene historische Kontexte und normative Begründungen wider. Sie deuten auch auf zwei strukturelle Probleme hin, die der Begriff Solidarität mit sich herumschleppt: Erstens ist er sowohl politischer Kampfbegriff als auch eine Kategorie wissenschaftlicher Beschreibung. Formen des gemeinsamen Handelns mögen daher von der historischen Forschung als Solidarität beschrieben werden, ohne dass diese Bezeichnung den Handelnden in den Sinn gekommen wäre. Genauso ist es möglich, dass Aktivisten und Aktivistinnen für sich reklamieren, solidarisch zu handeln, dieses aus wissenschaftlicher Perspektive aber zweifelhaft erscheint. Zweitens wird der Solidaritätsbegriff gebraucht, um unterschiedliche Bereiche gesellschaftlichen Lebens zu beschreiben: Mal bezeichnet er einen Handlungstypus, mal eine Wertidee, mal einen Modus gesellschaftlicher Integration. Die meisten wissenschaftlichen Solidaritätsdefinitionen verstehen Solidarität als einen individuellen oder kollektiven Akt der Unterstützung für andere, dessen Impuls ein Gefühl der Verbundenheit ist. Als konstitutiv gilt dabei regelmäßig die Orientierung an altruistischen Vorstellungen und am Gemeinwohl als handlungsleitende Motivation.

Ein auf diese Weise begründetes Verständnis von Solidarität tut sich freilich schwer, beispielsweise die geltenden Solidaritätszumutungen zu vermitteln, die etwa der Wohlfahrtsstaat mit sich bringt. Charakteristisch für den Sozialstaat ist ja gerade der Rechtsanspruch auf Sozialleistungen, der ohne altruistische Motive auf der Seite der Steuer- und Beitragszahler auskommt. Wir wollen versuchen, den beiden skizzierten Problemlagen gerecht zu werden, indem wir zum einen auf die Sprache der Zeitgenossen und ihre Verwendung des Solidaritätsbegriffs achten. Eine Verschiebung der Begriffsbedeutung oder dessen zunehmender Gebrauch dort, wo früher von Wohltätigkeit die Rede war, sollte Anlass sein zu fragen, was dieser Wandel zu bedeuten hat und wie er zu erklären ist. Zum anderen wollen wir nicht eine der Ebenen historischer Beobachtung privilegieren, sondern sie miteinander verbinden.

Es lassen sich zwei Dimensionen voneinander unterscheiden, die durch den Bezug auf Solidarnormen miteinander verklammert sind:[1] Auf der einen Seite können wir Solidarität auf der Ebene der Akteure antreffen, wenn jemand anderen Hilfe leistet oder sie unterstützt und dazu durch eine »subjektiv akzeptierte Verpflichtung oder ein Wertideal« motiviert wird.[2] Dabei soll es tatsächlich um aktives Handeln und nicht nur darum gehen, dass jemand sein Mitgefühl durch betretenes Schweigen zum Ausdruck bringt. Entscheidendes Gewicht kommt der Solidarnorm als Handlungsantrieb zu, der empirisch besonders deutlich zutage tritt, wenn eine egoistische Verfolgung des Eigeninteresses ein anderes Handeln nahegelegt hätte. Auf der anderen Seite manifestiert sich Solidarität auf der Ebene sozialer Systeme – von der Kleingruppe bis zur gesamten Gesellschaft – darin, dass bestimmte

Solidarnormen weithin oder vollständig Geltung beanspruchen können. Solidarität definiert sich mithin dadurch, dass die Individuen ihr Handeln mit einer gewissen Wahrscheinlichkeit an Letzteren ausrichten. Dabei muss die Orientierung der handelnden Akteure an Solidarnormen nicht unbedingt auf intrinsischen Motiven, sondern kann ebenso gut auf Zwang oder der Erwartung negativer Sanktionen beruhen. Der Wohlfahrtsstaat als »institutionalisierte Solidarität« ist nicht darauf angewiesen, dass jeder einzelne Sozialamtsmitarbeiter oder jede Steuerbürgerin aus tiefster solidarischer Überzeugung handelt; in der Regel ist die Geltung der sozialpolitischen Solidarnorm durch staatliche Zwangsabgaben und rechtliche Vorschriften abgesichert.

Will man den Solidaritätsbegriff einigermaßen trennscharf gebrauchen, liegt es nahe, ihn zunächst nicht universalistisch zu fassen. Solidarität ist eine partikulare Norm. In der Regel bezieht sie sich auf eine bestimmte Gruppe von Menschen, die etwas gemeinsam haben: einen Beruf, eine religiöse oder politische Überzeugung, die Nationalität oder Hautfarbe – wie sehr es sich bei dieser Gemeinsamkeit um eine soziale Konstruktion handelt, spielt gar keine Rolle. Der Inklusionswirkung, die mit der Solidarität verbunden ist, entspricht dabei stets eine exklusive Seite: Jene, die nicht zur Gemeinschaft gerechnet werden, kommen nicht in den Genuss der Solidarität. Solidarität ist daher etwas anderes als Altruismus oder allgemeine Menschenliebe. Und dennoch kann im Partikularen stets auch etwas Universelles liegen – und zwar dann, wenn die partikulare Bezugsgruppe der Solidarität prinzipiell erweiterungsfähig und das Ziel solidarischen Handelns potenziell universalisierbar ist. In diesem Fall besteht die Möglichkeit, dass der imaginierte Rahmen des solidarischen Handelns die ursprünglich gesetzten Grenzen überwindet – etwa dann, wenn bei den handelnden Akteuren die Einsicht wächst, dass sich die Folgen einer Pandemie oder des Klimawandels kaum durch nationale Alleingänge bewältigen lassen. Eine »völkische Solidarität« hat für solch eine kosmopolitische Perspektive keinen Sinn.

Schwierig ist die Frage zu entscheiden, ob solidarisches Handeln immer eine wechselseitige Dimension haben muss oder ob es auch einseitig angelegt sein kann. Um Solidarität klar von humanitärer Hilfe und Wohltätigkeit abgrenzen zu können, wird zumeist auf ihre Reziprozität, ihre Wechselseitigkeit, verwiesen. In der Theorie mag dies recht einfach sein: In der Solidarität steht die gegenseitige Verbundenheit, die zumindest tendenziell geteilte Erwartung gegenseitiger Hilfe im Mittelpunkt, nicht so sehr ein altruistisches Motiv, keine *Caritas* oder paternalistische Fürsorge. Die gefühlte Wechselseitigkeit macht aus einem wie auch immer motivierten Unterstützungshandeln ein solidarisches – und eine soziale Beziehung, die auf Geben und Nehmen basiert. Solidarität wird als Zusammenhalt unter Gleichen begriffen, während Wohltätigkeit Unterstützer und Unterstützte immer in eine hierarchische Relation bringt. Soweit die Theorie.

In der Praxis und einer längeren historischen Rückschau ist, wie wir zu zeigen hoffen, die Unterscheidung deutlich schwieriger. Sichtbar werden dann die Spannungen und Widersprüche der Solidarität: die längerfristigen Prozesse ihrer Verrechtlichung, Entgrenzung und Pluralisierung und ebenso die vielgestaltigen Anerkennungskämpfe in modernen Gesellschaften, in denen um das »Wir« und die »Anderen«, um nationale, ethnische, soziale und geschlechtsspezifische Grenzen gerungen wird.

Der Begriff und seine Geschichte

Im Begriff der Solidarität spiegeln sich sehr unterschiedliche historische Erfahrungen. Seine Geschichte ist untrennbar mit der Annahme verbunden, dass nicht nur Nachbarn, Freunde und Familie, sondern in modernen Gesellschaften alle Menschen »durch ein universelles Band der Zivilität«[3] miteinander verbunden seien. Eine solche Vorstellung, die sich im Nachgang der Französischen Revolution mit dem Begriff der Solidarität verband, war tatsächlich neu und keineswegs selbstverständlich. Denn ihren Ursprung hatte die »Solidarität« in der *Obligatio in Solidum* des römischen Rechts. Dort beschrieb Solidarität eine spezifische Form der Haftung, bei der jeder Einzelne, der zu einer Gruppe von Schuldnern gehörte, für die Gesamtsumme mithaftete. Die »drei

Musketiere« von Alexandre Dumas hätten gesagt: »Alle für einen – einer für alle«. Dumas veröffentlichte seine Abenteuergeschichte 1844 Kapitel für Kapitel in einer französischen Zeitung, und es war just in dieser Zeit, als sich der Begriff der »Solidarität« in seinem öffentlichen Verwendungsgebrauch und der politischen Analyse zu wandeln begann. Die drei Musketiere bezogen ihre Solidarität ganz auf ihre kleine Gruppe, auf die Freundschaft von Athos, Porthos und Aramis mit d'Artagnan, und meinten damit ihre wechselseitige Verantwortung. Zeitgleich gab es gerade bei den antirepublikanischen Gegnern der Revolution den Versuch, den Begriff der »Solidarität« für die Herstellung oder Wiedergewinnung einer »natürlichen«, gottgegebenen Ordnung zu gebrauchen – und die revolutionären Veränderungen gewissermaßen als Bruch, als einen Verlust von »Solidarität« zu deuten.

Seinen Siegeszug sollte der Solidaritätsbegriff von Frankreich aus antreten, aber keineswegs in dem Sinne, wie ihn die postrevolutionären Kritiker immer wieder gebrauchten.[4] Es war vor allem der Journalist und Buchdrucker Pierre Leroux, einer der einflussreichsten frühsozialistischen Philosophen und Publizisten des 19. Jahrhunderts, der dem Begriff der Solidarität eine eigenständige Richtung gab. Leroux, von Louis Bonaparte ins Exil getrieben, rang um eine Antwort auf die Pauperisierung der französischen Bauern und Arbeiter durch die Industrialisierung – und entwarf dafür ein Gedankengebäude, in dessen Zentrum die »Solidarität« stand; so radikal und so strittig, auch wegen seiner antijüdischen Ressentiments, dass es schon zeitgenössisch heftig debattiert wurde. Seine Diagnose: Um das Erbe der Revolution zu retten, müssten die gewachsenen sozialen Ungleichheiten beseitigt werden und die Menschen die Möglichkeiten erhalten, sich als freie und selbstbestimmte Individuen zu entwickeln. Die Gesellschaft sei keineswegs Resultat eines Vertrages à la Rousseau oder Hobbes, eines *Contrat social*; vielmehr seien die Menschen von Anfang an füreinander geschaffen und durch ein gemeinsames Band miteinander verbunden. Das Bewusstsein dieser nicht hintergehbaren Verbundenheit der Menschen, der *Solidarité humaine*, war für Leroux die unabdingbare Voraussetzung dafür, den Einzelnen aus seinen alten Zwängen zu befreien und aus Empfängern milder paternalistischer Gaben freie und gleiche Menschen zu machen.

Lerouxs Arbeiten waren für die Geschichte des Solidaritätsbegriffs von weitreichender Wirkung und fanden seit Mitte des 19. Jahrhunderts rasche Verbreitung. Wenn die frühe europäische Arbeiterbewegung begann, diesen Begriff zu benutzen, versuchte sie sich damit von den in ihren Augen christlich-patriarchalisch kontaminierten Ideen der »Güte« und »Barmherzigkeit« abzugrenzen. Ihre Solidarität war eine andere, Teil einer Idee von Würde und Anerkennung, die ihnen die Herrschenden vorenthielten und die es zu erkämpfen galt. Bisweilen klang da noch etwas von der ursprünglichen juristischen Bedeutung des Wortes mit – jemandem etwas schulden und haftbar sein – nicht im rechtlichen Sinn, wohl aber moralisch.

Ferdinand Lassalle hatte in seinem »Arbeiterprogramm« aus dem Jahr 1862 von der »*Solidarität* der Interessen« gesprochen, die in einem »sittlich geordneten Gemeinwesen« die bürgerliche Idee der persönlichen Freiheit notwendig flankieren müsse, damit »*die Gemeinsamkeit und die Gegenseitigkeit in der* [gesellschaftlichen] *Entwicklung*« an die Stelle der Ausbeutung durch wenige trete.[5] Das Ancien Régime, so fasste Lassalle zwei Jahre später sein Geschichtsbild zusammen, habe die menschliche »*Solidarität* [...] in der *Gebundenheit* oder Unterwerfung« gesucht. Die Französische Revolution und das durch sie eingeläutete bürgerliche Zeitalter dagegen habe die »*Freiheit in der Auflösung* aller Solidarität und Gemeinsamkeit« gesucht. Doch sei »Freiheit *ohne* Gemeinsamkeit [...] *Willkür*«. Daher strebten die »neue [...] Zeit« und die Arbeiterbewegung nach »*Solidarität in der Freiheit*«.[6] Es sollte allerdings dauern, bis der Begriff der Solidarität Eingang fand in die Ideenwelt der Sozialdemokratie, selbst wenn Wilhelm Liebknecht, einer ihrer Gründungsväter, sie 1871 zum »höchste[n] Kultur- und Moralbegriff« erkor, über den die sozialistische Bewegung verfüge.[7]

Gegen Ende des 19. Jahrhunderts jedoch gehörte »Solidarität« für immer mehr Anhänger der Arbeiterbewegung zu den sie leitenden Wertideen, mit denen sie nicht nur die neue Form ihrer wechselseitigen Bindung zu beschreiben versuchten, sondern auch den widerständigen Kern eines Verhaltensmusters meinten, der sie von den besitzenden Klassen unterscheiden sollte. Wohin diese solidarische Zukunft der Unterdrückten führen konnte, ließ sich an Walter Cranes berühmt gewordener Illustration aus dem Jahr 1890 erkennen. Der britische Künstler, selbst Anhänger der sozialistischen Bewegung, entwarf in seinem vielfach reproduzierten Holzschnitt das Bild einer neuen Weltgesellschaft. Der Geist der Solidarität ließ darin die (ausschließlich männlichen) Arbeiter aus allen Kontinenten, aus Europa und Amerika genauso wie aus Asien und Afrika, gemeinsam friedlich um den Globus tanzen, geschützt von einem (weiblichen) Engel der Freiheit. Solidarität war hier nicht an Grenzen gebunden; sie verband Arbeiter aus allen Nationen und Erdteilen – allerdings waren es nur männliche Arbeiter, die hier tanzten, keine Frauen, keine Hausmädchen oder Näherinnen. So wie die frühe Arbeiterbewegung sie dachte, basierte Solidarität auf der Erfahrung gemeinsamer Abhängigkeiten, schuf auf besondere Weise neue soziale Beziehungen und veränderte politische Räume.

Die Solidarität, da war sich der Münchner Revolutionär Kurt Eisner sicher, werde der »Baumeister einer ganz erhabenen Weltordnung« sein. 1908 versuchte er in einem Brief eine Freundin vom Klang dieses Wortes zu überzeugen, das so anders sei als die alten Begriffe Mitleid und Barmherzigkeit: Dies alles schmeckte für Eisner schal und abgestanden. Solidarität sei ein »kalte[s], stahlharte[s]« Wort, geglüht im »Ofen wissenschaftlichen Denkens. [...] Die Solidarität hat ihre Wiege im Kopf der Menschheit, nicht im Gefühl. Wissenschaft hat sie gesäugt, und in der großen Stadt, zwischen Schlöten und Straßenbahnen ist sie zur Schule gegangen. Noch hat sie ihre Lehrzeit nicht abgeschlossen. Ist sie aber reif geworden und allmächtig, dann wirst Du erkennen, wie in diesem harten Begriff das heiße Herz einer Welt von neuen Gefühlen und das Gefühl einer neuen Welt leidenschaftlich klopft.«[8]

Solidarität – das war für Eisner mehr als nur eine politische Kampfformel, die das neue Selbstbewusstsein der Arbeiterbewegung beschrieb. Solidarität war für ihn moralisches Maß und Utopie; sie erhielt ihren Wert aus der Erfahrung von Streiks und lebensweltlicher

Nähe. Sie speiste sich aus Erfahrungen, aus Niederlagen und gewonnenen Schlachten, aus täglicher Arbeit und dem Glauben an eine bessere Welt. Gleichzeitig war der Begriff Solidarität aber auch Teil einer wissenschaftlichen Suchbewegung, die darauf zielte, die Funktionsweise und den Wandel kapitalistischer, arbeitsteiliger Gesellschaft zu erklären. Mit seinem Hinweis auf den »Ofen wissenschaftlichen Denkens«, aus dem der Begriff entsprungen sei, verwies Eisner sicher auch auf den historischen Materialismus und den mit ihm verbundenen Fortschrittsglauben der Arbeiterbewegung. In der marxistischen Theorietradition war die Solidarität der Arbeiter das notwendige Ergebnis des entwickelten Kapitalismus, der ihre Lebensumstände zunehmend homogenisierte und ihnen die Ausbeutung durch die Bourgeoisie tagtäglich vor Augen führte.

Weit wichtiger für die wissenschaftliche Auseinandersetzung mit dem Solidaritätskonzept, auf das Eisner anspielt, war jedoch im 19. Jahrhundert eine französische Theorietradition. Der Mathematiker und Philosoph Auguste Comte rückte hier als Erster den Solidaritätsbegriff – nicht normativ, sondern deskriptiv – in den Mittelpunkt, um den sozialen Zusammenhalt von Gesellschaften zu beschreiben. Besonders prägend war ein anderer Gründervater der neu entstehenden französischen Soziologie, Émile Durkheim, der in der Solidarität den zentralen Integrationsmechanismus moderner Gesellschaften sah. Mit diesem Begriff versuchte er zu erklären, durch welches Schmiermittel die neuen arbeitsteiligen Industriegesellschaften zusammenhielten. Was war an die Stelle der traditionellen Familienverbünde, ihrer Ordnungsprinzipien und Moralvorstellungen getreten? Der Kapitalismus, so seine Annahme, zerstöre nicht nur eine alte, »mechanische«, »auf der Ähnlichkeit des Bewusstseins, auf der Gemeinsamkeit von Ideen und Gefühlen« beruhende Solidarität, sondern er schaffe auch ein neues Gefühl des Aufeinanderangewiesenseins.[9] Diese »organische« Solidarität entstehe in dem Moment, wenn die Menschen merkten, dass die immer rascher voranschreitende Arbeitsteilung ihre gegenseitige Abhängigkeit verstärkte und sie – auf neue Weise – aneinandergebunden seien. Diese neue, sich ständig erweiternde »Verdichtung der Gesellschaft im Lauf der historischen Entwicklung« mache es möglich, neue Verhaltensregeln zu etablieren, die wiederum durch ein neu geschaffenes Recht überwacht würden – ein Recht, dessen Legitimität nicht etwa auf einer göttlichen Ordnung, sondern auf den Erfahrungen und Erwartungen der Beteiligten basiere, die damit rechnen könnten, so behandelt zu werden, wie es ihrer Arbeitsleistung entspreche.[10]

Zunehmende Differenzierung und Individualisierung einerseits und wachsende Solidarität andererseits – das war der Clou der Theorie Durkheims – widersprachen sich mithin nicht, sondern bedingten einander. Er war davon überzeugt, die Anerkennung wechselseitiger Abhängigkeit lasse in den Menschen die Erkenntnis reifen, dass ein möglicher Schaden des anderen auch einen Verlust der eigenen Handlungsfähigkeit bedeutete. Das war ein recht optimistischer Ansatz, der ganz den fortschrittsgläubigen Geist der Zeit atmete und den Begriff der Solidarität ins Zentrum eines umfassenden sozialen Wandlungsprozesses moderner Gesellschaften stellte. Auch bei Durkheim klang jene neue Moralordnung an, die mit dem Begriff der Solidarität verbunden war. Aber als Analyseinstrument gesellschaftlicher Verhältnisse wollte er die Solidarität doch in einem anderen, weniger normativen Sinne verstanden wissen.

Ein anderer Strang der Ideenwelt des Solidaritätsbegriffs führt in das Umfeld der katholischen Soziallehre, die – bis hin zum gegenwärtigen Papst Franziskus – je nach Spielart und in unterschiedlicher Tonlage auf die Stärkung familiärer Bande und die Bändigung des Kapitalismus setzte. Die Aneignung durch das katholische Milieu stützte sich auf einen Strom an Ideen, der wiederum in Frankreich seine schwungvollste Ausprägung fand und dort unter dem Ausdruck *Solidarisme* firmierte. Der Solidarismus lässt sich als Versuch verstehen, Naturalismus und Idealismus miteinander zu versöhnen und einen eigenen, sozialreformerischen Akzent gegenüber dem vorherrschenden ökonomischen Laissez-faire einerseits und den weitergehenden sozialistischen Forderungen andererseits zu setzen. Für Charles Gide, einen seiner prominentesten Vertreter, stand am Anfang die Diagnose der

Solidarité fatale: der wachsenden Interdependenz in allen Bereichen der modernen Industriegesellschaft, die den Menschen zunehmend lebensweltlich bewusst wurde. Nicht nur um das immer dichtere Netz der »Eisenbahnen und [...] Telegraphen« ging es hier, sondern ebenso um »die internationale Konferenz zum Arbeiterschutz in Berlin« oder »die Influenza-Epidemie, die in diesem Winter innerhalb von 15 Tagen um die Welt ging«.[11] Dieser *Solidarité fatale* als Tatsache der modernen Welt, so glaubte Gide, würde mehr und mehr eine *Soldarité libre*, eine von den Menschen aktiv bejahte Solidarität, zur Seite treten. In diese Richtung wirke nicht nur die wachsende Einsicht, dass angesichts der gestiegenen Abhängigkeit voneinander »jedes Gute, das einem anderen zufällt, zu unserem eigenen Wohl beiträgt, und daß alles Übel, das einem anderen zustößt, unser eigenes Übel werden kann«.[12] Vielmehr war Gide überzeugt – und das war die hochgradig normative und fortschrittsoptimistische Seite des Solidarismus –, dass die Menschen auf die Dauer ein Solidaritätsgefühl im Sinne einer freiwilligen moralischen Verpflichtung zueinander ausbilden würden. Die Verkörperung dieser höchsten Form der Solidarität erblickte Gide in den sich im 19. Jahrhundert herausbildenden Konsumgenossenschaften, in denen er die Transformation der ungezügelten Marktwirtschaften angelegt sah.

Der Solidarismus sollte in Frankreich im 19. und frühen 20. Jahrhundert die sozialpolitische Agenda mitprägen; im zeitgenössischen Deutschland hingegen blieben diese Überlegungen, die sich links und rechts abzugrenzen versuchten, weitgehend folgenlos. Allein in der katholischen Soziallehre, allen voran um den Sozialphilosophen Heinrich Pesch, später dann auch bei Oswald von Nell-Breuning, fanden sie einen Widerhall. Der Solidarismus diente hier als Grundlage einer Kritik an Liberalismus und Kapitalismus und dachte eine Gesellschaft im katholischen Sinne, in der »die solidarische Verbundenheit jeder Gemeinschaft mit ihren Gliedern u. der Glieder mit ihrer Gemeinschaft zum beherrschenden Prinzip menschlichen Zusammenlebens« gemacht wurde.[13] Ein revolutionäres Programm war dieser Strang katholischer Soziallehre nicht, und doch ließ sich von hier aus die Sozial-

politik der Weimarer Republik ebenso begründen wie die sozialstaatliche Verfassung der Bonner Republik oder die Hilfe für Geflüchtete,
um die es in diesem Buch auch gehen wird.

Die Geschichte des Solidaritätsbegriffs seit dem Beginn des 20.
Jahrhunderts ist durch eine ambivalente Entwicklung gekennzeichnet. Auf der einen Seite lässt sich feststellen, dass »die Rede von der
Solidarität« in dieser Zeit »politisch und publizistisch einen erheblichen Siegeszug erlebte und in höchst unterschiedlichen Kontexten
reüssieren« konnte.[14] Selbst die völkische Rechte versuchte, diesen
Begriff für sich zu besetzen. Auch Hitler verwendete ihn, wenngleich
zurückhaltend und zumeist nur in den ersten Jahren des »Dritten Reiches«. Wenn, dann gab es für ihn, wie er das im September 1933 betonte, eine »Solidarität, die blutmäßig ewig begründet« sei, eine Form
des Opfers für die »Volksgemeinschaft«.[15] Mit einer Form wechselseitiger Beziehung auf Augenhöhe, mit gemeinsam geteilten Interessen
hatte diese Vorstellung kaum etwas zu tun. Besser klang da schon der
Begriff der »Kameradschaft«, in dem die Erfahrungen des Schützen-
grabens mit verschiedenen Ideen von »Gemeinschaft« verschmolzen
und 1933 eine radikale, auch antisemitische Zuspitzung erfuhren.

Nach dem Ende des Zweiten Weltkrieges gehörte der Solidaritätsbegriff weiterhin zum Kanon der Arbeiterbewegung; mehr denn
je, könnte man sagen. In der deutschen Sozialdemokratie erlebte
er seine erste programmatische Verankerung mit dem Godesberger
Programm von 1959. Mit den Studentenprotesten der Jahre um 1968
nahm die Rede von der Solidarität – insbesondere unter Verweis auf
die Unterstützung der Befreiungsbewegungen der »Dritten Welt« –
einen rasanten Aufschwung. Und auch innerhalb der Kirchen war nun
viel häufiger von der ungleich kritischer klingenden Solidarität als von
Solidarismus die Rede. Auf der anderen Seite steht dieser anhaltenden
und in den letzten Jahrzehnten noch einmal gewachsenen Popularität
des Solidaritätsbegriffs in Politik und Öffentlichkeit kein auch nur annähernd gleichwertiges Bemühen um seine theoretische Durchdrin-
gung gegenüber. Die Solidarität stand da eher am Rand, als es um die
großen Fragen der »Gerechtigkeit« ging. Das dürfte auch daran gele-

gen haben, dass es in den sozialphilosophischen Debatten der zweiten Hälfte des 20. Jahrhunderts – sehr vereinfacht gesagt – stärker um die ethischen Pflichten autonomer Individuen und die Geltungskraft universeller Normen ging als um den Rückbezug auf einen Begriff der Solidarität, der üblicherweise als eine partikulare Norm gefasst wurde, die sich aus der Zugehörigkeit zu einer bestimmten Gruppe ergab.[16] Erst in jüngerer Zeit lässt sich beobachten, dass auch die universelle Dimension von Solidarität (wieder) eine größere Berücksichtigung findet.[17]

Solidarität als historische Praxis

Eine Geschichte der Solidarität macht sich also auf eine weite Reise. Deutlich wird dabei, wie umkämpft die Solidarität stets war. Sie war immer Diagnose und Sehnsucht zugleich. Und doch ist die Geschichte des Begriffs und der Idee der Solidarität nur ein Teil ihrer Geschichte. Die Geschichte der Solidarität erschöpft sich weder im Wandel ihrer vorherrschenden Bedeutung in politischer Theorie und Moralphilosophie noch in der Nachzeichnung ihres Gebrauchs und Missbrauchs durch soziale Bewegungen, politische Parteien und Regime. Löst man sich von der Ebene der Begriffs- und Ideengeschichte und verwendet Solidarität als analytische Kategorie zur Beschreibung von Sozialbeziehungen, wird deutlich, dass Solidarität nie eine feste Größe war; sie existiert nicht einfach und muss nur gefunden werden. Was abstrakt klingt, hat doch einen einfachen Kern: Solidarität entsteht im Tun, im sozialen Handeln, oft getragen durch Akteurinnen und Akteure von unten, durch soziale Bewegungen, die darauf drängen, ihre missachteten Interessen und moralischen Rechte anzuerkennen.

Genau hier setzt unsere Geschichte der Solidarität an: Sie ist vor allem an historischen Ausprägungen von Solidarität als gesellschaftlicher Praxis interessiert, die erst im sozialen Handeln entstehen. Sie richtet ihren Blick primär auf jene sozialen Beziehungen, die versuchen, ein Band der gefühlten Nähe von Interessen und Überzeugungen durch gemeinsames Handeln herzustellen. Wir wollen besonders über

Formen der politischen Solidarität sprechen, die tendenziell über den eigenen Nahbereich hinausgehen und auf die Kritik von Machtasymmetrien sowie die Transformation gesellschaftlicher Verhältnisse zielen. Es geht also nicht so sehr um innerfamiliäre Bindungen, sondern um Formen der Solidarität, die das Verhältnis zwischen dem »Wir« und den »Anderen« beständig neu konfigurieren.

Insofern erschöpft sich eine Geschichte der Solidarität gerade nicht in ihren begrifflichen Deutungskämpfen. Sie sind wichtig und werden uns immer wieder begleiten. Und doch liegt der besondere Reiz in ihrer praxeologischen Dimension, in der Frage also, wie die Beteiligten selbst Nähe und Empathie herzustellen versuchten, was sie dachten und fühlten, wenn sie sich für andere, für scheinbar Gleiche oder für Fremde engagierten. Solidarität konnte sich dabei in ganz unterschiedlichen Aktionen äußern. Streiken, protestieren, boykottieren, helfen und schützen, auf der Flucht verstecken, schreiben, sich organisieren, spenden oder in den digitalen Medien unterstützen – all das waren mögliche Formen solidarischen Handelns, die sich seit dem 19. Jahrhundert herausgebildet haben und bisweilen auch auf ältere Vorläufer zurückgreifen konnten. Solche Praktiken der Solidarität sollen hier im Mittelpunkt stehen. Denn sie geben eine Antwort auf die Frage, was Gesellschaften zusammenhielt, wie künftige Gesellschaften aussehen könnten und wo die Grenzen und Bruchlinien der Solidarität lagen und liegen – so wie im Streit um die Seenotrettung oder um den Umgang mit Geflüchteten und ihre Verteilung innerhalb Europas.

Ein Teil unserer Solidaritätsgeschichte führt uns zurück in die Gründungsphase des modernen Wohlfahrtsstaates und die Zeit der Etablierung sozialer Rechte, zum Kampf um Streikrecht und Koalitionsfreiheit, um die Reduzierung von Arbeitszeiten, den Ausbau sozialer Mindeststandards und des Gesundheitsschutzes. Hat der Sozialstaat mit seiner Institutionalisierung von Umverteilungsmechanismen die zivilgesellschaftlichen Solidarpraktiken gleichsam aufgesogen und bürokratisiert? Oder ist der Wohlfahrtsstaat am Ende nicht selbst auch Begründer neuer Solidarpraktiken und damit weniger Ausdruck einer »Krise« der Solidarität als eine mögliche Antwort? Der Sozialstaat entstand als nationales Projekt und goss die Solidarität in Rechtsform. Mit der Zunahme globaler Fluchtmigration in den 1980er-Jahren gewann dabei eine Diskussion über die Zukunft der sozialen Sicherungssysteme an Fahrt, die eine vermeintliche Krise des Sozialstaates angesichts wachsender Zuwanderung beklagte. Die Frage beschäftigt uns bis heute: Wie weit reicht die Solidarität mit den »Fremden«? Und: Was ist das überhaupt: ein »Fremder«? Die Vorstellungen von Differenz, so werden wir zeigen, wandelten sich im Laufe des 20. und 21. Jahrhunderts. Die Aktualität solcher Fragen rund um die Solidarität ist kaum zu übersehen.

Eine Solidarität unter Gleichen – das war das hehre Motiv der alten Arbeitersolidarität. Der Blick auf die praktischen Formen der Hilfe und Unterstützung offenbart aber schnell, dass der Alltag der Solidarität nicht unbedingt immer hell leuchtet: Die Antwort auf die Frage, wer mit wem solidarisch ist, wer sich wem nahe fühlt, ergibt sich offenkundig nicht einfach von selbst. Und auf Augenhöhe sahen sich die Beteiligten auch nicht immer. Solidarbeziehungen sind vielfach durch ungleiche Machtverhältnisse geprägt, durch unterschiedliche soziale, ökonomische und kulturelle Ressourcen, die manche einbeziehen, andere dagegen bewusst oder unbewusst ausschließen. Dass auf Walter Cranes Holzstich nur männliche Arbeiter als Teil der großen solidarischen Zukunft abgebildet sind und die einzige Frau ein schwebender Engel, aber keine ausgebeutete Arbeiterin war, macht deutlich, dass solidarische Praktiken selbst Teile der eigenen Klasse ausschließen und geschlechtsspezifische und ethnische Hierarchien schaffen konnten.

Ähnliche Tendenzen der Hierarchisierung und der Exklusion lassen sich auch in der Geschichte der Hilfe und des Humanitarismus beobachten. Ohnehin ist es nicht ganz leicht, eine Geschichte der Solidarität von jener der großen Hilfsorganisationen wie des Roten Kreuzes, der UNICEF oder Oxfam säuberlich zu trennen. Sicher: Die großen humanitären Aktionen des 19. und 20. Jahrhunderts konzentrierten sich vornehmlich auf die »Opfer« von Katastrophen oder Kriegen – das begründete zumeist eine radikale Ungleichheit zwischen Helfern und Empfängern der Hilfe. Im Begriff der Solidarität dagegen schwingt doch stärker die handelnde Eigenständigkeit der Beteiligten mit und auch ihre transformative Kraft. Für die Akteurinnen und Akteure jedoch waren und sind die Grenzen zwischen Solidarität und altruistischer Hilfe oft fließend, und auch für uns werden sie es sein.

Nimmt man den Grundimpuls der frühen Debatten um den Begriff der Solidarität seit dem 19. Jahrhunderts ernst, spricht vieles dafür, sowohl ihre transnationale Dimension als auch ihre dynamische, ja ihre beunruhigende, kämpferische Kraft in den Mittelpunkt zu stellen und von dort aus den Blick in unsere Gegenwart zu werfen. Ist es aus dieser Perspektive eigentlich zutreffend, dass sich Solidarität heute »nicht mehr im herrschaftlichen Gefälle von ›Geben und Nehmen‹« konstituiert, sondern »sich aktiv als *Solidaritäts-Partnerschaft*« versteht«?[18] Eine Geschichte transnationaler Praktiken der Solidarität schärft unsere Aufmerksamkeit für die grenzüberschreitenden Dynamiken der Waren-, Kapital- und Menschenströme und die Entkopplung von Orts-, Zeit- und Produktionsverhältnissen unserer Gegenwart. Deutlich wird dabei – das scheint uns wichtig zu sein –, dass eine Geschichte der Solidarität und ihrer neuen sozialen Praktiken nach 1945 ganz wesentlich durch das Zusammenspiel von Dekolonisation und Expansion der Konsumgesellschaft bestimmt wurde, das Formen des kollektiven Protestes und der gegenseitigen Hilfe in einer dezentrierten Welt vermarktlichte und individualisierte. Paradoxerweise lagen aber gerade in solchen Prozessen neue Chancen der Vergemeinschaftung und der transnationalen Kooperation. Zugleich dürfte sich die Frage, was transnationale Solidarität angesichts des Klimawandels und globaler Ungleichheit ist oder sein kann, noch einmal neu stellen. Sowohl ein radikaler Egoismus der reichen Staaten des Nordens und ein gegen den globalen Süden gerichtetes Bündnis als auch ganz neue Formen globaler Solidarität scheinen hier denkbar. Insofern ist Vorsicht vor einer allzu glatten Geschichte der Solidarität geboten, davor, sie entweder so zu erzählen, als führe sie vom Dunkeln ins Licht einer neuen Geschwisterlichkeit, oder aber so, als gebe es sie gar nicht mehr und als sei sie ganz im neoliberalen Dschungel untergegangen. Was wir also erzählen werden, ist nicht »die«, sondern lediglich »eine« von mehreren Geschichten der Solidarität – aber eine Geschichte, über die es sich in diesen schwierigen Zeiten vielleicht besonders nachzudenken lohnt.

2. Die Arbeiterbewegung im »langen« 19. Jahrhundert und die Anfänge der Solidarität

Die Wurzeln der Arbeitersolidarität

Die europäische Arbeiterbewegung des 19. Jahrhunderts gilt als so etwas wie der Ursprungsort der Solidarität. Vor dem Hintergrund der machtvoll voranschreitenden Industrialisierung, so die Vorstellung, hätte sich die neu entstehende Arbeiterklasse in Gewerkschaften und Parteien organisiert, um geeint für die Durchsetzung ihrer Interessen gegen das Unternehmertum und allzu häufig auch gegen den patriarchalischen Staat zu kämpfen. Für die frühen Chronisten der Arbeitergeschichte war dabei die Arbeiterbewegung der mehr oder weniger natürliche Ausdruck der Klassensolidarität. Nachdem immer mehr Arbeitern die Gemeinsamkeit ihrer Klassenlage bewusst geworden sei, erschien die Herausbildung einer Kampforganisation fast schon zwangsläufig als der nächste Schritt. Für Friedrich Engels stand schon 1885 außer Frage, »daß das einfache, auf der Einsicht in die Dieselbigkeit der Klassenlage beruhende Gefühl der Solidarität hinreicht, unter den Arbeitern aller Länder und Zungen eine und dieselbe große Partei des Proletariats zu schaffen und zusammenzuhalten.«[19]

So schön und einleuchtend das alles auf den ersten Blick scheinen mag, so falsch ist es historisch. Zunächst einmal kann von einer Einheitlichkeit der Klassenlage innerhalb der Arbeiterschaft auch nicht nur annähernd die Rede sein – das gilt zumal im Hinblick auf das 19. Jahrhundert. Das ist schon deshalb so, weil es in dieser Zeit außer der Industriearbeiterschaft, an die man üblicherweise denken mag, noch wichtige andere proletarische Erwerbsklassen mit ganz anders gearteten Arbeits- und Lebensbedingungen gab – von den Heimarbeiterinnen und Heimarbeitern über die Landarbeiterschaft bis zu Bauarbeitern und Dienstboten. Aber auch die an Bedeutung rasch zunehmende Industriearbeiterschaft selbst war alles andere als eine einheitliche Klasse und in sich vielfach geschichtet: An ihrer Spitze stand die »Arbeiteraristokratie« der Werkmeister, der Stamm- und Vorarbeiter in der Schwer- und der schnell expandierenden Maschinenbau- und Elektroindustrie; sodann gab es verschiedene Klassen von Facharbeitern, die zum Teil noch eine handwerkliche Ausbildung absolviert hatten; scharf von ihnen wiederum geschieden waren das Heer der angelernten Arbeiter und die Ungelernten. Hinzu traten massive Unterschiede entlang der Achsen Geschlecht und Alter, wobei Frauen und ältere Arbeiter jenseits der Vierzig deutlich niedrigere Löhne und ein höheres Verarmungsrisiko zu gewärtigen hatten.

Selbst dann aber, wenn man von einer einigermaßen homogenen Arbeiterklasse und einer dementsprechend weithin einheitlichen Interessenlage ausgehen könnte, spräche jedoch wenig für die Herausbildung einer schlagkräftigen Arbeiterbewegung, wie der einflussreiche Ökonom Mancur Olson in seiner Theorie des kollektiven Handelns schlüssig gezeigt hat.[20] In großen oder – wie Olson sie nennt – »latenten« Gruppen besteht für die einzelnen Mitglieder kein Anreiz, sich für ein gemeinsames Ziel einzusetzen – auch dann nicht, wenn allen bewusst wäre, dass dies im kollektiven Interesse läge. Der Grund hierfür ist darin zu suchen, dass Ziele wie eine kräftige Lohnerhöhung oder eine Verbesserung der Arbeitsbedingungen den Charakter »öffentlicher Güter« besitzen. Das bedeutet, dass von der Erreichung des Zieles nicht nur jene profitieren, die dafür gestritten haben, sondern auch all die, die keinen Finger gerührt haben. Warum, so ist zu fragen, sollte ein rational handelnder Akteur sich in der Partei engagieren oder als Gewerkschaftsmitglied den Zorn seines Arbeitgebers auf sich ziehen, wenn am Ende diejenigen, die nicht gestreikt oder den Wahlkampf bestritten haben, in gleicher Weise an der Ausweitung der Arbeiterrechte oder steigenden Löhnen partizipieren? Mit dem sog. Trittbrett- oder Schwarzfahrerproblem und dem damit zusammenhängenden geringen Anreiz, für die Durchsetzung eines Kollektivguts Opfer zu bringen, haben im Prinzip alle zahlenmäßig großen Gruppen zu kämpfen. Daher ist es sinnvoll, zunächst nicht von der Selbstverständlichkeit, sondern von der Unwahrscheinlichkeit der Organisation gemeinsamer Interessen auszugehen.

Und doch haben sich in allen Industrieländern vor dem Ersten Weltkrieg Arbeiterbewegungen herausgebildet, die in zähen Konflikten auf der Unternehmensebene und in der politischen Arena für die Durchsetzung von Arbeiterinteressen gestritten und die Emanzipation der Arbeiterschaft vorangetrieben haben. Fragt man danach, wie es Gewerkschaften, Genossenschaften und Parteien gelungen ist, die Probleme kollektiven Handelns zu überwinden, stößt man unweigerlich auf die Solidarität. Viel spricht dafür, in der Solidaritätsorientierung der Arbeiter die entscheidende soziale »Ressource« zu sehen, auf der die Organisationsmacht der Arbeiterbewegung aufbauen konnte.[21] Ohne ein Grundgefühl der Solidarität als soziales Unterfutter lässt sich auf der Akteursebene kaum erklären, warum sich der einzelne Arbeiter den Organisationen der Arbeiterbewegung anschloss, statt sich ausschließlich seinem Eigeninteresse hinzugeben und darauf zu warten, dass andere für ihn höhere Löhne und bessere Arbeitsbedingungen erkämpften. Für die Arbeiterschaft als soziale Gruppe wiederum bedeutete die Geltung der Solidarnorm, dass man beim Aufbau von Organisationen mit einem bestimmten Ausmaß an solidarischem Handeln als Voraussetzung rechnen konnte – und zwar auch bei jenen, bei denen der proletarische Schulterschluss nicht auf tiefster Überzeugung beruhte, sondern eher als lästige Verpflichtung angesehen wurde.

Woher aber kam sie, die Solidarität, auf der die Organisationen der Arbeiterbewegung ruhten? Wie entstand sie und auf wen erstreckte sie sich? Es sind genau diese Fragen, mit denen wir uns beschäftigen müssen, wenn wir nicht einfach umstandslos eine Klassensolidarität der Arbeiterschaft voraussetzen wollen. Die inzwischen extrem reichhaltige Forschung zur Geschichte der Arbeiter und ihrer Bewegungen legt darüber hinaus nahe, dass es hier keine allgemeingültigen, für jeden historischen Fall zutreffenden Antworten gibt. Arbeitersolidarität hatte unterschiedliche Wurzeln und nahm verschiedenartige Ausprägungen an. Die große Bandbreite des empirischen Zusammenhanges von Arbeitersolidarität und -bewegung in den sich industrialisierenden Ländern des 19. Jahrhunderts kann man gut anhand des englischen und des deutschen Falles verdeutlichen.

In England lässt sich die Existenz von Gewerkschaften bis zum Anfang des 18. Jahrhunderts, also bis in die vorindustrielle Zeit, zurückverfolgen. Es handelte sich bei ihnen um *Craft Unions* – um lokal oder regional eng begrenzte Zusammenschlüsse von Handwerksgesellen, die üblicherweise auf die Angehörigen eines Berufes beschränkt waren. Den sozialen Mittelpunkt der frühen englischen Gewerkschaften bildete das *House of Call*, ein Pub, in dem die Handwerker zusammenkamen, um zu trinken und sich auszutauschen. Gleichzeitig fungierten die Gaststätten als Orte der Arbeitsvermittlung, an die sich Handwerksmeister wenden konnten, wenn sie qualifizierte Arbeitskräfte suchten und in denen nicht beschäftige Arbeiter auf ihren *Call* warteten. Die Vorteile der Arbeitersolidarität wurden in diesem Organisationsmodell nicht nur durch persönliche Beziehungen untermauert; sie waren für die Gesellen auch leicht erkennbar, da die Monopolisierung des Arbeitskräfteangebots den Gewerkschaften erlaubte, eine erhebliche Arbeitsmarktmacht aufzubauen und den Arbeitgebern weitreichende Konzessionen abzutrotzen. Handwerksgesellen hingegen, die sich unsolidarisch verhielten und die die Kontrolle der gewerkschaftlichen Arbeitsvermittlung zu unterlaufen suchten, konnten effektiv sanktioniert werden. Darüber hinaus unterhielten die meisten Gewerkschaften Unterstützungskassen, *Friendly Societies*, welche die Mitglieder wenigstens teilweise gegen die allgemeinen Lebensrisiken wie Krankheit, Unfall und Arbeitslosigkeit absicherten. In der Entrichtung von zum Teil erheblichen Beiträgen und der Gewährung von Leistungen drückte sich wiederum eine alles andere als anonyme praktische Solidaritätsbeziehung aus, die mit dem Gewerkschaftsgedanken untrennbar verbunden war. Zugleich bildete die Unterstützungskasse ein geradezu klassisches Instrument zur Bewältigung der Schwierigkeiten kollektiven Handelns, da ihre Leistungen exklusiv den Gewerkschaftsmitgliedern zugutekamen, während alle anderen – anders als beim Kollektivgut – ausgeschlossen werden konnten.[22]

Es war durchaus kein Zufall, dass sich die überlokalen und berufsübergreifenden *General Unions*, die sich nach dem Niedergang des *House-of-call*-Systems seit den späten 1820er-Jahren bildeten, als insgesamt labil und kurzlebig erwiesen. Zwar trugen sie zusammen mit dem Chartismus – der nach der »People's Charter« von 1838 benannten ersten unabhängigen englischen Arbeiterbewegung, die für eine Demokratisierung des Wahlrechts und Sozialreformen eintrat – dazu bei, dass in den 1830er- und 1840er-Jahren eine breite, von der Arbeiterschaft getragene politische Reformbewegung entstand, die auch der Entstehung des Bewusstseins einer einheitlichen Arbeiterklasse Vorschub leistete. Im Hinblick auf die Wahrnehmung der Arbeiterinteressen und insbesondere im Arbeitskampf jedoch zeigten sich die berufsübergreifenden Gewerkschaften als strukturell zu heterogen und zu wenig schlagkräftig, sodass sie sich zumeist nach kurzer Zeit wieder auflösten. Als weit erfolgreicher und durchsetzungsfähiger dagegen erwiesen sich die seit der Jahrhundertmitte entstehenden *New Model Unions*. Sie waren nationale Berufs- oder Berufsgruppengewerkschaften, die aus der Verschmelzung der verstreuten lokalen und regionalen alten *Craft Unions* hervorgingen. Das Neue an diesen Verbänden, von denen die 1850 gegründete Amalgamated Society of Engineers, Machinists, Millwrights, Smiths and Pattern Makers der erste war, bestand nicht zuletzt darin, dass sie die Finanzhoheit über die Unterstützungskassen der verschiedenen lokalen Gewerkschaften auf der Ebene der nationalen Leitung zentralisierten. Das bedeutete auf der einen Seite, dass die persönlichen Solidarbeziehungen, auf denen die lokalen Unterstützungskassen beruhten, ebenso erhalten blieben wie die mit ihnen einhergehenden Möglichkeiten der sozialen Kontrolle. Auf der anderen Seite aber vergrößerte sich das Drohpotenzial der Gewerkschaften in Arbeitskämpfen erheblich, da sie nun im Streikfall auf bislang unbekannte finanzielle Ressourcen zurückgreifen konnten.

Die Solidarisierung entlang relativ eng gefasster Berufsgrenzen in einer Vielzahl von Einzelgewerkschaften bildete bis zum Ersten Weltkrieg und darüber hinaus ein Charakteristikum der englischen Arbeiterbewegung. Auch der rasche Aufstieg der Massengewerkschaften im Kontext des Londoner Hafenarbeiterstreiks von 1889, in dem sich erstmals ungelernte Tagelöhner in einem großangelegten und über Wochen andauernden Arbeitskampf solidarisiert und mit ihren Forderungen durchgesetzt hatten, widerspricht dem nur scheinbar. Vielmehr waren diese *New Unions* bereits in ihrer Anlage eine Reaktion auf die bestehenden Fachgewerkschaften, da sie auf jene Arbeiter zielten, die bislang aufgrund mangelnder Qualifikation oder neuartiger Spezialisierung nicht gewerkschaftlich organisiert waren – wie das etwa auch auf die Dock, Wharf, Riverside and General Labourers' Union zutraf, die aus dem *London Dock Strike* hervorging und rasch auf fast 20.000 Mitglieder anwuchs: fast alles ungelernte Dockarbeiter, die auf Zuruf und auf Stundenbasis arbeiteten und am unteren Ende der Arbeiterschaftspyramide rangierten. Hinzu kam, dass die Gewerkschaften des *New Unionism* ihre Anhänger häufig ebenso schnell wieder verloren, wie sie ihnen zugelaufen waren und der dauerhafte Zuwachs an Mitgliedern vor allem den traditionellen Berufsgewerkschaften zugutekam, von denen sich allerdings viele auch langsam sozial öffneten. Branchengewerkschaften, die – wie in anderen Ländern – alle Arbeiter eines Industriezweigs über die Berufsgrenzen hinweg versammelten, hatten dagegen in England nie eine ernsthafte Chance. Schließlich gehört zu den englischen Besonderheiten auch die späte Entstehung einer Arbeiterpartei; anders als überall sonst in Europa ging sie der Gründung eines nationalen Gewerkschaftsbundes nicht voraus, sondern erfolgte mit deutlicher Verzögerung: Während der Trades Union Congress als Dachorganisation der englischen Gewerkschaften bereits sehr früh, 1868, ins Leben trat, wurde die Labour Party erst 1906 aus der Taufe gehoben – und zwar als politischer Arm der Gewerkschaftsbewegung.[23]

In Deutschland – oder dem, was später dazu werden sollte – war die Situation eine völlig andere. Eine breite Gewerkschaftsbewegung entstand hier erst wenigstens 150 Jahre später als in England – gegen Ende des 19. Jahrhunderts. Auf den ersten Blick mag man das der früher einsetzenden Industrialisierung in England zuschreiben. Doch ist das schon deshalb ein Fehlurteil, weil die ersten englischen Gewerkschaften kaum Industriebezug besaßen und von Handwerksgesellen gegründet wurden. Entscheidend war vielmehr, dass in Deutschland vielfach die strukturellen Voraussetzungen für die Entstehung eines von der beruflichen Qualifikation ausgehenden solidarischen Handelns fehlten. Nur ganz wenige Berufsgruppen wie die Zigarrendreher und die Buchdrucker bildeten berufsbezogene Gewerkschaften aus. In allen anderen Wirtschaftsbereichen der Frühindustrialisierung in Deutschland scheint die betriebliche Organisation der Arbeit für die Entstehung von Gewerkschaften »von unten« nicht günstig gewesen zu sein. Anders als in England, wo Fabriken zu einem Gutteil aus Handwerksbetrieben hervorgingen, konzentrierte sich die Industrialisierung in Deutschland auf wenige hoch dynamische Wachstumsinseln, während sie große Teile der handwerklichen Produktion lange Zeit weitgehend unberührt ließ. Der ganz überwiegende Teil der auch in Deutschland besonders organisationsaffinen Handwerksgesellen arbeitete daher weiterhin in handwerklichen Kleinbetrieben, die zwar von der Kommerzialisierung erfasst, ihrer betrieblichen Struktur nach aber zutiefst traditionell waren. Die tägliche Arbeitserfahrung in diesen kleinen Werkstätten mit wenigen Beschäftigten, mit häufig engem Kontakt zum Meister und teilweise noch lebendigen Zunfttraditionen war kaum geeignet, jene solidarische Gruppenbildung auf betrieblicher Ebene zu fördern, welche die Basis jeder Berufsgewerkschaft darstellte. In England waren die betrieblich gewachsenen Solidarbeziehungen der Nährboden für die frühe Entstehung starker Berufsgewerkschaften; in Deutschland fehlte diese Voraussetzung.[24]

Die bevorzugte Organisationsform der frühen deutschen Arbeiterbewegung in der Mitte des 19. Jahrhunderts war stattdessen der Verein. Lange Zeit dominierten dabei vor allem die Arbeiterbildungsvereine, die gerade »zu Anfang der Sechziger Jahre aus dem Boden [schossen] wie die Pilze nach einem warmen Sommerregen«.[25] Seinem Ursprung nach war der Verein ein Kind der städtischen Lebensweise und ein zutiefst bürgerliches Phänomen. Doch entsprach er in seiner polyfunktionalen Gestaltbarkeit in idealer Weise den mehrschichtigen Bedürfnissen der expandierenden Arbeiterschaft, die von wechselseitiger Unterstützung durch Kassen auf Gegenseitigkeit bis zum Wunsch nach Bildung und Geselligkeit reichten. Überdies gelang es den Arbeitern, sich den Verein als Organisationsform anzueignen, indem sie ihn radikal demokratisierten: An die Stelle des bürgerlichen Honoratiorentums setzte die Arbeiterbewegung im Verein die basisdemokratische Versammlung und die kontroverse Debatte gleichberechtigter (männlicher) Aktivbürger. Insofern waren die Arbeitervereine von Beginn an genuin politische Organisationen. Gegenüber einem repressiven und autoritären Staat in der postrevolutionären Ära nach 1848 traten sie für jenes Idealbild demokratischer Partizipation ein, das sie in der Gegenwelt der Arbeitervereine bereits umgesetzt sahen; das implizierte die Forderung nach Ausweitung des Wahlrechts und Koalitionsfreiheit, nach Liberalisierung des Vereinsrechts und Sozialpolitik.

Die Mitgliedschaft der frühen Arbeitervereine war dabei extrem heterogen: Es dominierten die Angehörigen der städtischen Massenhandwerke, also der Schreiner, Schneider und Schuhmacher; es war aber auch eine ganze Reihe anderer Berufe bis hin zu Volksschullehrern und Apothekern vertreten. Die Tatsache, dass sich diese bunt gemischte Vereinsmitgliedschaft selbst als Arbeiter bezeichnete, war nicht das Ergebnis eines sozialen Nivellierungs-, sondern eines politischen Konstruktionsprozesses. Dementsprechend beruhten auch die Solidaritätsbeziehungen zwischen den Mitgliedern nicht auf einer vororganisatorischen Grundlage, sondern verdankten sich der Integrationsleistung der Arbeitervereine selbst. Dabei spielten sowohl die ideologische Konstruktion einer gemeinsamen Arbeiteridentität in

Absetzung vom bourgeoisen Kapitalisten als auch das Gemeinschafts-
erlebnis im Verein – die Versammlungen und die Feste, das gemeinsame Diskutieren, das Trinken und die Ausflüge – eine zentrale Rolle.

Die weitere Entwicklung bestätigte den politischen Charakter der
deutschen Arbeiterbewegung. Bereits 1863 hatte Ferdinand Lassalle
dazu aufgerufen, eine »selbständige politische Partei« der Arbeiterschaft ins Leben zu rufen und die Gründung des kleindeutsch orientierten Allgemeinen Deutschen Arbeitervereins (ADAV) betrieben.[26]
Als Reaktion darauf entstand noch im gleichen Jahr der großdeutsche
Vereinstag Deutscher Arbeitervereine, der 1869 in der unter der Ägide
August Bebels und Wilhelm Liebknechts gegründeten Sozialdemokratischen Arbeiterpartei (SDP) aufging. Aus der Fusion von ADAV und
SDP ging 1875 in Gotha die Sozialistische Arbeiterpartei Deutschlands
hervor, die 1890 in Sozialdemokratische Partei Deutschlands umbe-
nannt wurde und erstmals fast alle Arbeitervereine vereinigte.

Die im internationalen Vergleich sehr frühe Herausbildung einer
Arbeiterpartei mit einem hohen Grad an Organisationsmacht hat wesentlich dazu beigetragen, in der deutschen Arbeiterschaft trotz der
Vielfalt der proletarischen Klassenlagen ein gemeinsames Klassenbewusstsein und Solidaritätsgefühl entstehen zu lassen. Vorschub geleistet wurde diesem Klassenbildungsprozess fraglos dadurch, dass die
Marx'sche Lehre seit den 1870er-Jahren immer mehr zur unbestritte-
nen Parteiideologie der Sozialdemokratie aufstieg. Als Weltbild mit
wissenschaftlichem Wahrheitsanspruch auftretend, begriff der Marxis-
mus die historische Entwicklung als Geschichte von Klassenkämpfen,
aus der am Ende das Proletariat mit Zwangsläufigkeit als Sieger hervor-
gehen müsste. Aber auch der Staat spielte seine Rolle: Das von 1878 bis
1890 geltende Sozialistengesetz fungierte im Hinblick auf die Entstehung eines proletarischen Klassenbewusstseins wie ein Treibhaus. Die
Welle von Repressionen, die die Sozialdemokratie in dieser Zeit traf,
erreichte das Gegenteil von dem, was Bismarck intendiert hatte: Sie
schweißte ihre Anhänger zusammen und intensivierte unter Millionen
von Arbeitern das Gefühl, in einem Klassenstaat zu leben, gegen den
es sich klassenbewusst solidarisch zur Wehr zu setzen galt. Schließ-

lich fand sich die Vorstellung von der Arbeiterschaft als einer einheitlichen sozialen Klasse in den Jahrzehnten nach der Reichsgründung zunehmend lebensweltlich unterfüttert: Die bei allen Unterschieden ähnlichen Lebensbedingungen im Arbeiterquartier, die Erfahrung von materieller Knappheit und nachbarschaftlicher Hilfe, die gemeinsam verbrachte Freizeit in der Kneipe, dem Arbeitergesangsverein oder dem Arbeiter-Radfahrerbund Solidarität – all das stärkte die innere Solidarität und zementierte die Grenzen der Arbeiterklasse nach außen.

Während in England die Labour Party als politischer Ausschuss einer starken Gewerkschaftsbewegung entstand, entwickelten sich die Gewerkschaften in Deutschland entlang der bereits bestehenden Parteigrenzen. Keineswegs soll damit geleugnet werden, dass es Kontinuitätslinien gab, die die deutschen Gewerkschaften mit der langen Tradition der Gesellenbruderschaften verband. Doch ging gerade in der Welle von Gewerkschaftsgründungen nach der Aufhebung des Koalitionsverbotes im Jahr 1869 der dominante Impuls von den politischen Parteien aus: Die Interessenverbände der deutschen Arbeiterschaft entstanden in Form von Richtungsgewerkschaften. Während insbesondere Bebel die Gründung der der Sozialdemokratie nahestehenden Freien Gewerkschaften betrieb, bildeten sich im Umfeld der linksliberalen Fortschrittspartei die stärker sozialreformerisch eingestellten Hirsch-Dunckerschen Gewerkvereine heraus. Auch die ersten Wurzeln der späteren zentrumsnahen Christlichen Gewerkschaften in Gestalt der von Bischof von Ketteler initiierten christlich-katholischen Arbeitervereine finden sich in den frühen 1870er-Jahren.

Nach einem vorübergehenden Rückgang der Mitgliederzahlen in der Zeit des Sozialistengesetzes erlebten die Gewerkschaften in den 1890er-Jahren ihren Durchbruch zur Massenbewegung. Den sozialen Kern des rasanten Mitgliederanstiegs bildeten dabei Facharbeiter in kleinen und mittleren Unternehmen, die sich zunächst in Fachvereinen auf lokaler Grundlage organisierten. Im Zuge der Expansionsbewegung gelang es den Freien Gewerkschaften nicht nur, sich langsam etwas von der sozialdemokratischen Partei zu emanzipieren, sondern vor allem auch, die anderen Richtungsgewerkschaften deutlich in den

Schatten zu stellen: Von knapp 300.000 im Jahr 1890 war ihre Mitgliederzahl – bei freilich massiver Fluktuation – bis 1913 auf über 2,5 Millionen angewachsen; die Christlichen Gewerkschaften kamen dagegen im Vorkriegsjahr auf immerhin noch 340.000 Mitglieder, die Hirsch-Dunckerschen auf nur gut 100.000.[27]

Das Mitgliederwachstum der deutschen Gewerkschaftsbewegung ist deshalb so wichtig, weil es einen direkten Gradmesser nicht nur für ihren Organisationserfolg, sondern auch für ihre Durchsetzungsfähigkeit gegenüber den Arbeitgebern darstellt. Der Zuwachs an Mitgliedern und die Streikaussichten einer Gewerkschaft verstärkten sich gegenseitig: Je mehr Arbeiter ihr zuströmten und ihre Beiträge entrichteten, desto größer war die Streikkasse, aus der man im Falle eines Arbeitskampfes schöpfen konnte; je besser die Chancen, einen Streik erfolgreich zu bestehen, desto mehr neue Mitglieder schlossen sich der Gewerkschaft an. Die wachsende Organisationsmacht der Gewerkschaften – aber auch die Hochkonjunktur seit Mitte der 1890er-Jahre – spiegelte sich in einer deutlichen Zunahme der Streikaktivität wider. Hatte es noch 1892 nur 73 Streiks im Deutschen Kaiserreich gegeben, erreichte die Streikanzahl bereits 1906 einen Spitzenwert von 3.480; bis zum Ersten Weltkrieg lag sie danach jedes Jahr über der 2000er-Marke. In besonders streikintensiven Jahren waren ungefähr eine halbe Million Arbeiter an Streiks und Aussperrungen beteiligt beziehungsweise von ihnen betroffen.[28] Die Auswirkung der Arbeitskämpfe auf die Ausbildung von Solidaritätsgefühl und Klassenbewusstsein lässt sich kaum überschätzen – und zwar sowohl, wenn die Arbeiter mit ihren Forderungen nach Lohnerhöhungen, Arbeitszeitverkürzungen und Verbesserung der Arbeitsbedingungen durchdrangen, als auch im Falle eines Scheiterns. Streiks waren praktizierte Solidarität; ein Erfolg der Arbeiter führte den Nutzen solidarischen Handelns vor Augen. Aber auch die Niederlage schweißte zusammen, machte die Überlegenheit des »Klassenfeindes« deutlich und aktualisierte die Unterdrückungserfahrung im »Klassenstaat«.

Auch von den Grenzen der Solidarität soll hier die Rede sein. Gewerkschaften sind Interessenorganisationen, die die Interessen einer partikularen Gruppe vertreten. Als solche haben sie mit dem Arbeitgeber ein klares Gegenüber in einem Konflikt, in dem Drohpotenzial und Marktmacht darüber entscheiden, wer sich mit seinen Forderungen und Vorstellungen wie weit durchsetzen kann. Exklusiv verhalten sich Gewerkschaften aber auch gegenüber anderen Gruppen von potenziellen Arbeitskraftanbietern. Nicht zufällig haben Handwerksgesellen und später Facharbeiter im 19. Jahrhundert allenthalben im Zentrum der Gewerkschaftsbildung gestanden. Mit ihrer Qualifikation verfügten sie über eine Ressource, die sie gegenüber anderen mit Zähnen und Klauen zu monopolisieren versuchten, um ihre Machtposition im Arbeitskampf nicht zu unterminieren. Fast immer – diese Tendenz lässt sich bei Berufsgewerkschaften am deutlichsten verfolgen – zielte ihre Strategie daher darauf, die Beschäftigung von ungelernten Arbeitern zu verhindern. Aus genau dem gleichen Grund wandten sich die Gewerkschaften des 19. Jahrhunderts gegen die Erwerbstätigkeit von Frauen und betrieben aktiv die artifizielle Maskulinisierung bestimmter Berufe.[29]

Eine weitere Grenze der Arbeitersolidarität war bis weit ins 20. Jahrhundert hinein am Rande der Stadt erreicht. Die Herausbildung der neuartigen proletarischen Solidarbeziehungen beruhte auf der Urbanisierung und der kommunikativen Verdichtung, dem Zusammenleben im Quartier und der Entwicklung der Arbeiterkultur, die sie mit sich brachte. Eine Einbeziehung des Millionenheers der Landarbeiter dagegen gelang der deutschen Arbeiterbewegung vor dem Ersten Weltkrieg noch nicht einmal ansatzweise. Schließlich – und das mag auf den ersten Blick verwundern – waren die modernen Großbetriebe der Schwerindustrie lange Zeit »schwarze Löcher« der Arbeitersolidarität, in die die Sozialdemokratie und Gewerkschaften nur ganz langsam vordrangen. Das hing zum einen am Sozialprofil der Hüttenarbeiter, die häufig vom Land kamen, keine Ausbildung besaßen und solidarisches Handeln am Arbeitsplatz nicht eingeübt hatten. Hinzu kam noch, dass die massive Fluktuation an Arbeitskräften die Ausbildung enger Beziehungen erschwerte. Zum anderen scheint die funktional und hierarchisch hochgradig differenzierte, sich infolge technischer

Innovationen ständig wandelnde Struktur der Arbeitsplätze in der Eisen- und Stahlindustrie eine starke Fragmentierung der Arbeitserfahrung und eine Segmentierung der Arbeiterschaft begünstigt zu haben. Solidarität war unter diesen Bedingungen nur schwer herzustellen.[30]

Arbeitersolidarität transnational

Es zeigt das lokale und nationale Grenzen sprengende Potenzial der Idee der Arbeitersolidarität, dass ihr schon in einem frühen Stadium eine transnationale Dimension eingeschrieben war. Organisatorisch manifestierte diese sich – nach einigen weniger bedeutenden Vorläufern – erstmals 1864 in der Gründung der Internationalen Arbeiterassoziation, die später als die Erste Internationale in die Geschichte einging. An ihrer Wiege standen englische und französische Gewerkschaftsführer; an der Gründungskonferenz in der Londoner St. Martin's Hall nahmen aber insgesamt knapp 2.000 Teilnehmer aus mehr als einem Dutzend europäischer Länder und den Vereinigten Staaten teil. Wo sonst hätte die Erste Internationale aus der Taufe gehoben werden können als in London? England war das Pionierland der Industrialisierung, nirgendwo war die Gewerkschaftsbewegung so stark wie hier; London war die ungekrönte Hauptstadt des Kapitalismus, gerade zwei Jahre zuvor hatte hier die Weltausstellung stattgefunden.

Die Gründung der Internationalen Arbeiterassoziation fiel in die Anfangsphase der ersten Welle ökonomischer Globalisierung vor dem Ersten Weltkrieg. In gewisser Weise kann sie als Reaktion auf die massive Zunahme weltwirtschaftlicher Verflechtung verstanden werden; zugleich bildete sie einen – freilich auf den nordatlantischen Raum beschränkten – Teil der voranschreitenden globalen Vernetzung. Es ist wichtig zu begreifen, dass es sich bei der Ersten Internationale nicht um eine internationale Organisation im eigentlichen Sinne des Wortes handelte. Andernfalls würde man eine tief im 19. Jahrhundert verwurzelte und bis heute vorherrschende Vorstellung von Globalisierung reproduzieren, nach der grenzüberschreitende Interaktion und Formierung des Nationalstaats wie in einem Stadienmodell aufeinanderfolgen, ganz nach dem Motto: erst die Nation, dann die Verflechtung.[31] Als die Erste Internationale ins Leben trat, existierten aber nirgendwo nationale Gewerkschaftsverbände oder Arbeiterparteien; allenfalls gab es hierfür in England erste Ansätze. Die Gründungsmitglieder der Ersten Internationale waren lokale Gewerkschaften und Einzelpersonen. Kurzum: Grenzüberschreitende Solidarität fand sich in der Internationalen Arbeiterassoziation auf »sub-nationaler Ebene« organisiert – transnational, aber eben nicht ausgehend von gefestigten nationalen Akteuren.[32]

Die Idee der transnationalen Solidarität der Arbeiterbewegung und ihre Appellqualität standen im Zentrum der Ersten Internationale. Den Ausgangspunkt für die Gründung der Internationalen Assoziation, hieß es in der von Karl Marx verfassten und von ihrem Generalrat verabschiedeten »Inauguraladresse«, habe die Erkenntnis gebildet, dass »die Mißachtung des Bandes der Brüderlichkeit, welches die Arbeiter der verschiedenen Länder verbinden und sie anfeuern sollte, in allen ihren Kämpfen für Emanzipation fest beieinanderzustehen, stets gezüchtigt [wurde] durch die gemeinschaftliche Vereitlung ihrer zusammenhangslosen Versuche«. Am Schluss der Rede stand daher der Aufruf, mit dem auch das Kommunistische Manifest von 1848 geendet hatte: »Proletarier aller Länder, vereinigt euch!"[33] Während der kurzen Zeit ihres Bestehens bildete die moralische Autorität, die ihr als Verkörperung des Gedankens einer grenzüberschreitenden Arbeitersolidarität zukam, eine der schärfsten Waffen der Ersten Internationale. Sie nutzte diese Waffe immer wieder, wenn sie gegenüber lokalen Streikbewegungen ihre Solidarität zum Ausdruck brachte. Das Gleiche tat sie auch im Fall der Pariser Kommune von 1871, dem spontanen und sozialrevolutionären, später blutig niedergeschlagenen Aufstand in der französischen Hauptstadt nach der Niederlage im Krieg gegen Deutschland – und avancierte damit noch mehr als zuvor für die autoritären Regierungen Europas und die bürgerliche Presse zum Symbol der proletarischen Revolutionsgefahr.

Jenseits der Solidaritätsidee war es in der Ersten Internationale mit der Einigkeit im Hinblick auf die politischen Ziele freilich bald vorbei.

Von Beginn an waren ihre Kongresse durch Streitigkeiten zwischen den verschiedenen linken Ausrichtungen überschattet: zwischen den Sozialisten und Proudhonisten, den Reformisten und Fourieristen, den Anarchisten und Blanquisten. In den ersten Jahren stand der ideologische Konflikt zwischen Karl Marx und seinen Anhängern und den Mutualisten im Gefolge Proudhons im Vordergrund, bei dem es vor allem um das Problem des Gemeineigentums ging. Danach waren die Debatten durch den jahrelangen Grabenkampf zwischen den Marxisten und den Anarchisten um Michail Bakunin gekennzeichnet, der sich an der Frage der zentralistischen Organisationsform der Internationalen Arbeiterassoziation entzündete. Zum endgültigen Bruch kam es 1871/72. Zwar konnte sich der Kreis um Marx mit seiner politischen Linie im Generalrat durchsetzen, doch erklärte eine Reihe von Landesföderationen ihren Austritt und gründete eine »antiautoritäre« Gegenorganisation – nachdem sie mehrere Jahre ein Schattendasein gefristet hatte, löste sich die Erste Internationale 1876 offiziell auf.

Angesichts dieser dauerhaften und selbstzerstörerischen Konflikte beruhte die Ausstrahlung der Ersten Internationale sicher nicht darauf, dass sie ein Bild ideologischer Geschlossenheit und Stärke der Arbeiterbewegung vermittelt hätte. Auch waren ihre Kongresse fast immer wenig spektakuläre Veranstaltungen mit einer zweistelligen Teilnehmerzahl und verfügte sie nur über bescheidene eigene finanzielle Mittel. Die eigentliche Bedeutung der Ersten Internationale lag vielmehr in der Rolle, die sie als Vermittlungsinstanz für praktische Akte transnationaler Solidarität in der Arbeiterbewegung spielte – und darauf ging auch ein Gutteil ihres symbolischen Kapitals zurück. Vor allem zwei Formen transnationaler Solidarität standen dabei im Vordergrund: Erstens schaltete sich der Generalrat immer wieder in Streiks ein, wenn Unternehmer versuchten, Streikbrecher im Ausland zu rekrutieren – wie das zuweilen vorkam, zum Beispiel als die Schneider in Edinburgh und London 1866 ihre Arbeit niederlegten. Die Internationale Arbeitsassoziation appellierte dann durch ihre lokalen Sektionen an die ausländischen Arbeiter und bewegte sie in einer Reihe von Fällen dazu, das Angebot abzulehnen.

Zweitens fungierte der Generalrat der Ersten Internationale als Informations- und Koordinationszentrale, wenn es um die finanzielle Unterstützung von Streiks im Ausland ging. Gerade in der Streikhochphase Ende der 1860er-Jahre fand sich der Generalrat in London von Hilfsersuchen, die von Streikkomitees in Frankreich und Deutschland, Belgien und der Schweiz kamen, geradezu überschwemmt. In erfolgversprechenden Fällen leitete er diese Bitten um Unterstützung dann an seine verschiedenen Sektionen weiter und versuchte auf diese Weise, Geld für die Streikenden zu mobilisieren. Zum Teil kamen dabei beträchtliche Summen zusammen. Ein Aufruf der Ersten Internationale zugunsten der Pariser Bronzearbeiter im Februar 1867 etwa hatte eine Anleihe der Londoner Hutarbeitergewerkschaft in Höhe von 10.000 Pfund, aber auch Hilfszahlungen von diversen anderen englischen, französischen und Schweizer Gewerkschaften zur Folge. Die Unterstützung der Pariser Bronzearbeiter war dabei in einem doppelten Sinne typisch für die transnationale Solidarität zwischen den verschiedenen Sektionen der Internationale: Zum einen kamen die Hilferufe ganz überwiegend vom europäischen Kontinent, während ihre Hauptadressaten die englischen Gewerkschaften waren. Zum anderen kamen die Finanztransfers in den meisten Fällen nicht als Spenden, sondern als Darlehen, was den Reziprozitätscharakter der Solidaritätsbeziehung unterstrich.[34]

Die 1889 gegründete Zweite Internationale hatte einen völlig anderen Zuschnitt als die Erste. In den 1870er- und 1880er-Jahren hatten die Organisationsbestrebungen der Arbeiterbewegung auf nationalstaatlicher Ebene in den meisten europäischen Ländern einen riesigen Fortschritt gemacht; fast überall gab es nun nationale Arbeiterparteien und Dachgewerkschaften. Auf der Grundlage dieser Entwicklung trat die Zweite Internationale als mehr oder minder loser Zusammenschluss der verschiedenen nationalen Arbeiterorganisationen zusammen. Die zentrale Rolle spielten dabei die neuen sozialistischen Arbeiterparteien, für die die deutsche Sozialdemokratie mit ihrer straffen Parteimaschine und ihrem Massenanhang das allenthalben in Europa bewunderte Vorbild darstellte. Die nationalen Massenorganisationen der Arbeiterschaft bildeten die Träger der Zweiten Internationale; sie selbst erhielt erst 1900 mit dem »Internationalen Sozialistischen Büro« und seinem Exekutivkomitee eine auf Dauer angelegte institutionelle Struktur – bis dahin hatte sie sich nur in Gestalt der alle zwei bis vier Jahre stattfindenden Kongresse manifestiert.

Mit dem Pariser Gründungskongress von 1889 stellte man sich bewusst in die Tradition der Französischen Revolution – er begann am 14. Juli, dem hundertjährigen Jahrestag des Sturms auf die Bastille. Der internationale Aufschwung der Arbeiterbewegung Ende der 1880er-Jahre bildete den Hintergrund für die Erneuerung der Internationale: 1886 hatte sich in Chicago der *Haymarket Riot* ereignet, als knapp 100.000 Arbeiter für den Achtstundentag gestreikt hatten; als die Zweite Internationale 1889 ins Leben gerufen wurde, lag der große Bergarbeiterstreik im Ruhrgebiet erst wenige Monate zurück; der *London Dock Strike*, der einen Meilenstein in der Entwicklung der englischen Gewerkschaften darstellte, begann einen Monat später.

Schon bei der Gründung der Zweiten Internationale zeigte sich allerdings, dass der neue Elan der Arbeiterbewegung wenig an den Zerwürfnissen geändert hatte, die ihrer Vorgängerin zum Verhängnis geworden waren: Wieder kam es zum Dauerstreit zwischen Marxisten und Anarchisten, die schließlich 1896 ausgeschlossen wurden. Die französischen Sozialisten, die in nicht weniger als fünf Richtungen zersplittert waren, nutzten die Internationale immer wieder als Bühne, um ihre internen Konflikte auszutragen. Schließlich schob sich besonders seit der Jahrhundertwende die Auseinandersetzung zwischen den revolutionären und reformistischen Strömungen des Sozialismus in den Vordergrund. Und doch gelang es der Zweiten Internationale bereits auf ihrem ersten Kongress, ein weithin sichtbares und dauerhaftes Zeichen zu setzen: Die Delegierten beschlossen, dass ab 1890 jedes Jahr am 1. Mai in allen Ländern und Städten gleichzeitig Massendemonstrationen für den Achtstundentag stattfinden sollten. Zwar war strittig, ob der Forderung mit einem Generalstreik Nachdruck verliehen werden sollte – wie das in Frankreich und Österreich der Fall war – oder ob es ausreichte – wie das die Deutschen und Engländer praktizierten –, am darauffolgenden Sonntag Kundgebungen abzuhalten. Doch stellten die in ganz Europa und Nordamerika stattfindenden Maidemonstrationen unabhängig davon eindrucksvolle und jährlich wiederkehrende Manifestationen internationaler Solidarität dar, die die Arbeiterbewegung nach innen integrierten und einen Stachel im Fleisch des politischen Gegners bildeten.

Das historische Bild der Zweiten Internationale – und das gilt weitgehend unabhängig vom politischen Standpunkt – hat stets tief im Schatten des August 1914 gestanden. Vor dem Ersten Weltkrieg und besonders seit 1905 hatte sich das Problem des Krieges und seiner Verhinderung zu ihrem dominanten Thema entwickelt. Feierlich hatten sich die Arbeiterführer auf den Kongressen der Internationale gegenseitig ihrer Solidarität versichert und sich – wie in der Stuttgarter Resolution von 1907 – verpflichtet, »alles aufzubieten, um den Ausbruch des Krieges durch Anwendung entsprechender Mittel zu verhindern«.[35] 1912 und 1913 hatte es in zahlreichen Ländern große Protestzüge gegen Krieg und Wettrüsten gegeben; noch Ende Juli 1914 fanden allenthalben von der Arbeiterbewegung initiierte Massendemonstrationen gegen den drohenden Krieg statt, an denen allein im Deutschen Reich eine dreiviertel Million Menschen teilnahm. Und doch willigten alle großen sozialistischen Parteien Europas wenige Tage später in den Burgfriedensschluss ein und votierten geschlossen für die Kriegskredite. In der Geschichtsschreibung ist das üblicherweise als Ausweis eines vollständigen Versagens der internationalen Arbeitersolidarität interpretiert worden. Einmal auf die Probe gestellt, habe sich die viel beschworene internationale sozialistische Solidarität durch die Ereignisse im August 1914 als ein großer »Schwindel« erwiesen.[36] Ein Gutteil der Verantwortungslast ist dabei naturgemäß auf der Schwelle der stärksten sozialistischen Kraft in Europa: der deutschen Sozialdemokratie, abgeladen worden, die zu Kriegsbeginn allzu bereitwillig der sozialistischen Internationale entsagt und sich dem deutschen autokratischen Regime in die Arme geworfen habe, um endlich das Odium der »Reichsfeindschaft« zu überwinden und die negative durch eine positive Integration zu ersetzen.

Zugegeben: Der Wunsch, endlich als gleichberechtigt akzeptiert zu werden, und die Angst, das mühsam aufgebaute Imperium an Arbeiterorganisationen durch politischen Widerstand und die dann zu erwartende staatliche Repression zu gefährden, spielten für die sozialdemokratische Führung eine wichtige Rolle und brachte sie sogar in einen latenten Gegensatz zu ihrer Basis, in der die Antikriegsstimmung bei Kriegsausbruch weit verbreitet war.[37] Doch empfiehlt sich insgesamt eine differenziertere Betrachtungsweise. Zu ihr gehört, dass die Zustimmung zu Burgfrieden und Kriegskrediten in der SPD-Führung selbst durchaus umstritten war und der Konflikt darum die Partei auf lange Sicht zerlegte. Auch stellt sich die Frage, was man denn als Ausweis einer funktionierenden internationalen Arbeitersolidarität akzeptiert hätte. Der hier immer wieder genannte Generalstreik im Kriegsfall war auf den Kongressen der Zweiten Internationale nicht nur von den deutschen Sozialdemokraten wiederholt als unrealistische Option verworfen worden. Schließlich sollte nicht vergessen werden, dass die Internationale das Recht zur Landesverteidigung nie bestritten hat. Im August 1914 aber glaubte sowohl die französische als auch die deutsche Linke, Teil einer angegriffenen Nation zu sein – im ersten Fall sah man den preußisch-deutschen Militarismus, im zweiten das russische Zarenreich als Aggressor.

Das Dilemma der doppelten Verpflichtung gegenüber der Landesverteidigung einerseits und der sozialistischen Internationale andererseits verweist auf ein grundlegenderes systematisches Problem: Für den einzelnen Menschen gibt es Solidarität zumeist nicht im Singular; häufig existieren konkurrierende Solidaritätsgefühle und -erwartungen gegenüber unterschiedlichen Bezugseinheiten – in diesem Fall der Nation und der internationalen Arbeiterklasse. Es kann kaum überraschen, dass sich 1914 der Solidaritätsappell der Nation als stärker erwies als jener der sozialistischen Internationale: Denn auch die Arbeiter und ihre Repräsentanten hatten mit Schule und Armee die beiden wichtigsten Sozialisationseinrichtungen durchlaufen, in denen der Primat des Vaterlands vermittelt wurde, auch für sie gehörten nationale Symbole und Feiern – von der Errichtung der vielen nationalen

Denkmäler nach der Reichsgründung bis zu den jährlich wiederkehrenden Sedantagsfeierlichkeiten – zum selbstverständlichen kulturellen Gepäck. Das verschaffte dem Aufruf zur Verteidigung der Nation einen lebensweltlichen Vorsprung, dem die deutlich abstrakter und artifizieller wirkende Vorstellung einer internationalen Solidarität aller Arbeiter wenig entgegenzusetzen hatte.

Wenn es auch ein schöner Traum bleiben sollte, von der internationalen Arbeitersolidarität die Bewahrung des Weltfriedens zu erwarten, so war sie doch keineswegs wirkungslos. Zum einen nämlich übten die Partei- und Gewerkschaftsführer, vielfach aber auch die einfachen Arbeiter, solidarische Praktiken ein und schufen damit ein Handlungswissen internationaler Kooperation, an das die Arbeiterorganisationen in der Zwischenkriegszeit rasch wieder anknüpfen konnten. Gemeinsame Resolutionen trotz divergierender Ansichten verfassen, internationale Kongresse organisieren, die ein Bild sozialistischer Geschlossenheit vermittelten, zur gleichen Zeit in verschiedenen europäischen Städten für das gleiche Ziel demonstrieren – all das hinterließ einen tiefen Eindruck im Erfahrungshaushalt der Akteure und verfestigte sich im kollektiven Gedächtnis der Arbeiterbewegung.

Zum anderen bestand die zentrale Funktion der Zweiten Internationale in der Performanz der grenzüberschreitenden Solidarität und Einigkeit der Arbeiterbewegung selbst. Die erste Aufgabe der Internationale, brachte der österreichische Sozialist Friedrich Adler 1914 auf den Punkt, sei »sich selbst zu manifestieren, zum Ausdruck zu bringen, daß die Arbeiter aller Länder sich verstehen, daß sie eins in Erkenntnis und Willen sind«, »die internationale Solidarität des Proletariats zu beweisen« – dass dabei »alle Länder« nicht in einem globalen Sinne zu verstehen, sondern vornehmlich jene des industrialisierten Westens gemeint waren, sollte einem freilich stets bewusst sein.[38] Bei fast allem, was die Zweite Internationale unternahm – bei ihren Kongressen, ihren Beschlüssen, den in ihrem Namen stattfindenden Kundgebungen –, ging es in erster Linie stets darum, die Einheit und Solidarität der internationalen Arbeiterbewegung zu demonstrieren – den allen Beteiligten nur zu sehr bewussten internen und immer wieder aufbre-

chenden Richtungskämpfen zum Trotz. Dabei konnten die Arbeiterführer am Vorabend des Ersten Weltkriegs durchaus auf eine beachtli-
che Lernkurve zurückblicken: Besonders auf den Kongressen gelangen
die Zurschaustellung der Einheit der Bewegung und die Abschattung
der Gegensätze zunehmend besser. Die von der Internationale initiierten Maikundgebungen, die Protestmärsche gegen Wettrüsten und
Krieg, die Trauerfeiern für international bekannte Sozialisten – sie alle
waren machtvolle Veranschaulichungen grenzüberschreitender Solidarität, mit denen sich die Bewegung nach innen ihrer eigenen Geschlossenheit versicherte und nach außen Stärke zeigte.

Als Wilhelm Liebknecht im August 1900 starb, transformierte die
SPD die Trauerprozession und das Begräbnis in eine Demonstration
deutscher und internationaler Arbeitersolidarität. Schon vor der Bei-
setzung hatte der »Vorwärts« den Ton angegeben: Liebknecht habe
»in sich nicht nur die deutsche Arbeiterbewegung, sondern die Arbeiterbewegung aller Länder« verkörpert, »die Weltpolitik des Proletariats, der Völkerverbrüderung und des Völkerfriedens«.[39] Beim 100.000
Menschen umfassenden Trauerzug marschierten dann die Größen der
internationalen Arbeiterbewegung mit; direkt nach der Trauerranspra-
che August Bebels ergriffen Victor Adler, Paul Lafargue und die anderen führenden Repräsentanten der europäischen Arbeiterparteien das
Wort.[40] Die Bedeutung dieser Zelebrierung internationaler Solidarität
für die deutschen Sozialdemokraten lässt sich kaum überschätzen. Zu
Hause vielfach drangsaliert und marginalisiert, vermittelte sie ihnen
das Gefühl, nicht alleine, sondern Teil einer weit über die deutschen
Grenzen hinausgehenden Bewegung zu sein, die jeder Macht der Welt
die Stirn bieten konnte. Das stärkte das Selbstbewusstsein und das
Prestige der deutschen Sozialdemokratie – insofern ist es nur scheinbar paradox, dass sich die Hauptwirkung der internationalen Solidarität zu dieser Zeit im nationalen Kontext entfaltete.

3. Solidarität im Zeitalter der Extreme (1918–1945)

Der nationalistische Taumel des Ersten Weltkrieges machte es schwer, an die zarten, oftmals gerade erst entstandenen Bande der transnationalen Solidarität anzuknüpfen. Zu tief saß vielfach der Hass. Und dennoch boten gerade die katastrophalen Kriegsfolgen vielfach den Impuls für neue, internationale Netze, die nationale Grenzen überwanden. Dafür gab es unterschiedliche Vorläufer, die bis weit ins 19. Jahrhundert zurückreichten und durch philanthropische und religiöse Motive ebenso geprägt waren wie durch die Arbeiterbewegung. Die »Sprachen der Solidarität« hatten deshalb einen unterschiedlichen Klang, mal leidenschaftlich revolutionär, mal humanitär oder national, mal gefärbt durch die Stimme christlicher Barmherzigkeit – und manchmal überlagerten sie sich auch. Deutlich zeigt sich indes, dass über die Frage, wer der Adressat von Hilfe und solidarischer Unterstützung sein sollte, in neuer Form gerungen wurde. Vielfach hatten sich die schon bestehenden privaten Hilfsorganisationen auf die »eigenen Leute« im Land konzentriert. Die Antwort aber, wer nun dieses »Wir« und die »Anderen« war, fiel am Ende des Ersten Weltkrieges weniger eindeutig aus.

In Großbritannien gründeten die Schwestern Eglantyne Jebb und Dorothy Jebb Buxton im April 1919 den Save the Children Fund. Ihre Forderung: ein Ende der immer noch nicht aufgehobenen britischen Seeblockade und die rasche Versorgung hungernder Kinder in Deutschland und Österreich. In ihrer Kampagne mischten ganz unterschiedliche Frauen und Männer mit: Pazifistinnen aus der Frauenbewegung, Labour-Politiker, Mitglieder unterschiedlicher christlicher Kirchen; selbst Papst Benedikt XV. bekundete öffentlich seine Unterstützung.

Der Kampf für unschuldige, hungernde Kinder war dabei mehr als nur ein Akt der Nächstenliebe für besonders unschuldige Wesen. Jebb, eine der ersten Frauen, die in Oxford studiert hatten, war fest davon überzeugt, dass in den Kindern gewissermaßen der Keim für eine andere Art des menschlichen Zusammenlebens angelegt sei,[41] eine Form der Humanität und des neuen Internationalismus, der alte, nationale oder konfessionelle Grenzen sprengen werde. Großbritannien und seine Charity-Organisationen sollten in dieser neuen Weltordnung eine wichtige Rolle spielen: als Bannerträgerinnen eines friedlichen, »aufgeklärten« Empire, dessen neue Verantwortung darin bestand, an vorderster Front für alle Kinder in der Welt und damit für einen neuen globalen Humanitarismus zu streiten, dessen Herz in London schlug.

Die Hilfe hatte also auch, selbst wenn sie immer wieder das strikte Gebot der Neutralität betonte, eine politische Dimension und fügte sich in Debatten über die neue Weltordnung ein, die der Erste Weltkrieg hinterlassen hatte. Eine ganz besondere Bedeutung erhielt der Save the Children Fund zudem auch deshalb, weil hier trotz aller konfessionellen Barrieren Christen unterschiedlicher Kirchen zusammenarbeiteten: Katholiken, Anglikaner, Protestanten und auch Mitglieder aus Freikirchen. Gemeinsam knüpften sie an die schon in der Vorkriegszeit etablierten Formen ökumenischer Kooperation an.

Der Erste Weltkrieg wirkte wie ein Katalysator für diesen vielerorts stark evangelikal geprägten imperialen Humanitarismus, der das Gefühl religiöser »Erweckung« mit dem Wunsch nach sozialen Reformen und einer besseren »irdischen« Welt verband. In der praktischen Hilfe gab es dann auch die größten Überschneidungen mit den säkularen Bewegungen, die stärker auf individuelle Emanzipation, auf Befreiung aus den kapitalistischen Zwängen und auf die Gründung einer neuen Form gesellschaftlicher Kooperation setzten. Es war dieses Umfeld, in dem der Begriff der »Solidarität« seine eigentliche politische Wirkung entfaltete und zur Projektionsfläche neuer, revolutionärer Sehnsüchte werden sollte. Von Solidarität war also nun, in der politischen Sprache der Zeit und vor allem innerhalb der Linken, immer häufiger die Rede, beschrieb sie doch die Hoffnung auf eine bessere

Welt ebenso wie einen spezifischen Modus sozialen Handelns, der die Voraussetzung für den politischen Kampf bildete. In einer zunehmend verflochtenen, arbeitsteilig organisierten Gesellschaft entstehe, so hatte es Émile Durkheim um die Jahrhundertwende prognostiziert, eine neue, »organische« Solidarität; ein sozialer Zusammenhalt, der auf der Anerkennung wachsender Unterschiedlichkeit und gleichzeitiger Abhängigkeit der Menschen basiere. Seine Prognose mochte etwas zu euphorisch und stark von seinem festen Glauben an individuelle menschliche Rechte geprägt gewesen sein. Und doch lenken uns seine Überlegungen auf eine wichtige Spur bei der Suche nach strukturellen Wandlungsprozessen von Solidarbeziehungen im frühen 20. Jahrhundert, die bereits die Ansätze zur transnationalen Arbeitersolidarität im späten 19. Jahrhundert gekennzeichnet hatten: dass sich nämlich neben der »Solidarität unter Gleichen« auch Praktiken der »Verbundenheit trotz Differenz«[42] etablierten, in denen das Gefühl der Nähe nicht durch unmittelbar gemeinsame Erfahrungen, sondern durch die Anerkennung von Unterschieden bestimmt wurde – beispielsweise bei Streiks von Arbeiterinnen und Arbeitern unterschiedlicher ethnischer Herkunft, bei neuen Koalitionen gegen einen gemeinsamen Feind wie die faschistischen Bewegungen oder bei dem Versuch, Hungersnöte zu bewältigen.

Hungerkämpfe

Wie umkämpft das Feld der Hilfe sein sollte, zeigte sich in der russischen Hungerkrise seit 1921.[43] Die Nachrichten, die aus Russland die ganze Welt erreichten, klangen verheerend. Dieses Mal waren es aber keine Meldungen über die Folgen der Oktoberrevolution, über blutige Konflikte zwischen roten Revolutionären und ihren Gegnern. Es waren Nachrichten, die auch Gegner der Russischen Revolution berührten und eine bis dahin unbekannte Welle internationaler Hilfe anlaufen ließen. Während sich Westeuropa unter Schmerzen von den Kriegsfolgen zu erholen versuchte und sich die Versorgungslage langsam entspannte, drohte den russischen und ukrainischen Kornkammern an Wolga und Don der dritte Ernteausfall in Folge. 20 Millionen Menschen, so die Schätzungen, waren davon betroffen. Die Hitze traf ein Land im Ausnahmezustand, ausgezehrt nach Jahren eines immer noch tobenden Bürgerkriegs und heftigen sozialen Erschütterungen. Die Bolschewiki hatten die vorhandenen Ressourcen vor allem in die Städte gelenkt und waren mit den Prioritäten ihrer Agrarpolitik sehenden Auges in die Katastrophe geschlittert. Lange sperrte sich Moskau gegen die Möglichkeit, Hilfe von außen zu holen. Doch angesichts der bedrohlichen Lage war dies schließlich alternativlos. Maxim Gorki, die große literarische Stimme Russlands, wandte sich als erster in einem Telegramm an seinen deutschen Schriftstellerkollegen Gerhart Hauptmann und bat ihn um Hilfe. Medikamente und Brot – daran mangelte es vor allem. Auch wenn im Westen die Skepsis gegenüber den neuen kommunistischen Herrschern ungebrochen war, fand der Appell doch rasch große Resonanz in der Weltöffentlichkeit.[44] Auf dem noch jungen Feld humanitärer Hilfe arbeiteten nicht nur das Internationale Rote Kreuz und der neu geschaffene Völkerbund; auch für Save the Children sollte die Russlandhilfe – parallel zu Kampagnen für hungernde Kinder in Deutschland, Österreich oder Ungarn – eine erste wichtige Bewährungsprobe sein.[45]

Aber gerade die Russlandhilfe machte klar, wie schwierig Hilfe und wie umstritten Solidarität sein konnte.[46] Half man damit nicht ungewollt auch den Kommunisten? War es sogar das Gebot der Stunde, solche Grenzen zu überwinden und gerade jene zu unterstützen, die persönlich so fern schienen? Und wer war schließlich für die Hilfskoordination verantwortlich, wenn man sich dazu überhaupt durchringen wollte? Bei den Unterstützerinnen, die ihr Herz noch für die hungernden deutschen Kinder hatten erwärmen können, gab es anfangs einige, die zunächst durchaus zögerlich auf die Initiative von Eglantyne Jebb reagierten, Spenden auch Richtung Russland zu schicken. Der Erfolg war dennoch erstaunlich: Innerhalb eines knappen Jahres sammelte der Fonds mehr als 484.000 Pfund und baute mithilfe russischer Unterstützung ein Netz von 1.450 Küchen in der Provinz Saratow auf.[47] Unter heutigen Bedingungen würde man wohl von einem modernen Fundraising sprechen – Sammlungen in Kirchen und Schulen, Musik- und Theateraufführungen, dazu eine eigene Zeitung, die regelmäßig über das Schicksal der Kinder berichtete, und sogar ein Dokumentarfilm, der helfen sollte, die moralische Notwendigkeit der Kampagne unter Beweis zu stellen. Wie für andere Hilfsorganisationen auch war das eine schwierige Gratwanderung, stand doch die Frage im Raum: Wer war schuld am Hunger? Denn es war umstritten, ob es sich bei der Hungerkrise um eine »Naturkatastrophe« oder ein politisches Versagen der kommunistischen Führung handelte. Save the Children betonte deshalb immer wieder seine Neutralität und sprach lieber von den schrecklichen klimatischen Bedingungen, der »menschlichen Tragödie« und nicht etwa von falschen politischen Entscheidungen, gar Folgen der bolschewistischen Revolution. Doch warum sollte man überhaupt spenden? Natürlich: die humanitäre Katastrophe, die sich in Russland abspielte – aber es ging doch auch darum, so konnte man in Stellungnahmen immer wieder lesen, dass sich durch die Spenden gleichsam eine besondere britische Tugend unter Beweis stellen ließe: Hier werde die besondere Generosität des Empire sichtbar; aus Kindern würden einmal Erwachsene, die sich dann an die Hilfe aus London erinnerten – aus den Gegnern von einst würden damit die Bündnispartner von morgen, und neben aller humanitärer Sorge sei eine Spende damit auch im nationalen Interesse. Unterschiedliche Interessen schmolzen hier also zusammen.

Solche frühen humanitären Hilfskampagnen waren in ganz verschiedene politische Kontexte eingebettet. Nicht zuletzt waren sie auch Teil des sich erst etablierenden Feldes internationaler Organisationen wie des mit Kriegsende entstehenden Völkerbundes. Russland war 1921 noch kein Mitglied, und die Bolschewisten hatten in der Wahrnehmung ihrer Gegenspieler ein unberechenbares Regime errichtet. Wollte man Russland also eher schwächen – und das große Land mit seinen Problemen allein lassen? Oder erwuchs gerade aus der Gründung des Völkerbundes nicht eine besondere Verpflichtung, jenseits politischer Differenzen ein neues System internationaler Hilfe zu etablieren, gerade um künftige Konflikte zu vermeiden? Jedenfalls war klar: Die Vereinigten Staaten als die neue starke globale Macht würden hier eine Vorreiterrolle spielen.[48] Das taten sie in Gestalt der American Relief Administration unter der Leitung Herbert Hoovers – einer Organisation, die einerseits die unterschiedlichen privaten und staatlichen Hilfen organisierte, andererseits aber ihr humanitäres Selbstverständnis immer auch gekoppelt sah an die politischen und wirtschaftlichen Interessen ihres Heimatlandes. Die politisch verantwortlichen Akteure in den USA hegten die Hoffnung, den bolschewistischen Revolutionären durch Nahrungsmittellieferungen die Unterstützungsbasis zu nehmen und einen neuen Raum für amerikanische Agrarprodukte zu schaffen. Das kapitalistische System – so der Gedanke – könne hier einmal zeigen, wozu es in der Lage sei. Hilfe war also auch hier nicht voraussetzungslos, aber das war sie ohnehin nur selten – und das wusste auch die russische Seite, die in diesem Moment schlicht keinen anderen Ausweg hatte, als die Unterstützung anzunehmen.

Die Frage, wessen Hilfe überhaupt erwünscht sein würde, prägte die unterschiedlichen internationalen Initiativen, die Fridtjof Nansen für den Völkerbund koordinierte. Das Geld, das ihm zur Verfügung stand, kam aus unterschiedlichen Quellen, und es war selbst Teil des Konfliktes um die Grenze zwischen Solidarität und humanitärer Hilfe. Frankreich und Großbritannien beispielsweise hatten es strikt abgelehnt, Russland durch Kredite zu stützen, und die Blicke richteten sich ganz auf die USA, die mit Edgar Hoover doch auch ganz eigene Interessen verfolgten. Hilfskampagnen waren also zunehmend eingebunden in die Konflikte eines sich – im Gefolge des Ersten Weltkrieges – neu etablierenden Systems internationaler Beziehungen, innerhalb dessen private und staatliche Interessen miteinander verschmolzen.

In der Russlandhilfe zeigte sich zugleich, dass die Forderung nach Solidarität immer mehrere Adressaten hatte. Denn vor allem für die kommunistischen Parteien, allen voran für die deutsche KPD, ging es darum, die Lufthoheit über die »Internationale Solidarität« im eigenen Land zu gewinnen. Die Internationale Arbeiterhilfe (IAH), die Willy Münzenberg ins Leben gerufen hatte, mobilisierte vor allem im eigenen Milieu und warb mit großflächigen Kampagnen um Geld für die russischen Arbeiter und Bauern.[49] Diejenigen, die sich hier zusammenfanden, fühlten sich als Teil von etwas Größerem, wovon die kommunistische Arbeiterbewegung lange geträumt hatte: einer großen Internationalen der Werktätigen, die die alten nationalen Bande durchbrechen und so eine ganz neue Form von Verbundenheit zwischen den »Ausgebeuteten« und »Entrechteten« schaffen konnte. Gab man bei den Partei- und Kulturveranstaltungen auch nur eine kleine Spende seines kargen Lohnes, so würde allein das dazu beitragen, ein neues Band der Solidarität zu knüpfen. Dafür brauchte es, wie Münzenberg überzeugt war, neben Geld vor allem auch eine eigene schlagkräftige Organisation. An eben einer solchen kommunistisch geführten Organisation wollten aber die sozialistisch und sozialdemokratisch geführten Gewerkschaften und Parteien in Europa nicht mitwirken.

Ihr Internationaler Gewerkschaftsbund hatte schon Mitte August 1921 einen eigenen »Appell der Solidarität« veröffentlicht und einen gemeinsamen Fonds für die Russlandhilfe gegründet – auch als Reaktion auf die Versuche der Kommunisten, das Thema allein für sich zu besetzen. In Deutschland hatten es die Mehrheitssozialdemokraten jedenfalls abgelehnt, an der neugegründeten Arbeiterhilfe für Sowjetrußland teilzunehmen. Stattdessen warben sie, etwas später dann auch die USPD, dafür, alle Aktivitäten über den Internationalen Gewerkschaftsbund in Amsterdam zu bündeln und die Initiativen des Völkerbundes zu unterstützen.[50]

Dass Hilfe für das leidgeprüfte russische Volk dringend von Nöten war, daran gab es für Sozialdemokraten keinen Zweifel. Und man schaute in diesem Moment mit Respekt nach Österreich, wo die proletarische Selbsthilfe trotz eigener großer Sorgen einen erheblichen Beitrag gespendet hatte. Zugleich aber wollte man kein Erfüllungsgehilfe kommunistischer Werbeaktionen sein – und als solche verstanden die deutschen Genossinnen und Genossen das so schön klingende Solidaritätskomitee. Mehr noch: Die Hungerkrise war in ihrer Sicht kein klimatischer Schicksalsschlag, sondern menschengemacht; von den Bolschewiki selbst verursacht: »Wenn Sozialismus Steigerung der Produktion, Nationalisierung der Wirtschaft, sinnvollster Ausbau der

Organisation ist, dann stirbt die Wolgabevölkerung im bolschewisti-schen Rußland nicht am Sozialismus, sondern umgekehrt am Fehlen alles dessen, was das Wesen des Sozialismus ausmacht«, urteilte der »Vorwärts« im Juli 1921.[51] Die Sozialdemokraten konnten die unerbitt-liche Härte nicht vergessen, mit der ihre russischen Genossinnen und Genossen in den letzten Jahren verfolgt worden waren. Deshalb wa-ren sie entschlossen, einen anderen Weg »internationaler Solidarität« zu gehen, auch, weil die KPD die katastrophale Lage aus ideologischen Gründen viel zu lange kleingeredet hätte. Vorbedingungen sollte es für die Sammlungen in den eigenen Reihen nicht geben. Doch wiesen Eduard Bernstein und Karl Kautsky in ihrem Aufruf Ende Juli 1921 da-rauf hin, dass auch Regionen wie Georgien vom Hunger bedroht seien, die von der Roten Armee erobert worden waren und jetzt vor allem eines benötigten: »die Freiheit, sich selbst zu helfen«. Ohne einen ra-schen Abzug der Roten Armee werde die dringend benötigte Selbst-verwaltung nicht kommen. Manchen ging auch dieser Appell ange-sichts der politischen Verfolgung von Sozialisten nicht weit genug, sodass beispielsweise eine Bochumer USPD-Versammlung ihre Spen-denbereitschaft an die Freilassung inhaftierter Sozialisten knüpfte.[52]

Innerhalb der USPD dominierte zugleich aber die Ansicht, dass der Hunger das russische Proletariat in ganz besonderer Weise bedrohe und die internationale Hilfe auf keinen Fall dazu führen dürfte, die Kräfte der Gegenrevolution zu stärken. Anzeichen dafür erkannte die IAH immer wieder und rief deshalb zu besonderer Wachsamkeit gegenüber dem Interalliierten Hilfskomitee auf, das in Russland sei-ne Arbeit aufgenommen hatten. Die Solidarität mit den Hungernden trennte die Arbeiterbewegung, aber sie konnte sie auch zusammen-führen: Die Berliner Stadtverordnetenversammlung jedenfalls ent-schied mit den Stimmen von SPD, USPD und KPD, 100.000 Mark aus öffentlichen Mitteln zu spenden,[53] und auch andere Kommunen mit linker Mehrheit unterstützten die Hilfskampagnen mit kleineren Beträgen. Wie viel Spenden tatsächlich aufgebracht wurden, war um-stritten, da die Frage Teil der Solidarkonkurrenz war: Die IAH be-anspruchte für sich, deutlich mehr als ihre sozialistische Konkurrenz gesammelt und damit den Beweis für die große Kraft kommunistischer Solidarität geliefert zu haben. Für den Internationalen Gewerkschaftsbund und die Sozialdemokraten nahm der Stellenwert der Hilfskampagnen jedenfalls, anders als für die IAH, im Laufe des Jahres 1922 und mit der Festigung der bolschewistischen Machtposition deutlich ab.

Unstrittig blieb, wer die größte Summe an Geld- und Sachspenden aufgebracht hatte – die American Relief Administration; aber auch andere Organisationen wie das Nansen-Komitee, die nationalen Rot-Kreuz-Gesellschaften oder auch religiöse Gemeinschaften wie die international eng vernetzten Quäker wirkten an der Hilfsaktion mit. Die Quäker konnten sich dabei auf ihre weit vor den Ersten Weltkrieg zurückreichenden Kontakte stützen. Für sie schien – neben ihrer Armenspeisungen im besiegten Deutschland – auch Russland ein idealer Ort dafür, ihr pazifistisches Engagement mit ihrem Glauben an spirituelle Erneuerung im Geiste der Versöhnung verwirklichen zu können.

Innerhalb der Arbeiterbewegung blieben Zielrichtung und Motive solidarischen Handelns in den 1920er-Jahren umstritten. Der Appell an den gemeinsamen Klassencharakter und die daraus resultierende moralische Verpflichtung, die Kräfte der Revolution in der Stunde ihrer Not nicht allein zu lassen, prägte allen voran die kommunistische Bewegung, während andere Teile der Arbeiterbewegung stärker einem weiteren Verständnis von Solidarität folgten – und sich solidarisch mit den russischen Arbeitern und Arbeiterinnen verbunden fühlten; manche nicht wegen, sondern trotz der Revolution. Prägend blieb die Annahme, Empfänger und Geber der Spenden verbinde eine gemeinsame soziale Beziehung, ein gemeinsames Schicksal, das sich eben nicht allein aus der Not konstituiere, sondern auch ihrer proletarischen Herkunft geschuldet sei. Gerade im Geflecht humanitärer Hilfe bedeutete der Ruf der »Solidarität« damit tendenziell etwas Gefährliches, etwas, das für Unruhe und Konfliktstoff sorgte, weil damit die Frage nach politischen Interessen, nach Macht und Herrschaft im Raume stand, die Organisationen wie der Save the Children Fund gerade nicht thematisieren wollten. Dennoch: Die Grenzen blieben weiter fließend, gerade auch zu den neu entstehenden humanitären Bewegungen. Es dürften allen voran die Gewerkschaften und sozialdemokratischen Parteien gewesen sein, die mit dazu beitrugen, sie noch durchlässiger zu gestalten. Auf allen Seiten blieb vieles Rhetorik und Solidarität auch eine Form der Autosuggestion. Doch war es erstaunlich, dass sich in der Russlandhilfe eine spezifische Form politischer Empathie herausbildete, die nicht nur die Solidarität unter Gleichen, sondern gerade auch die soziale Verbundenheit unter Ungleichen, unter »anderen«, betonte – wenn auch noch sehr vorsichtig.

Transnationale Arbeitskämpfe

Der Streit über die Frage nach der »echten« Solidarität prägte die Geschichte der internationalen Arbeiterbewegung, und mit ihrer Spaltung in den Kriegs- und Revolutionsjahren seit 1917 erhielt der Begriff einen unerwarteten Bedeutungszuwachs.[54] Solidarität musste in jedem Fall erkämpft werden, eine utopische Kraft mit ganz realen Folgen, die die Entrechteten zusammenführte und nationale Grenzen überwand. Immer wieder ging es nun darum, über Nähe und Distanz das Eigene und das Fremde neu zu verhandeln und Kriterien dafür zu entwickeln, unter welchen Voraussetzungen so etwas wie eine wechselseitige soziale Beziehung innerhalb und außerhalb der Gruppe überhaupt denkbar war und unter welchen Voraussetzungen nationale, soziale oder ethnische Grenzen überwunden werden konnten.[55]

Erstaunlich war zudem, wie bereits in den 1920er-Jahren ein feinmaschiges Netz von Unterstützungskampagnen für die unterschiedlichsten Gruppen entstand. In der Russlandhilfe hatten auf allen Seiten Hilfsgüter für die hungernden Kinder im Mittelpunkt der medialen Kampagnen gestanden. Während sich die humanitären Organisationen gerade auf diese besonderen Opfer konzentrierten, »unschuldige Kinder«, deren Unterstützung politisch am wenigsten heikel erschien, gab es innerhalb der Arbeiterbewegung eine Form der Solidarität, in der es zwar um Hilfe ging, die sich aber doch in gänzlich anderen Aktionsformen niederschlug und zudem eine andere Stoßrichtung hatte. Sie galt wie auch schon im 19. Jahrhundert der Unterstützung von Streikenden, der Unterstützung bei Arbeitskämpfen. Ein Selbstläufer war auch das nicht, und alleine die gemeinsame Klassenlage sorgte keineswegs für unmittelbaren Beistand, auch jenseits der eigenen Werkstore oder Branchen. Auch hier gab es Grenzen, politische, soziale, entlang der Erfahrung von Männern und Frauen oder nationaler Konflikte. Und doch ließ sich in den 1920er-Jahren beobachten, dass es auch nach den Verwerfungen des Ersten Weltkrieges und den Spaltungen der Arbeiterbewegungen Versuche gab, das so brüchig gewordene »Band der Solidarität« neu zu knüpfen.

Der britische Generalstreik von 1926 war eine jener Eruptionen, die nicht nur die Arbeiterschaft auf der Insel, sondern in ganz Europa, den USA und der Sowjetunion bewegte, bis hin zu den weit entfernten Teilen des Commonwealth.[56] Hier ging es um mehr als nur einen der häufigen Arbeitskonflikte im britischen Bergbau. Die explosive Mischung aus angedrohter Lohnkürzung und längeren Arbeitszeiten und die fehlende staatliche Bereitschaft, bestehende Hilfen weiterzuzahlen, ließen einen schon länger schwelenden Konflikt eskalieren, der aufseiten der Gewerkschaften auch von einem gewissen Gefühl der Schuld getragen war – der Schuld, anlässlich eines früheren Konfliktes, im April 1921, die Bergarbeiter nicht unterstützt und sie bei ihrem Streik im Regen stehen gelassen zu haben.[57] Dieses Zerwürfnis durfte sich nicht wiederholen. Und so traten bereits am 4. Mai 1926, dem ersten Streiktag, rund 1,7 Millionen Arbeiter zahlreicher Branchen in den Streik, um den rund 1,2 Millionen ausgesperrten Bergarbeitern im Land in ihrem Kampf beizustehen – ein Streik, der von Anfang an trotz der großen Mobilisierungswelle unter keinem guten Stern stand und auf eine konservative Regierung traf, die sich umfassend auf die Streikwellen vorbereitet hatte. Tatsächlich hatte es eine solch riesige, das ganze Land in Atem haltende Streikbewegung in Großbritannien bis dahin noch nicht gegeben, und auch außerhalb des Empires galt der Protest im Mutterland des Kapitalismus als »historisch«.

Kein Wunder, dass sich die internationale Arbeiterbewegung – in ihren unterschiedlichen politischen Schattierungen – rasch mit Solidaritätsbekundungen überbot, nachdem die britischen Kumpel und Genossen um internationale Unterstützung gebeten hatten. Sicher spielte dabei auch die Erinnerung daran eine Rolle, dass finanzielle Hilfe für Streikende in anderen Ländern vor dem Ersten Weltkrieg fast immer von den britischen Gewerkschaften getragen worden war. Ein wenig von der politischen Sprengkraft dessen, was sich hinter dem Begriff der Solidarität verbarg, konnte man auch in den Appellen der deutschen Sozialdemokratie erkennen. Die britischen Gewerkschaften führten stellvertretend für alle Arbeiter ihren Kampf gegen die Vorherrschaft kapitalistischer Interessen in der so wichtigen Bergbauindustrie. Sie zu unterstützen erfolge auch aus purem »eigenen Interesse«. Aber das war nicht der einzige Grund, warum an zahlreichen Orten eigene Sammelstellen für die Spendenkampagne zugunsten des gewerkschaftlichen Dachverbandes in Großbritannien, des Trades Union Congress (TUC), geschaffen und die Mitglieder dazu angehalten wurden, sich großherzig zu zeigen. Solidarität sei in diesem Fall eben eine Form der »Ehre« und eine »Pflicht«, die sich aus der gemeinsamen proletarischen Erfahrung, aber auch aus den erbitterten Schlachten des Weltkrieges ergebe, als sich britische und deutsche Arbeiter gegenseitig bekämpft hätten.[58] Die Mobilisierung gründete damit auch in dem Bedürfnis, die nationale Kluft zu überbrücken, Völkerverständigung zu praktizieren und zugleich eine klassenspezifische Bindung wiederherzustellen, die in den Schützengräben verloren gegangen war – Solidarität als eine Form gegenseitiger Wiedergutmachung im gemeinsamen Kampf, motiviert durch ein Gefühl der Verletzung.

Mit welchen Mitteln allerdings gekämpft und wie genau die britischen Arbeiter unterstützt werden sollten und konnten, war Anfang Mai 1926 noch unklar. Diese Frage richtet sich nicht zuletzt an die Bergarbeiter in Deutschland, aber auch in Frankreich und in ganz Europa und den USA. Geld war das eine, wobei der TUC nichts so sehr fürchtete, wie öffentlich dafür gebrandmarkt zu werden, sein »politischer« Streik werde vom Ausland, am Ende gar von Kommunisten, finanziert. Wichtig waren aber auch andere Aktionen, beispielsweise die Unterstützung durch die französischen Drucker, die sich weigerten, für die bestreikten britischen Zeitungen zu arbeiten, deren Besitzer versuchten, ihre Notausgaben in Frankreich zu drucken. Deutsche und amerikanische Gewerkschaften riefen dazu auf, alle von den Arbeitgebern gewünschten zusätzlichen Schichten in der Kohleindustrie strikt zu verweigern und nicht durch Mehrarbeit den britischen Kumpeln in den Rücken zu fallen. Transport- und Hafenarbeiter sollten in allen großen Häfen versuchen, das Löschen britischer Schiffe zu verhindern.[59] Die Aktionen liefen langsam an und brauchten ihre Zeit, vom Beschluss der Gewerkschaftsführung bis zur betrieblichen Umsetzung. Doch war es erstaunlich und ungewöhnlich, wie vielfältig die Proteste waren, die auf keine lange Vorbereitung zurückgreifen konnten. »Sympathiestreiks« wie die einiger Gruben in Australien oder selbst Finanzspenden mexikanischer Gewerkschaften gehörten genauso dazu wie der Versuch einiger französischer Kollegen, alle Kohlelieferungen nach Großbritannien zu verhindern. Die niederländischen Transport- und Hafenarbeiter weigerten sich, britische Fischerboote zu löschen, und bestreikten alle Schiffe, die Gemüse nach England liefern wollten; dänische Hafen- und Schlachtarbeiter unterstützen den landesweiten britischen Ausstand, und auch in deutschen Häfen und Zechen kam es zu Protesten.

Manches blieb symbolisch, und eine systematische Vernetzung war aufgrund der nationalen Strukturen der Gewerkschaften auch nicht leicht zu erreichen. Aber der britische Generalstreik hatte in weiten Teilen Europas und der USA zu einer leidenschaftlichen Debatte darüber geführt, wie künftig die Praxis der Solidarität aussehen könnte, wenn sie mehr sein wollte als nur ein »gutes Gefühl« in einer Erklärung. Wie also würden sich diese Streiks zu den nationalen und branchenspezifischen Interessen verhalten, wer sollte dafür die Verantwortung tragen und welche Aktionsformen außer Spendensammeln waren denkbar? Je näher sich die Gewerkschaften räumlich waren, desto mehr waren ihre Protestformen grenzüberschreitend.

Konflikte gab es dabei aber nicht nur mit den Arbeitgebern, sondern vor allem mit rivalisierenden kommunistischen Gewerkschaften und Parteien, die für eine radikale Zuspitzung und Ausweitung aller Streiks warben und sich jeweils an der Spitze der »proletarischen Revolution« wähnten, ungeachtet ihres beispielsweise in Großbritannien recht geringen politischen Einflusses. Die Kommunisten hatten von Beginn an eine lautstärkere Tonart angestimmt, die eher pragmatischen britischen Gewerkschaftsführer schon frühzeitig als reformistische »Arbeiterverräter« denunziert und ihnen die eigentliche Schuld am schließlich abgebrochenen Streik gegeben. Doch wie so oft war auch innerhalb der kommunistischen Welt der Chor vielstimmig. In Deutschland war es einmal mehr Willy Münzenberg, der mit seiner Internationalen Arbeiterhilfe leidenschaftlich für die Unterstützung der britischen Bergarbeiter warb und in dessen »Arbeiter-Illustrierte« auch der stolze Aufruf einer Gruppe Berliner »proletarischer Polizeibeamter« veröffentlicht wurde, die insgesamt 170 Mark für die britischen Kumpel gesammelt hatten.[60] Doch die KPD-Führung beobachtete die Kampagne mit Missfallen, lenkte sie doch vom nationalen Kampf eher ab und leitete Ressourcen weiter, die so dringend für die revolutionäre Auseinandersetzung in Deutschland gebraucht werden würden.

Als die britischen Gewerkschaften schließlich nach neun Tagen den Streik abbrachen und sich auf einen Kompromiss einließen, war das auch ein Eingeständnis des eigenen Scheiterns und der Schwäche der Unterstützungskampagnen, die allenfalls punktuell Wirkung gezeigt hatten, die Unternehmer und die konservative Regierung aber nicht in die Knie zwingen konnten. Für die KPD war das wiederum ein »Verrat«, für die sozialdemokratischen und sozialistischen Unterstützer ein zumindest bitterer Kompromiss, der weit hinter den eigenen Forderungen zurücklag. Gleichwohl hatte sich doch auch gezeigt, wie sich – nach den Jahren des Zusammenbruchs der Sozialistischen Internationale während des Ersten Weltkrieges – zumindest punktuell Ansätze einer veränderten Streikpraxis etablierten, die eine wechselseitige soziale Verbundenheit auch jenseits nationaler Differenzen herzustellen versuchte und dafür sogar eigene Einschränkungen in

Kauf zu nehmen bereit war; diese Praxis der Solidarität sollte gerade nicht einfach nur ein bestehendes Unrecht wiedergutmachen oder eine bessere soziale Ordnung etablieren. Vielmehr war der Kampf jedenfalls für einen kurzen Moment eine wichtige gemeinsame Erfahrung, eine gemeinsame Sache, die nicht alleine durch Sachspenden, sondern auch durch kooperative Aktionen unterstützt werden konnte. Eine solche Praxis hatte das Potenzial, nationale Differenzen zu überbrücken und für eine Überwindung sozialer Ungleichheiten zu streiten. Dieses Ziel blieb freilich vage, aber die Kampagne für einen Generalstreik offenbarte doch ein mögliches Potenzial solidarischer Praxis, aus dem eine erhebliche politische Kraft entstehen konnte und das auf einem dichten Gerüst geteilter normativer Vorstellungen gründete.

Ein »lautstarker« Ausdruck dieser Erfahrungswelt – und auch ihrer Symbolsprache – beschäftigte 1932 auch die Weimarer Film-Oberprüfstelle. Anlass war ein Lied, das Bertolt Brecht, Ernst Busch und Hanns Eisler gemeinsam für den Film »Kuhle Wampe oder: Wem gehört die Welt?« komponiert und getextet hatten: »Vorwärts und nicht vergessen / Worin unsere Stärke besteht! / Beim Hungern und beim Essen / Vorwärts und nie vergessen: die Solidarität!« Hier werde, so die Zensoren, zum Widerstand gegen die Staatsgewalt und zum Ungehorsam gegen geltende Gesetze aufgerufen.[61]

Ein junger Mann stürzt sich aus dem Fenster: Damit begann der Film, der von verzweifelten, hungernden Arbeiterinnen und Arbeitern in der Weltwirtschaftskrise und ihrem Eigensinn, ihrem Aufbegehren gegen staatliche Gewalt erzählte – eine Geschichte, an deren Ende die »Solidarität« zwischen denen stand, die Arbeit hatten, und denen, die keine hatten, eine marschierende, proletarische Kraft, mehr Masse als Individuum, aber stolz und siegesgewiss, begleitet und angetrieben durch das »Solidaritätslied«, das der Chor der Berliner Staatsoper zusammen mit Mitgliedern Berliner Arbeiterchören intonierte und den großen Aufmarsch besonders entschlossen wirken ließ.

Das Solidaritätslied machte im hitzigen politischen Klima der frühen 1930er-Jahre rasch Karriere – schneller als der Film, der zuerst in Moskau, dann aber Ende Mai 1932 doch noch – nach einigem Streit mit den Zensurbehörden – in Deutschland aufgeführt werden durfte. Im »roten Wien« hatten es da bei einer Aufführung in einem Stadion schon 7.000 Sänger angestimmt – und 60.000 Zuhörer hatten ihnen ergriffen zugehört. Ernst Busch gab dem Lied seine Stimme, und er war es, mit dem sich über Jahre ein Lied verbinden sollte, dass vom Zusammenhalt der Schwächsten, vom gemeinsamen proletarischen Kampf gegen Kapitalismus und Faschismus und auch von der Ländergrenzen sprengenden Kraft der Solidarität erzählte. »Vorwärts und nie vergessen: die Solidarität! Schwarzer, Weißer, Brauner, Gelber! Endet ihre Schlächterei! Reden erst die Völker selber, werden sie schnell einig sein!« Das war noch viel Wunsch und wenig Wirklichkeit. Aber das »Solidaritätslied« war Ausdruck jener revolutionären Sehnsucht nach dem Zusammenhalt all derer, die täglich um ihre Existenz fürchten mussten. Das Pathos wirkte – anders als es heute scheinen mag – noch keineswegs hohl, sondern deutete etwas von der sozialen Ressource an, die das Solidaritätsgefühl bilden konnte.

Das »Solidaritätslied« hatte dem Film »Kuhle Wampe« seinen ganz eigenen Klang gegeben. Dass es mit einer Referenz an das sozialdemokratische Parteiorgan, den »Vorwärts«, begann, mochte da beinahe verwundern. Denn der Film selbst hatte – neben der harschen Kritik an den kapitalistischen Zuständen – nur Spott für die handzahmen sozialdemokratischen Reformisten übrig. Das Lied erzählte etwas von der Hoffnung, die Spaltung der Arbeiterschaft zu überwinden und sich einzureihen in die Front der Entrechteten, Hungerleider und Verzweifelten. Der Film mochte als kommunistische Propaganda gelten, das Lied selbst aber war in den 1930er- und 1940er-Jahren der Sehnsuchtsort einer ebenso gespaltenen wie heftig verfolgten Arbeiterbewegung. Es legte gleichsam all die Widersprüche der Solidarität offen, die es selbst thematisierte: Denn um die Frage, wer mit wem solidarisch sein sollte, wer Freund und wer Feind war, wem die Verbundenheit galt und wie hoch der Preis dafür war – darüber sollte die Arbeiterbewegung der Zwischenkriegszeit heftig ringen.

Solidarität und koloniale Ordnung

Beim Generalstreik von 1926 hatte eine der sichtbarsten Demarkationslinien im europaweiten Protest keine besondere Rolle gespielt: die Hautfarbe. Weiße Arbeiter hatten hier für andere weiße Arbeiter gestreikt. Doch wie stand es mit der Nähe und Empathie beispielsweise gegenüber afroamerikanischen oder afrokaribischen Arbeitern? Denn gerade für die unterschiedlichen schwarzen Arbeiter, die in den britischen Docks arbeiteten, war die Solidarität ihrer Kolleginnen und Kollegen überhaupt nicht selbstverständlich. Tatsächlich kannte die Solidarität Grenzen – und das hieß, dass beispielsweise die britische National Union of Seamen in den 1930er-Jahren darauf drang, ihre aus der Karibik stammenden Mitglieder möglichst schnell loszuwerden.[62] Eine solche Politik hatte Tradition in der britischen Arbeiterbewegung, sodass Streiks und politischer Protest ganz gezielt auf die Durchsetzung »weißer« Interessen zielten und keine Solidarität mit afrokaribischen Arbeitern einschlossen. Leidenschaftlich beklagte deshalb einer ihrer Anführer, Arnold Ward, nicht nur die besonders harten Arbeitsbedingungen, sondern auch die Versuche der Gewerkschaften, ihre schwarzen Mitglieder aus der Organisation zu drängen. Ward, 1886 auf Barbados geboren, gehörte zu der kleinen Gruppe an Aktivisten, die seit Ende der 1920er-Jahre die doppelte Diskriminierung der schwarzen Arbeiter kritisierte und auf diese Weise antikoloniale, antirassistische und antikapitalistische Kampagnen zusammenführte.

Dieses anfänglich noch recht lose Netzwerk traf sich schließlich 1930, maßgeblich unterstützt durch die Kommunistische Internationale, zum ersten World Congress of Negro Workers, aus dem schließlich auch eine eigene Gewerkschaft, das International Trade Union Committee of Negro Workers (ITUCNW) hervorging.[63] Nach Hamburg waren die Vertreter aus den USA, der Karibik und Afrika deshalb gekommen, weil hier auch andere internationale kommunistische Organisationen ihren Sitz hatten. Das europäische Büro der Internationalen Roten Hilfe saß hier, auch das Generalsekretariat der League

Against Imperialism, und Hamburg war als internationale Hafenstadt ebenfalls die Heimat der 1930 gegründeten kommunistischen International of Seamen and Harbour Workers. Echte Massenorganisationen konnten beide Zusammenschlüsse nicht werden, selbst wenn es ihnen mit Hilfe der KPD 1931 gelang, immerhin einige zehntausend Arbeiter zu einer Demonstration gegen den »Imperialismus in Afrika« zu mobilisieren. Aber die Kontroversen, die in und um die ITUCNW ausgetragen wurden, waren doch ein wichtiger Seismograf für die Frage, welchen Stellenwert künftig das Thema der ethnischen Herkunft für die Arbeiterbewegung spielen würde.

Das Ende des Ersten Weltkrieges hatte dem antikolonialen Protest weltweit erheblichen Schwung verliehen. Ein neues Selbstbewusstsein indigener Eliten ließ den Widerstand gegen die imperiale Ordnung insbesondere in Asien und Afrika lauter und massiver werden. Neue Bündnisse führten die Gegner der imperialen westlichen Ordnung, unterstützt durch die Kommunistische Internationale und linke Sozialisten in zahlreichen Konferenzen zusammen. In Deutschland hatte sich schon 1926 die Liga gegen Kolonialgreuel und Unterdrückung gegründet, um den antikolonialen Widerstand in Marokko zu unterstützen. Den Vorsitz übernahm Willy Münzenberg, der eine der treibenden Kräfte für eine erste große, globale, antikoloniale Konferenz war, die schließlich 1927 in Brüssel zusammenkam. Mit dabei waren Vertreter des African National Congress ebenso wie ägyptische und chinesische Vertreter; Jawaharlal Nehru war für den Indischen National Congress ebenso nach Brüssel gekommen wie Mohammad Hatte als Vertreter der indonesischen Nationalbewegung.[64] Mochten die jeweiligen Erfahrungen und politischen Fluchtpunkte auch unterschiedlich sein: Was sie einte, war ihr Widerstand gegen eine von den alten Kolonialherren dominierte Weltordnung, die die Möglichkeit zur nationalen Selbstbestimmung unterdrückte und auf Ausbeutung und Gewalt basierte. Hier, in Brüssel und bei zahlreichen weiteren Treffen, fanden seit den 1920er-Jahren unterschiedliche antikoloniale Kräfte zusammen, die lange Zeit ihr eigenes Schicksal gar nicht als Teil ungleicher, globaler Machtverhältnisse interpretiert hatten und sich nun, getragen durch gemeinsame Interessen, in eigenen, transnationalen Solidaritätsbündnissen zusammenschlossen.

Ein solch neues Bündnis stand auch am Anfang einer ersten Schwarzen Internationale, die versuchte, das revolutionäre, antikapitalistische Programm dorthin zu tragen, wo die Schwarzen besonders unter den imperialistischen Ausbeutungsverhältnissen litten. Das schloss eine Zusammenarbeit mit der »schwarzen Bourgeoisie« aus, mit jenen Kräften, die, wie es hieß, als »Uncle Tom Negro« den Kapitalismus und die Banken stützen würden.[65] Mit dem »Negro Worker« gab es erstmals überhaupt ein publizistisches Organ, das die klassenspezifischen Interessen schwarzer Arbeiter in der kolonialen Welt vertreten wollte. Noch dominierte die Idee, dass Ausbeutung nicht primär eine Frage der Hautfarbe, sondern der Klassenlage sei – und es damit keine genuin »schwarze« Solidarität geben könne. Der Einfluss Moskaus war unübersehbar, und doch waren die unterschiedlichen Mitstreiter nicht nur willfährige Gefolgsleute, sondern konnten die Hamburger Plattform und auch die Zeitschrift dafür nutzen, eigene Themen und Netzwerke zu etablieren, die keineswegs immer mit den Moskauer Interessen übereinstimmten. Dass die Hautfarbe überhaupt Teil der politischen Kampagnen der Arbeiterbewegung werden konnte, war, so überschaubar der Wirkungskreis blieb, doch für spätere Kontroversen um die Grenzen der Solidarität von einiger Bedeutung. Denn nicht wenige von denen, die sich 1930 erstmals in Hamburg getroffen und für den »Negro Worker« geschrieben hatten, sollten sich nach dem Krieg, im September 1945, schließlich in Manchester wiedertreffen, als auf einer großen panafrikanischen Konferenz nun in einer gänzlich veränderten Sprache und Form die Macht der Kolonialländer herausgefordert wurde.

Doch nicht nur das. Denn auch in der Auseinandersetzung mit den erstarkenden faschistischen Bewegungen der Zwischenkriegszeit veränderte die Erfahrung kolonialer und rassistischer Unterdrückung den Blick auf Solidarbeziehungen und deren praktische Konsequenzen. Testfall dafür war der italienische Überfall auf Abessinien, das letzte Land neben Liberia, das in Afrika unabhängig von den europäischen

Imperialmächten geblieben war. Am 2. Oktober 1935 hatte Mussolinis Italien dem ostafrikanischen Staat den Krieg erklärt. Vordergründig ging es um angebliche völkerrechtliche Verletzungen, im Kern aber um einen rassistischen Kolonialkrieg, der die Idee eines neuen *Imperium Romanum* wiederaufleben lassen sollte. Die italienischen Truppen etablierten ein brutales Besatzungsregime und setzten während ihres Vernichtungskrieges systematisch Giftgas gegen die Bevölkerung ein. Frankreich und Großbritannien ließen Mussolini gewähren, und auch vom geschwächten Völkerbund kam keine Unterstützung, sodass italienische Truppen am 5. Mai 1936 in der Hauptstadt Addis Abeba einmarschieren konnten. Die brutale Gewalt, mit der die faschistischen Bewegungen in Deutschland und Italien gegen ihre Gegner vorgingen, hatte die Arbeiterbewegung in Europa massiv geschwächt. Unterstützung für Abessinien kam vor allem von denen, die in diesem Krieg beides erkannten: einen rassistischen und faschistischen Angriffskrieg. In Cardiff beispielsweise versuchte Harry O'Connell, führendes Mitglied der kommunistischen National Minority Movement, den Protest gegen das italienische Konsulat zu organisieren und rief zum Sturm auf die diplomatische Vertretung auf.[66]

O'Connell stammte aus British-Guayana und lebte seit 1910 in Cardiff, wo er gemeinsam mit anderen afrokaribischen und somalischen Arbeitern in den Docks arbeitete und mit den Jahren zu einer der zentralen Figuren des Protestes gegen die Diskriminierung schwarzer Arbeiter durch Staat und Gewerkschaften wurde. O'Connell, der regelmäßig für den »Negro Worker« schrieb, stand mit seinen Aktionen nicht alleine. Rund um den Globus gab es Proteste gegen italienische Einrichtungen und Unternehmen. Nicht nur in Cardiff versuchten Arbeiter, die Belieferung italienischer Schiffe mit Kohle zu verhindern; Hafenarbeiter und Seeleute in Trinidad, Durban und den USA boykottierten italienische Fracht und lieferten sich, wie etwa auch in New York, heftige Straßenschlachten.

Diese Solidaritätskampagnen hatten ihren Ursprung vielfach in der maritimen Welt der Häfen und Schiffe, die es auch jenen erlaubte, sich an den Protesten zu beteiligen, die eigentlich sehr weit von den Adressaten ihrer Solidaritätsgeste entfernt waren und von denen sie auch kaum etwas wussten. Es brauchte keine intellektuelle Schulung oder gar eine umfassende Lektüre, um die Arbeit für italienische Unternehmen zu boykottieren oder deren Warenauslieferung zu verhindern. Gerade diese Erfahrung einer vernetzten Arbeitswelt beschleunigte Praktiken der Solidarität und ermöglichte es, unmittelbar aktiv zu werden.

Solidarität und faschistische Bedrohung

Gründe, aktiv zu werden, gab es viele. Wie kein anderes Ereignis mobilisierte der Militärputsch gegen die junge Spanische Republik Linke und liberale Demokraten, die sich gemeinsam – mit dem »Solidaritätslied« auf den Lippen – der faschistischen Gefahr entgegenstellen wollten. Hier sollte sich vor aller Welt ein Drama abspielen, das im Herzen Europas vorführte, was vielen der jungen Republiken drohte, wenn der faschistischen Gefahr nicht Einhalt geboten wurde. Nur wenige Wochen nach der italienischen Annexion Abessiniens bedeutete der Militärputsch Francisco Francos vom 17. Juli 1936 den Auftakt zu einem Bürgerkrieg, der zum Testfall faschistischer Gewaltbereitschaft werden sollte – und zugleich Zehntausende in der ganzen Welt mobilisierte, die sich der Bedrohung mit Spenden, aber auch mit der Waffe in der Hand entgegenstellten. Einer von denen, die es nach Spanien zog, war der englische Journalist George Orwell. Orwell, Sohn eines Kolonialbeamten und später selbst für das Empire in Burma, war ein bis dahin weitgehend unbekannter Schriftsteller und Journalist, der sich mit allerlei Gelegenheitsjobs durchschlug und der wie so viele andere von dem Gefühl beseelt war, aufseiten der Linken die Sache der Demokratie und der Massen gegen die Herrschenden zu verteidigen. Mitte Dezember 1936 kam er nach Barcelona und schloss sich der undogmatisch-marxistischen Partido Obrero de Unificación Marxista, kurz POUM, an.

Anfangs berauscht von der Woge leidenschaftlicher Verbrüderung innerhalb der Internationalen Brigaden, musste er nach seiner Rückkehr von der Front und einem Lazarettaufenthalt feststellen, wie rasch die Euphorie verflogen und wie massiv inzwischen der Druck geworden war, den die Politischen Kommissare der Kommunistischen Partei hinter den Linien auf alle »Renegaten« ausübten, um die Macht an sich zu reißen – Verfolgung und Terror drohte denjenigen unorthodoxen Linken, die nun als potenzielle Störer den stalinistischen Herrschaftsanspruch zu unterlaufen drohten. Orwell flüchtete deshalb zusammen mit seiner Frau nach Frankreich.

Zurück in London wollte ihm niemand so recht glauben, was er in seinem Reisebericht »Mein Katalonien« niedergeschrieben hatte – ein Buch, das seine sehr persönliche, bisweilen empfindsame, zugleich sehr klare Abrechnung gleichermaßen mit dem Faschismus und dem »Verrat« der Kommunisten an der gemeinsamen Sache in Spanien war. Seine Geschichte, die erst viele Jahre später zu einem »Klassiker« der Solidaritätsliteratur werden sollte, begann mit einer Szene, an die sich Orwell besonders eindringlich erinnerte: Es war nur ein flüchtiger Augenblick in der Lenin-Kaserne. Dort, in Barcelona, traf er auf einen italienischen Soldaten – ein »zäher Bursch«, wie Orwell fand, kantig, grimmig, mit starken Schultern. »Etwas in diesem Gesicht«, so hielt Orwell fest, »rührte mich tief. Es war das Gesicht eines Mannes, der einen Mord begehen oder sein Leben für einen Freund wegwerfen würde. Es war ein Gesicht, das man bei einem Anarchisten erwartete, obwohl er sehr wahrscheinlich ein Kommunist war. Offenherzigkeit und Wildheit lagen darin und gleichzeitig auch die rührende Ehrfurcht, die des Schreibens und Lesens unkundige Menschen ihren vermeintlichen Vorgesetzten entgegenbringen. [...] Ich weiß kaum, warum, aber ich habe selten jemand gesehen – ich meine einen Mann –, für den ich solch unmittelbare Zuneigung empfand. [...] Als wir hinausgingen, schritt er quer durch das Zimmer und packte meine Hand. Mit hartem Griff. Seltsam, welche Zuneigung man für einen Fremden fühlen kann! Es war so, als ob es seiner und meiner Seele für einen Augenblick gelungen sei, den Abgrund der Sprache und Tradition zu überbrücken und sich in völliger Vertrautheit zu treffen.«[67]

Da war einiges Pathos mit im Spiel, und doch deutet sich hier ein Gefühl an, das weit über die flüchtige Begebenheit hinausging. Orwell fand den unbekannten Soldaten nicht nur sympathisch, und es war nicht nur die bisweilen romantische Sympathie bürgerlicher Intellektueller für den rohen Charme des Proletariats. Hier ging es doch um weit mehr. Denn Orwell beschrieb beides zugleich: ein Gefühl wechselseitiger Nähe und Verbundenheit und einen geteilten Wertekanon, eine gemeinsame Vorstellung davon, weshalb dieser Kampf gerecht sei und von so vielen aus der europäischen Arbeiterbewegung getragen wurde. Denn tatsächlich mobilisierte diese gefühlte Verbundenheit, die Annahme eines gemeinsamen Schicksals, das in Spanien auf dem Spiel stand, Männer und Frauen aus unterschiedlichen Ländern und unterschiedlicher Herkunft: Das waren linke Intellektuelle wie George Orwell, das waren kampferprobte Kommunisten und Anarchisten, die schon in den Jahren zuvor ihre Häuserschlachten gegen die faschistischen Braunhemden in Italien, Deutschland und Frankreich geschlagen hatten, mancher Abenteurer und auch manche Arbeiter aus den verarmten Industrieregionen, die auf diese Weise der Armut im eigenen Land zu entkommen versuchten. Und dazu gehörten auch Hunderte Frauen aus der ganzen Welt, die keineswegs nur den Männern »den Rücken frei« halten wollten, wie es mancher der linken Milizionäre gerne gesehen hätte, sondern teils sehr selbstbewusst als Ärztinnen, Übersetzerinnen oder Fahrerinnen ihren Dienst für die republikanische Sache taten – und dabei nicht nur gegen die Franquisten, sondern auch gegen die Diskriminierung in ihren Mutterländern und den eigenen Reihen stritten.

Von Solidarität sprachen sie alle, auch die militärisch geschulten Kommunisten aus der Sowjetunion, die Stalin erst nach einigem Zögern Richtung Madrid geschickt und deren Waffen die Republik zunächst mit am Leben gehalten hatten – freilich um den hohen Preis der wachsenden inneren Zerrissenheit der Kräfte, die aufseiten der Republik den putschenden Militärs und alten Eliten Widerstand zu leisten versuchten. Die Rede von der »Solidarität« gehörte zum festen moralischen Kanon, und sie war doch zugleich angesichts der politischen Konflikte eine heftig umkämpfte Größe. Infolge der erklärten »Nichteinmischung« der westlichen Demokratien war es ein schmaler Grat, wo karitative, »neutrale« Hilfe für Kinder oder Hungernde endete – und das politische Engagement für eine, zumeist die republikanische, Seite begann. So klar ließen sich die Grenzen zwischen humanitärer Aktion und politischem Kampf nicht ziehen, beide Motive waren unmittelbar aufeinander bezogen und überlagerten sich. Für die Arbeiterbewegung in Ländern wie Großbritannien hieß das zunächst: Spendenaufrufe starten, mit den Sammelbüchsen durch die eigenen Quartiere ziehen, Komitees gründen, Informationen beschaffen – und versuchen, Material und Personal notfalls durch die feindlichen Linien Richtung Spanien zu bringen. Geld und Medikamente, dazu medizinisches Personal, darunter ganze sozialistische Ärztegruppen und Krankenschwestern, das war das eine; aber ebenso wichtig war die professionelle, grenzüberschreitende gewerkschaftliche Logistik, die half, Menschen und Güter nach Spanien zu transportieren.

Solidarität war dann keineswegs mehr nur ein flammender Appell, sondern beschrieb eine sehr eigene Form sozialen Handelns, das auf der gefühlten, wechselseitigen Verbundenheit und auf der Annahme beruhte, für ein gemeinsames Ziel zu kämpfen und sich auf besondere Weise mit der Gruppe derer verbunden zu fühlen, die mehrere tausend Kilometer entfernt für ein ähnliches Anliegen kämpften – ohne sich persönlich zu kennen. Hier ging es nicht etwa um eine Hilfe, die eine bestehende Versorgungslücke auszufüllen versuchte, oder darum zu spenden, um das eigene gesellschaftliche Ansehen vermehren zu können, wie das für viele philanthropische Stifter typisch war. Die Empfänger der Spenden konnten sich durchaus auf Augenhöhe mit ihren Genossen auf den Britischen Inseln oder in Übersee als Empfänger einer Gabe fühlen, die sie auch verdienten und die gerade Ausdruck einer reziproken Beziehung war. Schließlich kämpfte man in Spanien den gemeinsamen Kampf gegen die faschistische Bedrohung. Natürlich: Die Ressourcen waren ungleich verteilt, aber es war doch nur ein zeitlich befristeter Moment, in dem sich die Verhältnisse verschoben hatten, kein Grund jedenfalls, sich als demütiger Bittsteller zu fühlen.

Etwas komplizierter lag der Fall überall dort, wo sich Hilfe für Schutzlose und Solidarität mit Bedrohten überlagerten, wie etwa im Fall der 4.000 evakuierten Kinder aus dem Baskenland im Mai 1937.[68] Die Region im Norden hatte aufseiten der Republik gestanden und war im Frühjahr Ziel einer Offensive von Francos Truppen. Bilbao drohte zu fallen, die Menschen liefen Gefahr zu hungern und unter den Luftangriffen zu leiden. Manche der Kinder aus dem Baskenland waren schon nach Frankreich evakuiert worden, das für viele Republikaner ein letzter Zufluchtsort war. Hilfe für »unschuldige Kinder« – dieser Topos humanitärer Intervention hatte sich vor allem mit dem Ende des Ersten Weltkrieges als wichtiger Katalysator privater und halbstaatlicher Hilfsinitiativen etabliert, und so setzten Gruppen wie die besonders aktiven Quäker oder Save the Children auch in Spanien und im Baskenland ihr Notprogramm für hungerleidende Kinder fort. Im Umfeld der britischen Gewerkschaften war die Idee entstanden, die Kinder nicht nur mit Lebensmitteln zu versorgen, sondern sie auch vor der drohenden Katastrophe zu retten – und sie deshalb nach England zu holen. Das eigens dafür gegründete, formal überparteiliche und auch von Katholiken mitgetragene Basque Children's Committee war eine ungewöhnliche Organisation, arbeiteten hier doch christlich-humanitäre Akteure und Vertreter der politischen Linken zusammen.

Was als humanitäre Rettungsaktion begann und doch von sehr unterschiedlichen Motiven geprägt war, sollte sich rasch zu einem handfesten politischen Konfliktfeld entwickeln. Denn nach der Einnahme Bilbaos durch die Franquisten am 19. Juni 1937 forderten die neuen Herren des Baskenlandes die Kinder wieder zurück. Und auch die britische Regierung glaubte daran, dass es im britischen Interesse sei, die Rückführung ohne Aufschub in Gang zu setzen, schließlich wollte man es sich mit den nationalistischen Siegern nicht verscherzen. Die Kinder aus Bilbao waren damit innerhalb weniger Monate zu einem politischen Spielball geworden. Das Komitee setze zunehmend auf die Rückführung der Kinder – eine Politik, die zu heftigem Widerstand bei denen führte, die davon ausgingen, dass hier eine viel zu nachgiebige Haltung Franco gegenüber an den Tag gelegt wurde. Bis zum Ende des

Bürgerkrieges blieben so etwa 1.000 baskische Kinder in Großbritannien, die London dann im Laufe der Jahre wieder loszuwerden versuchte.

Lager, Flucht und Verfolgung

Hatte es für die baskischen Kinder zumindest die Option gegeben, wieder in ihre Heimat und zu ihren Eltern zurückzukehren, änderten sich mit den Jahren 1938/39 die Lebenswege jener, die vor den faschistischen Diktaturen geflüchtet waren, radikal. Umkehr war nun keine Alternative mehr. In Frankreich kümmerten sich Organisationen wie die OSE (Œuvre de secours aux enfants) um geflüchtete jüdische Kinder und Jugendliche.[69] Manche hatten das Glück, in einem der neu gegründeten Kinderheime unterzukommen, in denen wie in der »Kinderrepublik La Guette« eine bunte Mischung unterschiedlicher Nationalitäten zusammenkam. Vieles wirkte hier zusammen: der Versuch jüdischer Selbsthilfe, der aber auf mehr zielte als »bloße« Hilfe, ging es doch – im Moment existenzieller Bedrohung – um ein politisches Experiment. Denn »La Guette« war mehr als nur ein Auffanglager für Geflüchtete. Die – vor allem weiblichen – Helferinnen, viele aus der zionistischen Bewegung, verbanden den Wunsch nach Hilfe für die schutzlosen Kinder mit dem politischen Anspruch, die Kinder in einem demokratischen, antifaschistischen Geist zu erziehen – ein Versuch, der nationale und religiöse Grenzen überwand und mit dazu beitrug, ein internationales Netzwerk derer ins Leben zu rufen, die sich auch andernorts um die geflüchteten Kinder kümmerten. Frauen arbeiteten hier als professionelle Sozialarbeiterinnen, und sie verbanden ihre Aufgabe doch mit dem Anspruch, gerade nicht »nur« karitativ tätig zu sein, sondern sich als Teil weiterreichender Solidarbeziehungen zu verstehen, die sie mit den Kindern und ihren Familien und zugleich auch untereinander, als Helferinnen minderjähriger Geflüchteter, verband. Solidarität war in dieser Hinsicht eben auch Frauensache, anders als es bisweilen im männlichen Arbeiterbewegungspathos durchklang. Partikulare und universelle Formen der Solidarität lagen in »La Guette« dicht beisammen.

Wie sehr – zumindest der Idee nach – Solidarität als Form des »Sich gegenseitig etwas schulden« verstanden und als Ausdruck wechselseitiger Anerkennung auf Augenhöhe gedeutet wurde, konnte man bei vielen der vor den Nationalsozialisten geflüchteten Kommunisten und Sozialdemokraten erkennen. Karl Gerold beispielsweise, aktives Mitglied in der Sozialistischen Arbeiterjugend und 1933 aus Deutschland in die Schweiz geflohen, war sichtlich empört, als ihm die schweizerischen Parteihilfsnetze die bis dahin gewährte materielle Hilfe strichen. Im März 1937 schrieb Gerold, einer der Mitbegründer des Bundes deutscher föderativer Sozialisten, in einem Brief: »Genossen, die Solidarität ist die Grundlage unserer Bewegung. [...] Denn die Menschen, um die es sich hier handelt, gehören doch nach meiner Ansicht zum besten Material, das die europäische Arbeiterbewegung hat«.[70] Solidarität – das bedeutete nicht etwa eine mildtätige Gabe, sondern einen Anspruch aufgrund geteilter Werte und des in der Vergangenheit erbrachten Dienstes für die gemeinsame Sache. Mochte man nun im Exil Bittsteller sein, gewissermaßen ohnmächtig, manchmal sogar noch sprachlos in einem fremden Land, so war dies doch nur eine zeitlich befristete Situation, die sich in der Zukunft wieder ändern würde.

Dass eine solche Erwartungshaltung angesichts begrenzter Ressourcen und des wachsenden Verfolgungsdrucks manche Enttäuschung schaffen musste, lag auf der Hand. Aber zugleich waren diese Erwartungshaltung und dieses Gefühl von Nähe mit dafür verantwortlich, dass sich die noch aktiven sozialistischen und jüdischen Flüchtlingsnetzwerke nicht nur zu Hause, sondern auch über Grenzen hinweg engagierten, um Geflüchteten bei der Ausreise nach Übersee zu helfen, ihnen Lebensmittel zukommen zu lassen und sehr individuelle Rettungswege zu eröffnen. Auch für die Helfenden war das häufig mit vielen Enttäuschungen verbunden. Ihre Erfolgsaussichten wurden angesichts der nationalsozialistischen Eroberungspolitik immer weiter begrenzt, und sie mussten mit ansehen, wie ihre Strukturen zunehmend gewaltsam zerschlagen wurden. Das Schweizerische Arbeiterhilfswerk hielt für die Jahre 1942/43 fest: »Wir wollen uns davor hüten, in eine rein rechnerische Denkweise zu verfallen, [...] sondern wir müssen uns, trotz des Massensterbens und der Massenvernichtung immer wieder sagen: jeder einzelne, der gerettet wird, ist nicht ein Bruchteil des Leids, sondern für sich ein Ganzes, eine ganze Welt, ein ganz wertvoller Mensch.«[71]

So sehr sich die Unterstützungsversuche häufig auf die eigene politische Gruppe konzentrierten, konnte die nationalsozialistische Verfolgung doch zu einem Aufweichen gruppenspezifischer Solidarität und – zumindest vereinzelt – zu einer engeren Kooperation von Akteuren führen, deren Wege bis dahin getrennt verlaufen waren. Das konnte flüchtig sein und angesichts der existenziellen Bedrohung voller Widersprüche, und doch war hier ein Erfahrungsschatz politischer Solidarität, der über die Grenzen des eigenen Milieus hinauswies. All das hatte seine Grenzen, nationale, ethnische, konfessionelle. Und doch hatten sich im »Zeitalter der Extreme« Sprache und Praxis der Solidarität zu verändern begonnen, waren, vorangetrieben durch die gewaltsame faschistische Bedrohung, neue antikoloniale Bewegungen und transnationale Hilfskampagnen, neue Empfindungen gegenseitiger Nähe und Verbundenheit entstanden.

Ohne gegenseitige Hilfe war die Gewalt der nationalsozialistischen Lager jedenfalls nicht zu überstehen; denn diese stellten soziale Räume dar, die darauf angelegt waren, solidarisches Handeln zu kriminalisieren und auszuschalten. Wie an keinem anderen Ort offenbaren die Erfahrungen der Häftlingsgesellschaft all die Widersprüche, die sich mit der Solidarität als sozialer Praxis und einer besonderen Form sozialen Handelns verbanden. Politische Häftlinge, Kommunisten und Sozialdemokraten konnten bisweilen in den Lagern an ihre alten Verbindungen anknüpfen und versuchten dafür zu sorgen, dass zunächst ihre Leute versorgt wurden. Für Neuankömmlinge in den Lagern war das ein erster Hoffnungsschimmer, wenn ihnen ältere Gefangene erklärten, was auf sie zukam und sie damit gleichzeitig schützten. Ernst Thappe, Sozialdemokrat aus Magdeburg, erinnerte sich an seine ersten Tage in Buchenwald: »Am dritten Tag, nach dem Appell, gab mir der Blockälteste einen kleinen Zettel mit dem Bemerken, ich solle mich in der Schreibstube melden [...] ein kleiner Mann in Häftlingskleidung begrüßte mich väterlich, obwohl er wesentlich jünger als ich sein mußte, und ließ mich wissen, er sei Sozialdemokrat aus Dortmund und hätte aus der Zugangsliste erfahren, wer ich sei. [...] Ich solle nicht verzagen, es gäbe im Lager noch mehr Sozialdemokraten. Zuverlässige Kameradschaft, in die man natürlich sofort aufgenommen würde, sei eine starke Stütze in dieser rechtlosen Welt«.[72]

Es waren, wie Eugen Kogon beobachtete, vor allem die Linksparteien, denen es gelang, etwas von jenem solidarischen »Sozialgefüge der Welt außerhalb der KL« zu retten, »so daß ihre Anhänger ein Stück bekannten Seelenlandes vorfanden, auf das sie sich retten konnten. Die Folge war ein besserer materieller Start und rascherer Wiedergewinn des Selbstbewusstseins, aber auch die Gefahr ungehemmter Primitivierung und einer so gründlichen Anpassung, daß sie nicht mehr Schutz, sondern Verderben war«.[73]

Und das hieß: Wer, wie in Buchenwald, die Hoheit über die Krankensäle hatte, konnte für die eigenen Genossen viel Gutes bewirken, wie sich Helmut Thiemann, kommunistischer Funktionshäftling in Buchenwald, erinnert. Aber das hieß gleichzeitig, andere Gruppen teilweise »rücksichtslos« vom Zugang zu kostbaren Ressourcen auszuschließen.[74]

Hermann Langbein, ein kommunistischer Auschwitz-Überlebender, erinnerte sich genau, wem er seine Deportation aus Dachau zu verdanken hatte: einem sozialistischen Kapo und dessen Freunden.[75] Der Frage, mit wem man sich angesichts des extremen Mangels, des allgegenwärtigen Hungers und des zerstörerischen Arbeitszwangs verbunden fühlte, war eine täglich neu empfundene Qual, zu der mitunter auch gehörte, zwischen dem eigenen und dem Überleben der anderen entscheiden zu müssen. Bessere Voraussetzungen hatten diejenigen, die in der Häftlingsgesellschaft über Macht und Ressourcen verfügten.[76] Das konnte dann wie in Buchenwald im Oktober 1941 dazu führen, dass sich politische, vor allem kommunistische Häftlinge um eine Gruppe von etwa 2.000 sowjetischen Kriegsgefangenen kümmerten, die vollkommen ausgemergelt das Lager erreicht hatten und in einem eigenen Speziallager untergebracht worden waren. Die SS hatte jede Hilfe unter strenge Strafe gestellt, und doch organisierten die Häftlinge Medikamente und Nahrung – mit der Folge, dass die drei kommunistischen Blockältesten, die die Kontaktsperre hätten durchsetzen sollen, schwer misshandelt wurden.

Gruppenspezifische Loyalitätsbindungen konnten also Leben retten – und gleichzeitig auch den Tod anderer einkalkulieren, wenn die kommunistischen Kapos den eigenen Genossen gefährliche Arbeit ersparten, indem sie dafür sorgten, dass ihre Namen auf den Gefangenentransporten gestrichen wurden und stattdessen andere Häftlinge ihre Aufgaben übernehmen mussten. Partikulare Solidarität erlebte hier – im Zeichen des nationalsozialistischen Terrors – ihre radikale Zuspitzung im Kampf ums Überleben.

Das galt ebenso für religiöse und nationale Solidaritätsbindungen: Die gemeinsame Sprache und Herkunft konnten gerade gesundheitlich besonders geschwächten Häftlingen einen Schutzraum bieten. Religiöse Rituale, Kultur und Musik schufen kurze Momente der Hoffnung angesichts der permanenten Lebensgefahr; zugleich führten diese Zugehörigkeiten zu neuen Konflikten zwischen Häftlingen verschiedener Herkunft. Der Terror der Konzentrationslager schuf eigene soziale Hierarchien in den Häftlingsgesellschaften, in denen jüdische Häftlinge, aber auch vermeintlich »Asoziale«, Sinti und Roma, sowjetische Gefangene und Homosexuelle am unteren Ende rangierten, die anders als die politischen oder religiösen Häftlinge nur selten auf starke gruppenspezifische Solidarbeziehungen zurückgreifen konnten. Das machte ihr Leben umso bedrückender und die Chance auf Hilfe von anderen Häftlingen umso kleiner. Solche Unterstützungen gab es, aber sie blieben doch die Ausnahme – und die SS-Lagerleitungen taten alles dafür, solche Hilfen mit aller Gewalt zu unterbinden. Die Ordnung des Terrors setzte darauf, soziales Handeln auf einen permanenten individuellen Überlebenskampf zu reduzieren; dass es trotzdem überhaupt solche Formen solidarischer Unterstützung angesichts des Ausnahmezustandes gab, dass in seltenen Momenten das alte »Solidaritätslied« erklang, ist womöglich das eigentliche Wunder.

4. Protestieren, konsumieren, helfen – neue und alte Formen solidarischer Praxis nach 1945

Es war ein idyllischer Ort, an den die rund 300 Jugendlichen und einige Kleinkinder im August 1945 gelangten. Windermere im nordenglischen Lake District lag fern der rauen britischen Stahl- und Kohleindustrien. Hier gab es Schafe und Wanderer, vielleicht auch ein paar Angler, jedenfalls viel Grün. Die Kinder, auf die Alice Goldberger dort so gespannt wartete, hatten eine lange Reise hinter sich. Die Rote Armee hatte sich in den letzten Monaten um sie gekümmert – seit ihrer Befreiung aus dem KZ Theresienstadt. Jetzt hatten sie die gleichen britischen Bomber, die zuvor die deutschen Städte angegriffen hatten, über Prag und London in die Idylle Nordenglands ausgeflogen. Alice Goldberger hatte Erfahrung im Umgang mit geschundenen Kinderseelen. Während des Krieges hatte sie als Fürsorgerin in den von Anna Freud geleiteten »Hampstead Nurseries« gearbeitet, Kinderheimen für ausgebombte und evakuierte britische Kinder aus London. Sie selbst war vor den Nationalsozialisten nach England geflohen und hatte zunächst eine Zeit lang als *Enemy Alien* in einem britischen Lager zugebracht. Bereits dort hatte sie einen Kindergarten aufgebaut.[77]

Und doch war sie unsicher, ob ihre Erfahrung ausreichen würde für das, was auf sie zukam. Mit ihr zusammen warteten an diesem heißen Tag viele ihrer Kolleginnen und Kollegen, darunter Oscar Friedmann, ein aus Berlin emigrierter, ehemaliger Leiter eines Jugendheimes, und die beiden Erzieherinnen Gertrud und Sophie Dann aus Augsburg, denen 1938 gerade noch die Ausreise aus Deutschland gelungen war. Sie alle waren Teil eines Netzes von Helfern und Helferinnen, das schon während des Krieges geknüpft worden war und zugleich neue und alte Solidarstrukturen miteinander verband. Denn in Windermere trafen nicht nur geschulte Sozialarbeiterinnen auf geflohene Kinder. Beide, Kinder und Erwachsene, verband die gemeinsame Erfahrung der Verfolgung, die gemeinsame jüdische Herkunft. Insofern galt die Solidarität nicht nur den Kindern als Individuen, sondern auch der Gruppe der Verfolgten, zu der die Erwachsenen ebenfalls zählten. Der Versuch, den Kindern ins Leben zu helfen, war damit Teil einer Form sozialen Handelns, das Ausdruck innerer Verbundenheit zwischen Verfolgten unterschiedlicher Gruppen von Überlebenden war. Die Hilfe von Alice Goldberger, Oscar Friedmann und den Geschwistern Dann war dabei keineswegs »nur« altruistisch motiviert. Individuelle und kollektive Interessen überlagerten sich und zielten auf die Anerkennung und Heilung erlittenen Leids – und damit auch darauf, die Folgen der nationalsozialistischen Gewaltherrschaft sichtbar zu machen, ohne im Einzelnen darüber sprechen zu müssen oder zu können. Ihre Solidarität sprengte nationale Grenzen, und sie machte aus Menschen, die sich persönlich nicht kannten, eine Überlebendengemeinschaft.

Angesichts der massiven Verwerfungen, die der Krieg hinterlassen hatte, stellte sich umso dringender die Frage, wer sich künftig mit wem verbunden fühlen würde. Den jüdischen Opfern begegneten jedenfalls weite Teile der Deutschen mit kühler Distanz, galten die Juden doch bei vielen gerade nicht als Teil der imaginierten deutschen »Schicksalsgemeinschaft«. Was beispielsweise würde aus der alten Klassensolidarität werden, die sich im Zeichen der faschistischen Bedrohung vielfach als äußerst brüchig erwiesen hatte? Eine Geschichte der Solidarität, die bis an die Pforte unserer Gegenwart reicht, erzählt mithin von einer sich wandelnden Welt im Zeichen von Dekolonisation, Ost-West-Konflikt und prosperierender Konsumgesellschaft, von Menschen, die – auch ermöglicht durch neue Medien – näher aneinanderrückten, aber dabei keineswegs sicher waren, ob sich aus der

Solidarität »unter Gleichen« nun eine Solidarität »mit Fremden« entwickeln würde. Es ist eine Geschichte neuer globaler Verflechtungen, der Auseinandersetzung um die Etablierung der Menschenrechte und immer selbstbewusster agierender Kolonialländer, die sich nicht mehr mit den Brosamen vom Tisch der westlichen Welt abspeisen lassen wollten. Es ist eine Geschichte, in der sich Vorstellungen von Solidarität pluralisierten und neue soziale Bewegungen entstanden, die um die Frage rangen, ob Solidarität nicht trotz aller Unterschiede möglich sei.

Dekolonisation und Solidarität

Um die Frage, welche Reichweite der Begriff haben sollte, war in vielen Arbeiterparteien Europas immer wieder gerungen worden. In den nordeuropäischen sozialdemokratischen Parteien reflektierten diese Diskussionen die Suche nach einer politischen Ordnung, die von einem breiten gesellschaftlichen Konsens getragen wurde.[78] Vor allem zielte er, allen voran in Norwegen und Schweden, auf soziale Gruppen außerhalb der Arbeiterschaft, auf die Mittelschichten, die ländliche Bevölkerung, auf die Bauern und Selbstständigen. Der Begriff der Solidarität öffnete die Möglichkeit, stärker in Beziehungen und Kooperationsformen zu denken und den Zugang beispielsweise zur Sozialdemokratie eben auch ethisch zu begründen. Solidarität erschien dabei als Katalysator gesellschaftlicher Integration, als Brückenbauer zwischen ökonomisch stärkeren und weniger starken Nationen, als Bindeglied zwischen verschiedenen gesellschaftlichen Gruppen, als Ausdruck einer durch die Zerwürfnisse des Krieges neu geschaffenen Verbundenheit aller Menschen. Wo die alten Milieus ihre Bindekraft verloren und eine jüngere Generation von Arbeitern mit dieser alten Nestwärme nicht mehr viel anfangen konnte, da brauchte es umso mehr die Sprache der Solidarität, wenn auch in einer anderen, weniger lauten Tonlage als noch in den 1920er-Jahren.

Gründe für diese Verschiebung gab es unterschiedliche: individuelle Erfahrungen des Exils, Debatten über humanitäre Hilfe und das erwachte Selbstbewusstsein der Kolonialländer, die Konflikte des

Kalten Krieges und das Bestreben, den »richtigen« demokratischen Sozialismus gegen seine östlich-totalitäre Herausforderung zu verteidigen.

Es war also kein Zufall, dass der Begriff, obwohl längst im sozialistischen Sprachgebrauch beheimatet, erstmals 1959 im Godesberger Programm der SPD an prominenter Stelle auftauchte: als einer der drei Grundwerte des Sozialismus, neben Freiheit und Gerechtigkeit. Solidarität galt als Ausdruck einer »gemeinsamen Verbundenheit«,[79] der früher die alte Arbeiterbewegung geprägt habe und nun auch die neue Volkspartei bestimmen sollte. Solidarität schien, so deutete es zumindest das Godesberger Programm an, die Verpflichtung der »Ersten« gegenüber der »Dritten Welt« zu sein. Die »Entwicklungsländer« hätten »Anspruch« auf Solidarität, und in einer »Zeit internationaler Verflechtungen aller Interessen und Beziehungen« könne »kein Volk mehr für sich allein seine politischen, wirtschaftlichen, sozialen und kulturellen Probleme lösen.«[80] Die Solidarität galt also nicht einer ausgewählten Gruppe, gar ausschließlich der Arbeiterklasse, sondern zielte auf die Gemeinsamkeit der Völker und Nationen; darauf, dass der »Weltreichtum neu verteilt und die Produktivität in den Entwicklungsländern erheblich gesteigert« werden müsse. Schließlich hätten diese Länder einen »Anspruch auf großzügige und uneigennützige Hilfe«. Solidarität war in dieser Lesart eher Schutz der Schwächeren und kein Kampf der Gleichberechtigten. Denn nur so sei es möglich, dass es nicht wieder zu neuen Formen der Unterdrückung komme. Solidarität als ethisches Handlungsmotiv, als neues Gefühl globaler Verbundenheit, als Gefühl der wechselseitigen Nähe und Verantwortung, als Prinzip der Gegenseitigkeit – diese unterschiedlichen Motive verschmolzen hier und gaben dem Begriff eine Richtung, die deutlich über den alten Radius proletarischer Lebenswelt und nationaler Grenzen hinauswies.

Noch drängender als in den 1930er-Jahren stellte sich nun die Frage, wie sich künftig der alte Internationalismus der Arbeiterbewegungen zu den neuen Unabhängigkeitsbewegungen in Afrika und Asien verhalten würde. Lenins weltrevolutionäres Pathos hatte manchen antikolonialen Intellektuellen leidenschaftlich befeuert und der Kritik an den europäischen Kolonialregimen eine neue, radikale Sprache gegeben. Hier, an der Peripherie, sollten jene neuen Bündnisse entstehen, die die Befreiungsbewegungen aus den Kolonialländern mit der Kraft des europäischen Proletariats zusammenschweißen sollten; Bündnisse, in deren Schoß dann die Weltrevolution geboren werden würde. Das war für weite Teile der sozialistischen Arbeiterbewegungen mit ihren internationalistischen Traditionen aber nichts anderes als wohlfeile kommunistische Propaganda, die zu Gewalt und politischem Chaos führen würden – mit dem Ziel der Errichtung einer kommunistischen Alleinherrschaft. Ihre Solidarität galt dem Proletariat und den Parteien der reformerischen Arbeiterbewegung – eine Solidarität, die zudem vielfach getragen war von der Idee, dass gerade die europäischen Arbeiterparteien an der Spitze des Fortschritts stünden und die am weitesten entwickelten Organisationen wären, die die Fackel von Demokratie und Sozialismus in die »unterentwickelten« Länder tragen müssten.

In den verschiedenen Internationalismen der Arbeiterbewegung schwangen also auch nach 1945 sehr unterschiedliche Vorstellungen davon mit, wer denn eigentlich der Adressat von Solidarität sein konnte – und wer überhaupt für eine Beziehung auf »Augenhöhe« infrage komme. Die viel schwächer organisierten, stärker agrarisch geprägten Bewegungen Asiens und Afrikas waren dies lange Zeit eher nicht, und so war auch umstritten, welche Unabhängigkeitsbewegungen und welcher antikoloniale Befreiungskampf überhaupt auf Akzeptanz, gar auf Unterstützung oder Solidarität hoffen konnten. Die sozialistischen Parteien in Belgien, in den Niederlanden oder in Frankreich machten jedenfalls keinen Hehl aus ihrer Ablehnung allzu forscher Unabhängigkeitsforderungen und waren integrale Bestandteile der jeweiligen nationalen Kolonialpolitik. Als sich 1955 in Bandung Regierungschefs aus Afrika und Asien trafen, um gemeinsam ein Bündnis gegen die alten Kolonialmächte zu schmieden, wirkte diese neue Achse beängstigend und gefährlich auf den Westen. Ein Zusammenschluss von Kolonialländern, die sich wechselseitige Verpflichtung und politische Unterstützung versprachen: Das war in der Tat eine Form der Solidarität, die die imperialen Machtverhältnisse bedrohte.[81]

Für die westdeutsche Sozialdemokratie lagen die Dinge anders: Sie war zwar selbst auf diese westlichen Verbündeten und die Unterstützung der sozialistischen Bewegung angewiesen, doch führten die fehlende koloniale Verflechtung und die Folgen der deutschen Teilung zugleich zu einer anderen Wahrnehmung nationaler Unabhängigkeitsbewegungen.[82] Denn hier gab es aus Sicht der SPD durchaus gemeinsame Interessen. Auch viele der asiatischen Länder spürten den Druck des sowjetischen Imperiums, und ihr neu erwachtes Selbstbewusstsein konnte womöglich dabei helfen, jenseits der großen Blöcke Bündnispartner in der »deutschen Frage« zu gewinnen.[83] Solidarität galt in der westdeutschen Sozialdemokratie nach 1945 also nicht mehr nur den Arbeitern in den anderen Teilen der Welt, sondern bereits jenen nach nationaler Unabhängigkeit strebenden Völkern, die sich dem kommunistischen Hegemonialanspruch zu entziehen und als Blockfreie einen eigenen Weg zu gehen versuchten. Wie weit diese Solidarität reichte, war indes innerhalb der Sozialdemokratie umstritten, schließlich mussten auch immer die Ansprüche der westlichen Bündnispartner mitbedacht werden.

Von der Solidarität mit den »unterentwickelten« Völkern und dem daraus resultierenden Anspruch auf Hilfe war seit den 1950er-Jahren immer wieder die Rede. Aber war das eine Begegnung auf Augenhöhe? Der Konflikt entzündete sich beispielsweise an der Frage, wie auf die französische Algerienpolitik reagiert werden sollte. Mit aller Gewalt hatte sich Frankreich an die Imagination eigener imperialer Größe geklammert und war mit brutaler Härte gegen die algerische Unabhängigkeitsbewegung vorgegangen. In Frankreich führte der Konflikt um die Algerienpolitik zum Untergang der IV. Republik und zum Präsidialsystem Charles de Gaulles. International galt der Algerienkonflikt als Symbol eines verabscheuungswürdigen Kolonialsystems, dessen Zeit nun endgültig abgelaufen war. Die französische Regierung dagegen stilisierte den militärischen Konflikt zur ultimativen Schlacht gegen die globale kommunistische Bedrohung, mit schwindender Überzeugungskraft und kritisiert von den eigenen Verbündeten.

Unterstützung für die Unabhängigkeitsbewegung kam von unterschiedlicher Seite: In Deutschland aus dem bunten Kreis ehemaliger Spanienkämpfer und nonkonformer Linker, aus kleinen Zirkeln linkskatholischer Christen und von einigen jüngeren Sozialdemokraten und Gewerkschaftern, die schon seit längerer Zeit lautstark gegen die dubiosen Praktiken französischer Rekrutierungspolitik für die Fremdenlegion auf deutschem Boden protestiert hatten.[84] Ihre Motive waren unterschiedlich: Manche argumentierten humanitär oder aus christlicher Nächstenliebe gegen die französische Repression der Zivilbevölkerung, manche stärker antikolonial, gegen ein System, das in vielen Ländern Afrikas bereits zerbrochen und moralisch diskreditiert war.

Hilfe für die algerische Unabhängigkeitsbewegung wurde in Frankreich harsch sanktioniert und schon der Gebrauch der Formel »Solidarität« gleichsam als Subversion behandelt.[85] In Westdeutschland waren die Spielräume größer, wenngleich die französischen Geheimdienste auch hier sehr genau beobachteten, was sich hinter der Grenze abspielte, und die französische Botschaft immer wieder bei der Bundesregierung gegen diejenigen Aktivisten protestierte, die sich allzu sehr mit der algerischen Sache gemein zu machen schienen. Einer von ihnen war der junge Kölner SPD-Bundestagsabgeordnete Hans-Jürgen Wischnewski, Juso-Bundesvorsitzender, später auch Entwicklungs- und Kanzleramtsminister. Wischnewski, der aus der IG Metall stammte, organisierte für die Front de Libération Nationale (FLN) in Deutschland politische Kontakte, er öffnete die SPD-Büroräume für Vertreter der Exilregierung und startete mit anderen Gewerkschaftern, Studierenden und Kirchenleuten eine Spendenkampagne für ein Waisenhaus in Tunis, das Kinder von Eltern aufgenommen hatte, die im Krieg ums Leben gekommen waren.[86]

»Algerien-Solidarität« konnte vieles bedeuten: Briefe schreiben zum Beispiel, wie es Klaus Vack von den SPD-nahen »Naturfreunden« tat.[87] Solidarität tat hier buchstäblich in den Fingern weh: Vermutlich um die 20.000 handschriftliche Briefe hatte er zusammen mit seiner Frau Hanne und einer kleinen, verschworenen Gruppe von Aktivisten an deutsche Fremdenlegionäre in Nordafrika geschrieben, um sie zur Desertion aufzurufen – nicht aber ohne sie daran zu erinnern, dass sie auf ihrer vorbereiteten Flucht in die befreiten Gebiete ihre Waffen für die FLN mitnehmen sollten. Oftmals ging es auch um Geld, das auf mehr oder weniger verschlungenen Wegen auf die Konten der FLN gelangte; um »Kofferträger«, die Bargeld transportierten und über die Grenze schafften.[88]

Gewerkschafter und Sozialdemokraten kümmerten sich vor allem um politische Lobbyarbeit, und sie unterstützen über den DGB und die Arbeiterwohlfahrt die vielen Tausend algerischen Flüchtlinge, die Ende der 1950er-Jahre nach Deutschland gekommen waren. Für diejenigen, die es bis in die Bundesrepublik geschafft hatten und den Behörden zunächst misstrauten, war es vielerorts die Arbeiterwohlfahrt, die sich als Erstes um sie kümmerte und sie in ihren Einrichtungen unterbrachte. In zahlreichen Städten gründeten sich gewerkschaftsnahe Hilfskomitees, die bei der Versorgung mit Nahrung und Kleidung halfen. In der Algerien-Solidarität fanden Teile der Anti-Atom- und Friedensbewegung mit jenen Kräften zusammen, die sich aus der Klammer antikommunistischer Ressentiments des Kalten Krieges zu befreien und im antikolonialen Kampf neue Bündnispartner zu gewinnen versuchten. Ost-West- und Nord-Süd-Konflikt waren daher unmittelbar aufeinander bezogen – und damit auch die verschiedenen Solidaritätsbewegungen, deren Unterstützung der »Dritten Welt« immer auch Teil europäischer Konflikte war. Aber die »Algerien-Solidarität« war keineswegs nur ein linkes Projekt. Denn an den verschiedenen Kampagnen, den Sammelaktionen und diplomatischen Bemühungen wirkten, manchmal noch etwas verhalten, Teile der christlichen Kirchen mit, die hier ihren eigenen Solidaritätsbegriff neu aushandelten: Fast zeitgleich mit neuen Initiativen wie dem 1961 gegründeten World Food Programme entstanden mit Brot für die Welt und Misereor zwei entwicklungspolitische Initiativen der evangelischen beziehungsweise katholischen Kirche, die auf ihre ganz eigene Weise Hilfe für die Hungernden des Algerienkrieges zu leisten versuchten. Von den 35 Millionen Mark, die Katholikinnen und Katholiken in Ost und West an Ostern 1959 gespendet hatten, gingen 30.000 Mark unmittelbar an ein Waisenhaus in Tunis, für das auch andere deutsche Gruppen der »Algerien-Solidarität« gesammelt hatten. Brot für die Welt gab 1960 sogar rund 700.000 Mark für Kleidung und Nahrungsmittel aus.[89] Ungewöhnlich war das, weil die Mittel gerade nicht als Teil einer Missionierungsstrategie, sondern als »humanitäre Hilfe« auch für Nicht-Christen eingesetzt wurden und sich damit in den Wandel der Kirchen seit den 1960er-Jahren einfügten, der auf stärkere gesellschaftliche Öffnung und breite internationale Vernetzung zielte.

Es waren später dann auch diese konfessionellen Netzwerke und kirchlichen Akteure, die wesentlich zur Skandalisierung der Hungerkrise in Biafra während des Bürgerkrieges in Nigeria (1967–1970) beitrugen und deren Aufnahmen hungernder Kinder als Symbol der humanitären Katastrophe um die Welt gingen. Anfangs war es in diesem Konflikt nicht zuletzt um die Mobilisierung von Empathie für die christliche Bevölkerung in Biafra und um Unterstützung gegen den muslimischen Norden gegangen; später dann überwölbten weitere Motive die Hilfskampagnen, allen voran die Sorge vor einem drohenden »Holocaust« und einer humanitären Katastrophe. Sympathie gab es dabei eben nicht mehr »nur« aus dem eigenen konfessionellen Umfeld. Der Kreis an Unterstützern erfasste zunehmend auch weitere Hilfsorganisationen, das American Jewish Committee ebenso wie das Internationale Rote Kreuz, das sich gemeinsam mit christlichen Hilfswerken um Lebensmittel kümmerte. Ältere Vorstellungen christlicher »Zivilisierungsmission« für das »unschuldige Afrika« verschmolzen so mit den neuen humanitären Initiativen und machten aus dem Einsatz für Biafra ein globales Medienereignis.[90]

Ob es sich bei den verschiedenen Aktionen mehr um Solidarität unter Gleichen oder eine vermeintlich »unpolitische« Hilfe handelte, war schon in der Algerien-Kampagne zeitgenössisch umstritten gewesen. Eine Beziehung auf Wechselseitigkeit war hier nicht das Ziel, und die Hilfskampagnen waren immer noch stark vom Gefühl der Fürsorge und *Caritas* geprägt. Und dennoch: Vielerorts war spürbar, dass sich Formen und Reichweite transnationaler Solidarität zu erweitern begannen und die Frage offener geworden war, wer sich wem nahe fühlte. Für Leute wie Hans-Jürgen Wischnewski und andere Linke, die sich in der Algerienhilfe engagierten, war Solidarität aber nicht nur eine moralische Größe, sondern basierte auf unmittelbaren Erfahrungen, auf Begegnungen mit Vertretern der FLN, auf langen Abenden gemeinsamer Gespräche, auf politischen Kampagnen und manchem Ärger, dem man sich mit den französischen Nachbarn einhandelte. Hier spielte vor allem das Empfinden eine zentrale Rolle, Teil einer gemeinsamen antikolonialen, nicht kommunistischen Internationale zu sein – eine Überzeugung, die bei Wischnewski soweit reichte, dass er für den schärfsten und wortgewaltigsten Kritiker der französischen Kolonialpolitik, Frantz Fanon, angesichts seiner Leukämieerkrankung einen Krankenhausaufenthalt in Deutschland zu organisieren versuchte.[91]

Fanons Buch über die »Verdammten dieser Erde« sorgte 1961 für ein mittleres Erdbeben in Frankreich[92] – eine radikale Kritik der französischen Kolonialpolitik, ein flammendes Plädoyer für die Selbstermächtigung der Kolonialisierten, eine Abrechnung mit der jahrhundertealten ökonomischen und kulturellen Ausbeutung durch die Imperien und ein Aufruf zum Widerstand, ja, auch zur Gewalt, gegen den erklärten Krieg der Besatzungsherren.[93] Das Vorwort hatte Jean-Paul Sartre beigesteuert und darin Fanons Thesen noch einmal zugespitzt. Das Buch machte aus der »Dritten Welt« den eigentlichen Ort revolutionärer Hoffnung; hier, an der Peripherie, würden die »weißen Werte« bekämpft, und nur hier – im antikolonialen Kampf – entstehe die Kraft, die korrumpierte europäische Gesellschaft aus den Angeln zu heben; ein Ende des westlichen Egoismus und der Beginn neuer, kollektiver Gesellschaftsformen, die sich im antikolonialen Kampf entwickelten und die Menschen befreiten, getragen nun nicht mehr von der Arbeiterklasse, sondern von bäuerlichen Schichten.

Den Begriff der »Solidarität« verwendete Fanon indes nur an wenigen Stellen, und seine Vorstellung von wechselseitiger Verbundenheit bezog sich vor allem auf das gemeinsame Schicksal der Kolonisierten und ihren Kampf gegen die Kolonialherren. Denn erst durch den Widerstand werde ihre Unterdrückung für sie sichtbar und offenbare sich das legitime Ziel ihres Kampfes, der weit über den Raum der Kolonien hinausreiche. Fanon hielt, wie Sartre es formulierte, den Europäern den Spiegel ihrer eigenen Degeneration vor. Nur hier, in der »Dritten Welt«, könne jene neue Gesellschaft entstehen, die nicht mehr vom europäisch-westlichen Rassismus überwölbt sei. Insofern bedeute das »Ende Europas« zugleich den »Neuanfang der Menschheit« und mache den Kampf der »Dritten Welt« auch zu einer Sache der Metropolen.

Solch eine radikale, mit Gewalt verbundene Politik der Dekolonisation und Dezentrierung der Welt ließ auch viele gemäßigte Linke in den Hauptstädten Europas und in den USA nervös werden. Doch steckte in Fanons Kritik ein zentrales Argument jener Debatte über »Solidarität«, die im Laufe der 1960er-Jahre als Teil der Civil-Rights-Bewegung und dann in der »Dritte-Welt-Bewegung« von zentraler Bedeutung sein sollte: Hier, an der vermeintlichen »Peripherie«, werde über die Zukunft der Menschheit entschieden und zum Einsturz gebracht, was seine politische Legitimität längst eingebüßt habe. Viele der utopischen Sehnsüchte, die mit den Befreiungsbewegungen der »Dritten Welt« seit den 1960er-Jahren verbunden waren, hatten in diesen Überlegungen ihren Ursprung.

1968, Chile-Solidarität und die Frage der Menschenrechte

Schon denen, die sich in der deutschen Algerien-Solidarität engagiert hatten, war der Kontakt zu den Aktivisten der FLN wichtig gewesen. Diese waren zwar auf die Hilfe der Genossinnen und Genossen angewiesen, verfolgten aber durchaus selbstbewusst ihre eigenen Ziele und waren keineswegs nur Gabenempfänger. Ihre Anwesenheit verlieh den Initiativen Authentizität, ihr Material, ihre Fotos waren die Grundlage für Ausstellungen und Veranstaltungen, und Gäste aus der

»Dritten Welt«, aus Algerien, Kuba, aus Vietnam oder aus Südafrika, gaben seit den 1960er-Jahren der Solidarität ihre ganz eigene Note des Unmittelbaren, des exotisch Revolutionären. Die Vertreterinnen und Vertreter der unterschiedlichen Befreiungsbewegungen prägten auf ihre sehr eigene Weise die Solidarbeziehungen mit: Mancher von ihnen wurde beinahe als revolutionärer »Heiliger« empfangen und sprach als Stimme der Unterdrückten in vollen Hörsälen zu dem meist jungen Publikum. Der Vietcong hatte seit 1962 in unterschiedlichen Ländern Europas eigene Dependancen aufgebaut, und über die Botschaften in Prag, Paris und Ost-Berlin entstand eine eigene »Soli-Diplomatie«, die allen voran in kommunistischen Organisationen für die Sache des vietnamesischen Volkes warb[94] – und das in Ost und West gleichermaßen mit einigem Erfolg.

Unter dem Sternenbanner des Vietcong trafen sich am 17. und 18. Februar 1968 protestierende junge Frauen und Männer aus allen Lagern im Audimax der TU Berlin – ein rauschhaftes und betörendes Erlebnis revolutionärer Utopie und globaler Beschwörung des antikolonialen und antikapitalistischen Kampfes.[95] Im Zentrum stand die Mobilisierung gegen den Vietnamkrieg, der seit Anfang 1965 mit der Bombardierung Nordvietnams durch die US-Streitkräfte und den Einsatz von Bodentruppen eine neue Eskalationsstufe erreicht hatte und zur zentralen Projektionsfläche »antiimperialistischer Politik« werden sollte. Schon länger ging es nicht mehr »nur« um Hilfe für geflüchtete Genossen, um den Protest gegen den Staatsbesuch eines der vielen Diktatoren der Welt, die in Bonn und anderen Hauptstädten der westlichen Welt ein- und ausgingen; die Solidaritätsbewegungen hatten seit Mitte der 1960er-Jahre deutlich an Zulauf gewonnen, im Umfeld linker Studentenorganisationen, aber auch bei den kirchlich geprägten Studierenden, die nun über »Weltkirche« sprachen – und damit nicht mehr die Missionierung verlorener Seelen, sondern eine Option für die Ärmeren und Schwächsten aller Länder meinten und von einer neuen, solidarischen, politischen Theologie träumten.

Nun ging es also im Audimax der TU ums große Ganze, um Revolution und den Zusammenschluss der »fortschrittlichen« Kräfte im

Kampf gegen den Kapitalismus. Aus allen Teilen der Republik waren Studierende, Schülerinnen und Engagierte unterschiedlicher Solidaritätsgruppen nach Berlin gekommen, um die Unterstützung für das bedrohte vietnamesische Volk mit der eigenen Befreiung von autoritären und faschistoiden Strukturen zu verbinden und den Kampf aus den Peripherien wieder in die Metropolen zurückzuholen. Die »Zärtlichkeit der Völker«, die Sehnsucht nach den revolutionären Helden aus Kuba und China, nach Che Guevara, Mao und Ho Chi Ming – sie wollte so sanft aber nicht sein. Noch blieb für die meisten Solidarität vor allem ein Kampfbegriff im neuen »Klassenkampf«, bisweilen gefüllt durch das Leben der Demos, das laute »Ho, Ho, Ho-Chi-Ming« oder das gemeinsame Plakatieren von Che Guevara-Konterfeis. Diese Solidarität zielte nicht nur auf die fernen Befreiungsbewegungen, sondern eben auch auf den Kampf in den urbanen Metropolen, auf den Zusammenhalt der eigenen Gruppe.[96]

Die wenigsten hatten Ende der 1960er-Jahre unmittelbar eigene revolutionäre Erfahrungen. Doch selbst wenn die Studentenbewegung im Anschluss an den »Vietnam-Kongress« in unterschiedliche Lager zerfiel und der Schwung, den sie aus der globalen Kampagne erhalten hatte, nachließ, so blieben diese Erfahrungen doch für die 1970er-Jahre prägend: Dieses revolutionäre Pathos schaffte auf eigentümliche Weise das Gefühl einer neu gewonnenen Nähe – einer Nähe zu den Menschen, die am anderen Ende der Welt um ihre Existenz kämpften und mit denen man sich trotz aller Unterschiede verbunden fühlte, ganz anders als den eigenen, durch den Nationalsozialismus belasteten Familienvätern. Als 1970 der Sozialist Salvador Allende nach freien Wahlen das chilenische Präsidentenamt übernahm, löste das zunächst nur bei einem kleinen Teil der globalen Protestbewegung Jubelstürme aus: Eine Machtübernahme ohne revolutionären Bruch, auf parlamentarischem Weg, über die Verfassung? Das schien weder spektakulär noch besonders nachhaltig zu sein. Dass Chile innerhalb kürzester Zeit – nach dem blutigen Sturz der sozialistischen Regierung und der Ermordung Allendes 1973 – eine so weitreichende, weltweite Aufmerksamkeit erhielt[97] und sich die Debatten um Solidarität mit der neuen, globalen Sprache der Menschenrechte verbanden, war deshalb alles andere als selbstverständlich; und selbstverständlich war eben auch nicht, dass sich in so vielen Ländern Solidaritätsgruppen gründeten, die sich um jene vermutlich bis zu 200.000 geflohenen Chilenen kümmerten oder Geld für den Kampf gegen die Militärjunta sammelten. Die Einhaltung der Menschenrechte als Streitpunkt zwischen den politischen Blöcken war kein neues Thema; das Besondere aber war, dass sich die Kritik an der Junta aus sehr verschiedenen Richtungen formulieren ließ – aus Ost und West gleichermaßen; und das sorgte dafür, dass Chile eine bis dahin unbekannte Aufmerksamkeit erhielt. Dazu beigetragen hatten auch die unterschiedlichen Nichtregierungsorganisationen, Kirchenvertreter, Gruppen wie Amnesty International, die neue Kommunikationswege über Presse und Fernsehen nutzten, um Informationen über Folter, Gefängnisse und Inhaftierte zu verbreiten.

Für Ost-Berlin boten die Kritik am Schicksal von Allende und die Unterstützung chilenischer Flüchtlinge eine erstklassige Möglichkeit, sich als eigenständiger politischer Akteur zu inszenieren. Natürlich: Die Chile-Solidarität staatssozialistischer Länder wie der DDR, linker Soli-Gruppen und der christlichen Kirchen hatte einen jeweils anderen Fluchtpunkt. Die Frage, welcher chilenischen Gruppe die Solidarität nun galt, blieb heftig umkämpft: moskautreuen Kommunisten, »reformistischen« Sozialisten oder gar christlichen Gewerkschaftern, weil auch sie Repressionen ausgesetzt waren? Doch so unterschiedlich die Motive und Formen der Hilfe auch waren: Sie trugen dazu bei, die Verbrechen der Junta weithin zu skandalisieren und das Thema auf die Agenda der internationalen Politik zu setzen, anders als im Fall vieler anderer Diktaturen in Afrika oder Asien zur gleichen Zeit. In Deutschland entstand mit den »Chile-Nachrichten« ein von den Exilanten selbst geschaffenes neues Kommunikationsmedium, das die Soli-Szene mit Nachrichten aus erster Hand versorgte und zugleich ein Bündnis mit den einheimischen Aktivisten schuf. Das veränderte auch die Art der Beziehungen: Denn in Städten wie London, Berlin, Rom oder Paris bildeten die Exilgruppen lautstarke Kerne der Protest- und Menschenrechtsbewegung, die enge Bündnisse mit den unterschiedlichen lokalen Initiativen formten und gewissermaßen das »Authentische« des Widerstandes zu verkörpern schienen – eine Form der Solidarität, in der die Erfahrungen des Exils eine exponierte Rolle spielten.[98] Neue Aktionsformen entstanden und wurden erprobt, deren Wirkungen bis weit in die frühen 1990er-Jahre prägend blieben:[99] In den Studentengemeinden trafen sich junge Christinnen und Christen zu »politischen Nachtgebeten«, der Aufruf zu Blutspenden brachte der Kampagne in einigen norddeutschen Städten 30.000 Mark ein, und in Hamburg schlossen sich Hafenarbeiter dem Aufruf der Internationalen Transportarbeiter-Föderation an und weigerten sich, chilenische Schiffe zu löschen.

Im Protest gegen die Junta bündelten sich unterschiedliche Solidaritätsbewegungen, die nicht allein von der Sehnsucht nach einer neuen, sozialistischen Gesellschaft, einem neuen, ganz realen Utopia getragen waren, einer Möglichkeit, die Konfrontation der Blöcke über den Umweg der »Dritten Welt« zu durchbrechen. Vielmehr verband sich mit dem Protest gegen die Militärdiktatur auch eine breitere Kritik an autoritären Regimen, wie es sie zeitgleich in Südeuropa gab, in Griechenland, in Spanien und in Portugal. Solidarität mit Chile, die Kritik an Menschenrechtsverbrechen wie durch Amnesty International, die Forderung nach politischem Asyl für die Geflüchteten:[100] Der Blick richtete sich auf jene Verbrechen, die im Zeichen des Antikommunismus von den westlichen Demokratien mit allzu großer Nachsicht behandelt zu werden schienen – hier schien es immer nur um die Menschenrechtsverletzungen des Ostens zu gehen, nicht aber um die Traditionen von Faschismus, Kolonialismus und Imperialismus.[101] Deshalb waren die Übergänge zwischen den unterschiedlichen Gruppen, die sich für Chile und für ein Ende der Franco-Diktatur oder der griechischen Militärjunta engagierten, oftmals fließend. Die Geschichte schien sich zu wiederholen: erst die Niederlage der Spanischen Republik und der Frente Popular, heute der Untergang der Unidad Popular in Chile.

Die Solidarität zielte also in unterschiedliche Richtungen. Sie zeigte nicht nur nach »Süden«, Richtung »Dritte Welt«, sondern auch nach Europa. Das galt beispielsweise für jene Gruppen der Chile-Solidarität, in denen sich Anfang der 1970er-Jahre zahlreiche spanische Exilanten engagierten, oder für geflohene Chilenen, die sich gemeinsam mit anderen für die in Griechenland verfolgten Kommunisten und Sozialisten einsetzten. Seit Anfang der 1970er-Jahre ließ sich beobachten, wie im Kampf gegen die autoritären Regime viele auch innerhalb der Sozialdemokratie und Gewerkschaften Kontakte mit den Oppositionsbewegungen in Lateinamerika suchten und mancher antikommunistische Reflex auch hier – im Umfeld der Sozialistischen Internationale – nachließ; zugleich machten sich die Befreiungsbewegungen nach Europa auf und fanden hier eine Plattform, um die Frage des Ost-West-Konfliktes mit den Befreiungshoffnungen der »Dritten Welt« zu verknüpfen. Reißenden Absatz fanden die Analysen allen voran lateinamerikanischer, oftmals in Europa geschulter Sozialwissenschaftler wie die des Brasilianers Fernando Cardoso, die soziale und ökonomische Ungleichheiten als Folge globaler Abhängigkeiten betrachteten.[102] Die Solidaritätsbewegungen lebten von ihren eigenen, neuen Experten, die bald gemeinsam mit manchen der politischen Vertreter der Befreiungsbewegungen zu Handlungsreisenden in Sachen Solidarität werden sollten und die westlichen Gruppen an ihre besondere Verantwortung für die Beseitigung kolonialer Abhängigkeitsverhältnisse erinnerten.

Solidarität und Dritte-Welt-Bewegung

Die Frente Sandinista de Liberación Nacional (FSLN) in Nicaragua gehörte dabei zu den besonders aktiven Gruppen, die nach ihrem Sieg über die Somoza-Diktatur im Sommer 1979 ein eigenes Netz in Europa ausbauten. Dabei sollte es, wie die Vertreter der Sandinisten in Deutschland betonten, eben um beides gehen: um ein Verständnis für die besonderen Abhängigkeitsverhältnisse und Bedingungen der sandinistischen Revolution, ihre Möglichkeiten und Probleme angesichts der ungleichen Machtverhältnisse im »Hinterhof« der USA und zugleich auch darum, Solidaritätsbeziehungen als Teil eines politischen

Engagements in Deutschland selbst zu begreifen, das auf die Veränderungen der europäisch-kapitalistischen Verhältnisse zielte.[103] Die zahlreichen Reisen, die Vertreter der Sandinisten durch Europa machten, waren Teil dieses Werbefeldzuges, zu dem Besuche bei Kirchentagen ebenso gehörten wie die Vernetzung mit den Solidaritätsgruppen in Schulen, Kirchengemeinden und Universitäten.

Solidarität mit den Sandinisten – das bot allen voran den vielen christlichen Gruppen die Möglichkeit, darüber nachzudenken, welche politischen Alternativen es zum Kapitalismus geben könne und wie das Verhältnis von Demokratie, Glauben und Freiheit künftig neu bestimmt werden solle – eine Diskussion, die auch die Solidaritätsarbeit in der DDR betraf.

Natürlich: Die Rahmenbedingungen der Solidarität waren hier ganz andere. Gruppen, die sich außerhalb der parteiamtlichen Institutionen der SED bildeten, hatten es überaus schwer.[104] Reisebeschränkungen lähmten die Möglichkeit, auf eigene Faust etwas zu unternehmen, und das offizielle Kontaktverbot zu den Solidaritätsgruppen aus der Bundesrepublik erschwerte es zusätzlich, an Informationen zu kommen. Die DDR hatte die Sandinisten schon früh auch materiell unterstützt und mit dem Krankenhaus »Carlos Marx« in Managua ein Vorzeigeprojekt »internationaler Solidarität« geschaffen, das man ausländischen Besuchern gerne zeigte.

Der Begriff der Solidarität gehörte zum parteiamtlichen Kanon und durfte in keiner Rede fehlen, wenn es um den besonderen »Geist« und die »Verpflichtung« gegenüber den werktätigen sozialistischen Brüdern und Schwestern ging. Der »sozialistische Internationalismus« war verfassungsrechtlich verankert, Teil einer Strategie außenpolitischer Anerkennung gegenüber den Ländern, die sich aus dem kolonialen Zugriff zu befreien versuchten, und ein vielfach propagierter Integrationsmechanismus nach innen. Solidarität, staatlich verordnet, galt als eine »Triebkraft der gesamten Gesellschaft«[105], als ein Modus moralischer Überlegenheit gegenüber den kapitalistischen Systemen und als der im privaten wie öffentlichen Bereich sichtbarste Bruch mit dem Faschismus. Eine solche Solidarität mache die DDR zum »besseren Deutschland« und zum Teil eines weltumfassenden Kampfes gegen den Imperialismus. Außerhalb der staatlichen Kampagnen entstanden seit 1982/1983 im kirchlichen Umfeld aber auch Gruppen, die ihren eigenen Weg der Solidarität zu gehen und Kontakte jenseits der Mauer aufzubauen versuchten. So konnte eine ideologisch eigentlich konforme Solidarität durchaus subversive Kraft entfalten, die sich der staatssozialistischen Propaganda entzog, die auf individuelle oder gruppenspezifische Aneignung pochte und sich in dem Versuch, grenzüberschreitend zu handeln, den offiziellen Vorgaben entzog.

Solidarität – das war für alle Aktivistinnen und Aktivisten in Ost und West nicht nur einfach ein schönes Wort, sondern bedeutete vor allem eines: Arbeit. Und so war es kein Zufall, dass sich die Solidaritätspraktiken gezielt wie bei der Nicaragua-Solidarität auf solche Felder konzentrierten, die die jungen Leute selbst als Themen identifiziert hatten.[106] Geholfen wurde dort, wo der Bedarf als besonders groß galt: im Gesundheits- und Bildungswesen, beim Aufbau der Infrastruktur, beim Bau neuer Häuser. Neue Straßen und Wasserleitungen, neue Bildungs- und Kinderheime, Alphabetisierung und Krankenhäuser: Das waren die Bereiche, in denen die Handlungsreisenden in Sachen Solidarität nach eigener Einschätzung über ein besonderes Know-how verfügten.

Die Idee eigener »Arbeitsbrigaden«, die sich in Europa und den USA sammelten und dann zur tätigen Unterstützung nach Nicaragua gingen, war dabei nicht neu, sondern knüpfte an Ideen des Spanischen Bürgerkrieges und der »Internationalen Brigaden« an.[107] Hier gab es also einen Rückgriff auf bereits vertraute Muster in der Praxis der transnationalen Solidarität. Verbunden war dies mit einer leidenschaftlichen Debatte darüber, welche Funktionen diese Form der Solidarität haben sollte: Verstand man sich als Teil des revolutionären Kampfes oder sollten die Brigadisten eher diejenigen sein, die für symbolische Aufmerksamkeit in der Öffentlichkeit sorgten?

Dass Arbeit eine solidarische Handlung sei, war für die meisten unstrittig; nicht ganz so klar war indes, was das genau bedeutete.[108] Kaum jemand hatte landwirtschaftliche Erfahrung, der Kontakt zu den Einheimischen blieb angesichts fehlender Spanischkenntnisse häufig begrenzt; nicht alle waren sich sicher, ob ihre Arbeit wirklich einen ökonomischen Nutzen hatte: Eine Gruppe aus Wiesbaden, die eine künftige Städtepartnerschaft in Nicaragua vorbereitete, war da im Sommer 1986 eher skeptisch: Vier Wochen hatten sie beim Ausbau eines Kanalsystems und beim Decken eines Schuldachs geholfen. Aber die Bilanz war eher durchwachsen: »Wäre der Beweggrund unserer Reise einzig der Arbeitseinsatz gewesen, sie wäre womöglich eine Enttäuschung geworden. Sicherlich: wir verrichteten dringliche Arbeiten [...]. Doch wäre es nicht letztlich effektiver gewesen, die hohen Reisekosten dem Projekt als Spende zur Verfügung zu stellen? Hätten vielleicht drei nicaraguanische Facharbeiter in 14 Tagen genauso viel erreichen können, wie wir elf klima- und durchfallgebeutelten Hilfsarbeiter während der gesamten vier Wochen? Rein arbeitsökonomisch gesehen sicherlich.«[109] Aber eine solche »Kosten-Nutzen-Rechnung« verkenne völlig die »konkrete Erfahrbarkeit von Solidarität, der wichtige Schritt aus der Anonymität hin zu einem sich Begegnen, zur gegenseitigen Teilhabe. Diese gemeinsame Erfahrung heißt für die Nicas, mit ihrem täglichen mühevollen Kampf ums Überleben nicht alleinzustehen, sondern Zustimmung, Freundschaft und solidarische Unterstützung zu spüren.«[110]

Das war eine sehr spezifische Vorstellung reziproker Solidarität, die getragen war von der Überzeugung, den gleichen Kampf zu führen. Dass diese solidarische Praxis vielfach widersprüchlich blieb, entging vielen der Arbeitsbrigadisten keineswegs. Denn die Idee beispielsweise, alles »genau wie die Nicas« zu machen: Wie sie zu leben, sich »emotional und rational« auf die Verhältnisse einzulassen, ließ sich so ohne Weiteres nicht einlösen. Der Referenzraum blieb die heimische Arbeitswelt.

Die jungen, zumeist männlichen Gewerkschafter sahen in ihrem Einsatz ein heroisches Moment im gemeinsamen Kampf gegen den Kapitalismus. Sie selbst seien auch Arbeiter, Dreher, Elektriker und in ihren Ferien gekommen, um einen »Akt der Solidarität« zu leisten und das nicaraguanische Volk in ihrem Kampf »gegen den Imperialismus der Vereinigten Staaten« zu unterstützen. Schließlich hätten sie »den gleichen Feind: Die Yankee-Regierung, die jetzt mit ihrem neuen Programm des Krieges in den Sternen den dritten und letzten Weltkrieg vorbereitet.« Doch während sich das nicaraguanische Volk schon befreit habe, sei ihre Regierung in Deutschland immer noch abhängig von den USA, und immer noch lebten die Arbeiter »unter den Bedingungen des Kapitalismus«. Deshalb »seid Ihr Lehrer für uns – Lehrer, wie man eine Revolution macht.«[111] Das Pathos mag im Nachhinein lächerlich klingen. Und doch schwang darin der Versuch mit, Solidarität als wechselseitige Verbundenheit auf Augenhöhe und nicht als Wohltätigkeit zu begreifen und genau deshalb im Betrieb oder im Krankenhaus zu arbeiten – auch wenn die damit verbundenen Unzulänglichkeiten leicht sichtbar waren. Dazu zählten auch die hübschen Bilder, auf denen sich die jungen deutschen Kollegen von ihren nicaraguanischen Kolleginnen einen dicken Kuss geben ließen. Die Solidaritätsreisen konnten eben auch eine Form exotischer Männerreisen und der Antikapitalismus mit dem Gefühl der Verführung verbunden sein – eine Beobachtung, die auch so manche der Brigadistinnen machte, die vom Machogehabe ihrer männlichen Mitreisenden genervt waren.[112]

Solidarität im Geschlechterkampf

Der kritische Blick der Aktivistinnen war inzwischen auch durch einen wachsenden Überdruss an den Solidaritätsdebatten innerhalb der politischen Linken geprägt, die gerne über die Solidarität mit den Befreiungsbewegungen sprach, dabei aber über die patriarchalischen Strukturen und Umgangsformen in den eigenen Reihen hinwegsah. Der Begriff der Solidarität spielte von Beginn an in der Neuen Frauenbewegung seit den 1970er-Jahren eine zentrale Rolle, konnte er damit doch sowohl an ältere Traditionen seit der Jahrhundertwende anknüpfen als auch neue Erfahrungen aufgreifen. Die Kritik zielte – so unterschiedlich die Strömungen auch waren – auf die kapitalistischen Ausbeutungsstrukturen, die auf weiblicher, unbezahlter und unsichtbarer Reproduktionsarbeit in den Haushalten basierten. Es ging um

gleiche Entlohnung und die Anerkennung von Hausarbeit, um die Forderung nach besserer Ausbildung und sichereren Arbeitsplätzen, aber
ebenso um sexuelle Selbstbestimmung für Mädchen und Frauen und
um mehr Schutz vor sexueller Gewalt. Diese Forderungen waren seit
Mitte der 1970er-Jahre auch Teil neuer internationaler Kampagnen
und der 1975 von der UN ausgerufenen »Dekade der Frauen«. Für die
internationale Verflechtung unterschiedlicher Initiativen und Nichtregierungsorganisationen bedeuteten die gemeinsam veranstalteten
Konferenzen erst in Mexiko, dann 1980 in Kopenhagen und schließlich
1985 in Nairobi einen wichtigen Schub globaler Vernetzung. Gleichzeitig wurde bei ihnen sichtbar, dass es durchaus unterschiedliche
Vorstellungen von weiblicher Solidarität gab, die beispielsweise auch
entlang ethnischer Grenzen verlaufen konnten und von Aktivistinnen
aus dem globalen Süden oder der afroamerikanischen Bewegungen
anders akzentuiert wurden.[113]

Transnationale Verflechtungen der Frauenbewegungen waren dabei
kein neues Phänomen; sie gab es schon seit dem 19. Jahrhundert. Aber
anders als zuvor waren es jetzt nicht mehr ausschließlich die europäischen und nordamerikanischen Vertreterinnen, die das Feld dominierten, sondern nun auch Stimmen von Frauen aus Afrika, Asien und
Lateinamerika, die über ihre Erfahrungen berichteten und den Debatten eine eigene Richtung gaben. Schnell stellte sich anlässlich der
Weltfrauenkonferenz in Mexiko 1975 heraus, dass eine weltweite Solidarität der Frauen kein leichtes Geschäft war. Wie selbstverständlich
hatten die weißen Feministinnen aus Europa und Nordamerika eine
kollektive weibliche Geschlechtsidentität konstruiert, die sich aus
ihren eigenen Erfahrungen von Gewalt und Unterdrückung ableitete,
und auf deren Grundlage sie allgemeine Forderungen erhoben. Diesen universalistischen Anspruch, für alle Frauen zu sprechen, wiesen
die Vertreterinnen aus dem globalen Süden aber entschieden zurück.
Neben Fragen der sexuellen Selbstbestimmung ging es ihnen doch zunächst um die drängenderen Probleme ökonomischer Entwicklung
und sozialer Ungleichheit. Das war indes ein Konflikt, der nicht nur
zwischen Nord und Süd verlief. Vielmehr zeigte sich, dass auch die

himmelschreienden sozialen Unterschiede innerhalb der einzelnen Regionen zu einer Verschiedenheit der Lebensverhältnisse führte, die eine schichtübergreifende Frauensolidarität torpedierte. Domitila Barrios de Chungara, die Frau eines bolivianischen Minenarbeiters, brachte das in aller Schärfe zum Ausdruck, als sie auf dem parallel zur offiziellen Konferenz stattfindenden Forum von Nichtregierungsorganisationen der aus der Oberschicht stammenden Leiterin der mexikanischen Delegation entgegenhielt: »Sagen Sie mir, Senora: Ist unsere Situation auch nur annähernd die Gleiche? Von welcher Art von Gleichheit zwischen uns beiden wollen wir sprechen, wenn wir so verschieden sind? Wir können im Moment gar nicht gleich sein – noch nicht einmal als Frauen.«[114] Wo war angesichts dessen die gemeinsame Basis für eine universalistische Frauensolidarität?

Von einer Weltfrauenkonferenz zur nächsten gelang es den Feministinnen aber immer besser, ihre Differenzen zu überwinden und mit einer gemeinsamen Stimme zu sprechen. Mehr und mehr erhielten nun auch Frauen aus der »Dritten Welt« Raum, ihre Positionen zu artikulieren. Sie verdeutlichten besonders, wie sehr in ihren Ländern die materielle Unterprivilegierung von Frauen deren Gleichberechtigung im Wege stand. Von der Weltfrauenkonferenz in Beijing 1995 aus gesehen, hat die indische Ökonomin Bina Agarwal diesen Prozess einer zunehmenden gegenseitigen Anerkennung der unterschiedlichen Problemlagen in Nord und Süd, aber auch des Ringens um eine gemeinsame Grundlage, im Rückblick als den Übergang von einer »romantischen« zu einer »strategischen Verschwisterung« beschrieben.[115] Eine zentrale Rolle für den Erfolg dieser Bemühungen um eine universalistische feministische Plattform bei Anerkennung von Unterschieden spielte die weltweit anzutreffende Gewalterfahrung von Frauen als »ungemein starkes Bindeglied und kulturübergreifendes Solidarisierungsvehikel«, das sich überdies eng mit dem Menschenrechtsdiskurs verzahnen ließ.[116] Selbst hier jedoch ergab sich ein geschlossenes solidarisches Handeln der internationalen Frauenbewegung nicht einfach von alleine, sondern war das Produkt komplexer politischer Verständigungsprozesse. Das zeigte sich etwa, als amerikanische Fe ministinnen seit Ende der 1970er-Jahre den Kampf gegen die weibliche Genitalverstümmelung in Teilen Afrikas und der arabischen Welt ins Zentrum ihrer Agenda rückten. Zwar lehnten auch muslimische Feministinnen die Praxis der weiblichen Beschneidung entschieden ab. Doch störten sie sich zugleich an dem Bild der Inferiorität ihrer Kulturen, das durch die Fokussierung auf die Frage der Genitalverstümmelung erzeugt werde, und auch daran, dass dadurch von der Auseinandersetzung mit ökonomischen Ausbeutungsstrukturen in der Weltwirtschaft abgelenkt wurde.[117]

Ein weiteres wichtiges Thema besonders für die Frauenbewegung in Europa und Nordamerika war der Umgang mit Liebe, Sexualität und dem eigenen Körper. »Selbstbestimmung« und »Befreiung« waren die neuen Leitbegriffe, und sie zielten auf eine Kritik an gesellschaftlichen Machtverhältnissen, die sich im »Recht am eigenen Körper« widerspiegelten. Empfängnisverhütung, eine neue, von Frauen für Frauen entwickelte medizinische Erkundung des eigenen Körpers als Kritik am »männlichen Blick« und insbesondere die Kampagne »Mein Bauch gehört mir«, mit der prominente Frauen in den 1970er-Jahren ein Recht auf Abtreibung einforderten: Sie waren Teil einer sich zunehmend vernetzenden transnationalen Frauenbewegung, die ihre lokalen Erfahrungen mit einer scharfen feministischen Kritik an den patriarchalen Machtverhältnissen verband und die sich vielfach in eigener Weise auf den Klassiker »Our Bodies, Ourselves«, herausgegeben vom Boston Women's Health Club Collective, bezog.[118] Solidarität meinte dabei nicht »nur« eine imaginierte Gemeinschaft aller Frauen, sondern bezog sich auf unmittelbare Unterstützungsprojekte und Kampagnen. So machten sich beispielsweise Frauen aus einer Selbsthilfeklinik in Los Angeles 1973 auf in Richtung Europa, um dort über ihre Erfahrungen mit Selbstuntersuchungen des weiblichen Körpers und Abtreibungen zu berichten. Damit betonten sie zugleich jenes neue Expertinnenwissen, das zeitgleich auch in anderen sozialen Bewegungen entstand und eine wichtige Voraussetzung für Kooperationen und den Ideentransfer werden sollte.

Die Kampagne »Mein Bauch gehört mir« meinte also weit mehr als »nur« den politischen Kampf um die Legalisierung von Abtreibungen. Es ging darum, die Herrschaft über den eigenen Körper zurückzugewinnen und medizinisches Wissen zu entmystifizieren. Wenn sich Frauengruppen aus Genf und aus Frankfurt gemeinsam Richtung Holland aufmachten, um dort abtreiben zu können, und dabei, unterstützt durch das Amsterdamer Frauenzentrum, privat untergebracht wurden, dann war das in der Wahrnehmung der Aktivistinnen eine, wie sie es nannten, »erlebte Solidarität«.[119] Hier avancierte eine zutiefst private Entscheidung zu einer höchst politischen Aktion, die nationale Grenzen sprengte und auf die gemeinsamen Interessen und spezifisch weiblichen Lebenslagen verwies, die bis dahin öffentlich unsichtbar geblieben waren.

Wie sehr Fragen von Sexualität und Geschlechterrollen seit den späten 1970er- und frühen 1980er-Jahren an Bedeutung gewannen und dabei das Verhältnis von Solidarität und Differenz berührten, lässt sich noch an einem anderen Beispiel zeigen: Als 1984/1985 britische Bergarbeiter gegen die Schließung ihrer Zechen und die Privatisierungspolitik der Regierung Thatcher streikten, erhielten sie Unterstützung von einer Gruppe, mit der sie wahrlich nicht gerechnet hatten: Hilfe kam von einer Gruppe von Frauen und Männern aus der Londoner Schwulen- und Lesbenbewegung, die eine Kampagne für die Streikenden starteten und Patenschaften für die südwalisischen Kumpel und deren Familien übernahmen. Die Lesbians and Gays Support the Miners (LGSM) sammelten Geld, organisierten Konzerte und Verlosungen und brachten so bis zum Ende des erbittert ausgefochtenen landesweiten Arbeitskampfes rund 20.000 Pfund zusammen – eine beträchtliche Summe, die zumindest ein wenig half, die von der Regierung eingefrorenen Gewerkschaftskonten auszugleichen.[120] Anders als Unterstützer linker Parteien und Gewerkschaften gründete die ungewöhnliche Initiative aber gerade nicht in einem gemeinsamen Verständnis klassenspezifischer Solidarität. Wichtiger war der Gruppe vielmehr die Annahme, dass Lesben und Schwule ähnlich wie die Streikenden und ihre Familien von der Regierung Thatcher an den gesellschaftlichen Rand gedrängt und sie einer ähnlichen polizeilichen Verfolgung ausgesetzt seien. Hier kämpften, so die Wahrnehmung, Minderheiten Seite an Seite gegen einen reaktionären Staat, der die individuellen und sozialen Rechte beschnitt – ein Protest, der gerade neue Solidaritätsbeziehungen jenseits von Klasse und sexueller Orientierung forcieren sollte und gleichsam das »Wir« und die »Anderen« neu zu definieren begann. Differenz und Solidarität schlossen sich in diesem Sinne also keineswegs aus. Dass sich die Labour-Party schließlich 1985 entschied, künftig auch für die Rechte von Schwulen und Lesben einzutreten, lag nicht zuletzt daran, dass die National Union of Mineworkers geschlossen hinter diesem Vorhaben stand.

Solidarität, Fairer Handel und Anti-Apartheid-Bewegung

Dass Praktiken und Begründungen der Solidarität immer auch an Vorstellungen geschlechtsspezifischer Rollenverteilung gekoppelt waren, konnte man zu Beginn der 1970er-Jahre am Umgang mit der afroamerikanischen Philosophin Angela Davis beobachten. Davis hatte unter anderem auch in Deutschland bei Herbert Marcuse, Theodor Adorno und Jürgen Habermas studiert und sich im SDS gegen den Vietnamkrieg engagiert. Sie war Mitglied der Kommunistischen Partei der USA und 1970 verdächtigt worden, die Waffe für den Ausbruchsversuch eines Black Panther-Aktivisten besorgt zu haben. Während ihr der Prozess gemacht wurde und sogar die Todesstrafe drohte, rollte eine internationale Sympathiewelle durch Ost und West. Davis war eine Projektionsfläche für unterschiedliche revolutionäre Träume: Eine schwarze Philosophin, die den Klassenkampf mit der Befreiung der Afroamerikaner verband, jung dazu, und – in den Augen vieler ihrer männlichen Bewunderer – gleichsam die Verkörperung eines »Black-Beauty-Ideals«,[121] die der Revolution etwas Exotisch-Begehrenswertes verlieh. Was Davis tatsächlich zu sagen hatte, was sie dachte, war für die Herren – in West-Berlin wie in Ost-Berlin – eher zweitrangig. Der internationalistische Kampf für das »andere Amerika« gewann da eine ganz besondere, attraktive Note.

In der DDR war Davis gern gesehener Gast, und Erich Honecker hatte nichts unversucht gelassen, schöne Fotos an ihrer Seite produzieren zu lassen. Gelingen konnte die große Unterstützungswelle für Davis gleichwohl nur deshalb, weil sich die verschiedenen Kampagnen für ihre Rettung einfügten in die Traditionen des staatssozialistischen Internationalismus, der den »Antiimperialismus« als Teil gleichermaßen der Klassen- und »Rassenfrage« deutete. Das war auch der Grund, weshalb die DDR schon seit den 1960er-Jahren für die Vertreter des African National Congress (ANC) eine wichtige politische und logistische Plattform bildete. Die SED hatte schon frühzeitig Kontakte zur South African Communist Party geknüpft, und sie sollte im Laufe der Jahre nicht nur Studienstipendien zur Verfügung stellen und Kulturschaffende einladen, sondern auch ANC-Aktivisten militärisch ausbilden und ihnen auf der Flucht vor Verfolgung Schutz gewähren.[122]

Diese weit in die 1920er-Jahre zurückreichenden Vorstellungen antiimperialistischer Politik waren indes nur ein und sicher nicht der wichtigste Grund, weshalb Südafrika bald im Zentrum unterschiedlicher Solidaritätsbewegungen weltweit stehen sollte.[123] Dass die Mobilisierung der Anti-Apartheid-Bewegung ein wichtiger Katalysator wirkungsmächtiger politischer und zivilgesellschaftlicher Initiativen war, lag auch an einer Pluralisierung von Solidaritätsvorstellungen seit den 1960er-Jahren, in denen das Verhältnis von Gleichheit und Differenz, von »Wir« und den »Anderen« neu ausgehandelt wurde – und das (auch) entlang der Hautfarbe, als antirassistische Praxis.

Selbstverständlich war dies nicht. Denn die Anti-Apartheid-Bewegungen folgten – wie die Geschichte der Menschenrechtspolitik insgesamt – keinem einheitlichen Verlaufsschema, sie durchlebten unterschiedliche Konjunkturen und waren von verschiedenen Motiven getragen.[124] Das trifft auch für die Ideen und Praktiken der Solidarität zu. Südafrika mit seiner rassistischen weißen Regierung galt schon in den 1950er-Jahren international zunehmend als Paria-Staat, der nur auf wenige Getreue zählen konnte. Großbritannien betrachtete die weißen Siedler mit ihrer brutalen Segregationspolitik zunehmend als Gefahrenherd für die Entwicklung Afrikas. Bereits 1959/60 gab es – getragen allen voran von südafrikanischen Exilanten – eine erste Boykottbewegung, die sich gegen den Kauf südafrikanischer Produkte richtete und versuchte, den Protest auf die Straßen Londons zu tragen. Die Resonanz blieb gleichwohl begrenzt und damit auch der Einfluss auf jene Regierungen, die zwar die Rassentrennung ablehnten und öffentlich Distanz wahrten, inoffiziell aber Südafrika als Handelspartner und antikommunistisches »Bollwerk« wertschätzten. In diesen frühen Kampagnen spielte der Begriff der »Solidarität« noch keine Rolle, eher eine Form des liberalen Humanitarismus, der keine klare Parteinahme für den ANC oder die panafrikanische Bewegung kannte, wohl aber die Rassentrennung ablehnte und auf schrittweise Veränderungen setzte.

Das änderte sich im Laufe der 1960er-Jahre, als der einheimische Widerstand nach der verschärften südafrikanischen Repressionspolitik, der Inhaftierung Nelson Mandelas und anderer beinahe geschlagen schien. Viele Oppositionelle und Vertreter des ANC flohen nach Großbritannien, wo sie ein neues Netz politischer Verbindungen zu Gewerkschaften, Kirchen, linken Parteien und Studentengruppen knüpften. Eine der tragenden Säulen der Anti-Apartheid-Bewegung nicht nur in Großbritannien, sondern auch in der Bundesrepublik bildeten dabei die christlichen Kirchen.[125] Schon der britische Protest von 1959 war wesentlich initiiert von einem Pfarrer: Trevor Huddleston, der wenige Jahre zuvor wegen seines Anti-Apartheid-Protests aus Südafrika verwiesen worden war. In Westdeutschland war es die Evangelische Frauenarbeit, Ende der 1970er-Jahre ganz sicher nicht der Hort radikaler Systemkritik, die den Impuls für die langlebigste Boykottaktion gegen südafrikanische Waren gab. »Kauft keine Früchte der Apartheid« war 1979 als Reaktion auf die Verfolgung oppositioneller südafrikanischer Gruppen entstanden, zu denen auch die Black Women's Federation gehörte, die schon seit geraumer Zeit Verbindungen in die Bundesrepublik hatte.[126]

Über die Frage des Verhältnisses zu Südafrika war innerhalb der evangelischen Kirchen schon länger gerungen worden, allen voran nach der Entscheidung des Ökumenischen Rates der Kirchen (ÖRK), einen Solidaritätsfonds als Teil eines umfassenden Anti-Rassismus-Programms zu etablieren. Der Solidaritätsfonds und die Forderungen des ÖRK blieben nicht bei Appellen und humanitären Hilfen stehen, sondern sie zielten auf eine aktive Auseinandersetzung mit dem Apartheidstaat – und berührten damit eine der sensibelsten Fragen der Solidaritätsbewegungen überhaupt: Musste Solidarität nicht heißen, auch notfalls mehr zu tun, als nur auf diplomatischem Wege zu protestieren? War es nicht geboten, jene Gruppen in ihrem Kampf zu unterstützen, die auch mit Waffen gegen das Regime agierten? Sollten am Ende sogar Kirchensteuermittel verwendet werden, um dem ANC oder anderen Gruppen zu helfen? Und wie überhaupt war das Verhältnis von Solidarität und Gewalt beschaffen? Eine einheitliche Antwort gab es nicht. Aber es wurde doch zunehmend klarer, dass sich die Frage nach dem, was »Christsein« ausmachte, immer häufiger an solchen globalen Fragen entschied – und die transnationale Ökumene die Welt in die lokalen Gemeinden zurückbrachte, nun aber eben nicht mehr als Teil einer missionarischen Strategie, sondern als ein weiteres Element einer Suchbewegung christlicher Kirchen in der Moderne.

Kleine Boykottaktionen hatte es in Deutschland – angestoßen durch niederländische Anti-Apartheid-Gruppen – schon im Herbst 1974 gegeben. Linksalternative Bündnisse hatten die Werbekampagne für Zitrusfrüchte der Marke »Outspan« heftig kritisiert und zum Konsumverzicht aufgerufen: »Presst keine Südafrikaner aus«, hieß es auf den Plakaten, die sich gegen den Konzern richteten, der junge »Outspan-Girls« in Hotpants für die Vorzüge südafrikanischer Orangen werben ließ.[127] Hier ließ sich wie unter einem Brennglas beobachten, warum sich Solidarität als Annahme gegenseitiger Verbundenheit seit den 1960er-Jahren zu einer so wirkmächtigen Idee und Bewegung entwickeln konnte: Sie verband die neuen Herausforderungen des Dekolonisierungsprozesses mit Kritik an den Auswüchsen der Konsumgesellschaft, die Suche nach einer neuen Weltordnung mit der ungleichen

Wohlstandsproduktion, globale Probleme mit lokalen und individuellen Verhaltensoptionen.[128]

Umstritten blieb gleichwohl, wie weitreichend die angestrebten Veränderungen sein sollten: Zielten sie auf das Herz der kapitalistischen Produktion, ging es um die Beseitigung des Profits oder »nur« um höhere Preise für die Produzenten? Waren also Kampagnen für »Fairen Handel« vor allem Kämpfe um Aufmerksamkeit, um symbolisch auf die Defizite des Welthandels aufmerksam zu machen, den es zu reparieren, aber nicht vollkommen zu verwerfen galt? Wie auch immer die Antwort ausfiel: Kollektive Aktion und individuelle Kaufentscheidung gehörten unmittelbar zusammen und bestimmten die Handlungsspielräume solidarischen Handelns.

Der Besuch des »Dritte-Welt-Ladens« war Teil dieser veränderten Erfahrungswelt, in deren Räumen eine, wie das mancher der Aktivisten glaubte, Alternative zu der »Plastikwelt der Supermärkte«[129] entstand. Dabei war den unterschiedlichen Gruppen ihr Dilemma durchaus bewusst: Konnte es einen »alternativen« Handel mit der »Dritten Welt« überhaupt geben, der die kapitalistischen Ausbeutungsstrukturen am Ende nicht doch zementieren würde? Schaffte der Verzicht auf Profitorientierung wirklich eine gerechtere Weltwirtschaft? Und: Bräuchten nicht auch die »Dritte-Welt-Läden« eine Form der Professionalisierung, der »Kundenorientierung« und Vermarktungsstrategien, ja sogar marktwirtschaftlich orientierte Partner, um die Absatzchancen zu erhöhen und den »alternativen Handel« aus seinem Nischendasein zu befreien? Solche Konflikte um die richtige Form der Solidarität entstanden nicht erst in den späten 1980er-Jahren, als die »Fair Trade«-Logos die großen Supermarktketten erreichten, sondern bestimmten von Beginn an die politische Praxis der unterschiedlichen Gruppen. Wie heftig über die eigene Rolle gerungen wurde, ließ sich auch daran erkennen, dass bereits die Idee der Bezahlung der Verkäufer in den Läden als Problem und Einzug kapitalistischer Verkaufsstrategien kritisiert wurde. Schon der Akt der Bezahlung mache womöglich aus den Aktivisten Profiteure des Warenflusses, die einen unzulässigen Mehrwert abschöpften.

Solche Debatten machten deutlich, dass die »Dritte-Welt-Bewegung« kein abgeschotteter Raum des alternativen Milieus war. Geld sammeln, demonstrieren, Kunstgegenstände, Kaffee und Rohrzucker verkaufen: All dies gehörte zu den sich neu etablierenden Praktiken, die den Einzelnen als moralisch verantwortlichen, kritischen Konsumenten in den westlichen Wohlstandsgesellschaften mit den Folgen der Dekolonisation verband und ein globales Problem lokal lösbar erscheinen ließ.

Dabei waren Solidarität, Konsum und Protest stets eng miteinander verknüpft.[130] Sich solidarisch zu zeigen war niedrigschwellig – es hieß zunächst: sich in eine Unterschriftenliste einzutragen, einen Button an der Jacke zu tragen, sich – vielleicht später dann auch – an einer der Boykottwochen und Mahnwachen zu beteiligen und Flyer vor Supermärkten zu verteilen. Gerade die Informationsstände und das damit verbundene Outfit, doppelseitige Plakate und gelbe Schürzen, gaben den Aktionen einen ganz besonderen Stil und schufen zudem – in der Praxis des Protests – eine sehr spezifisch weibliche, verschiedene Altersgruppen übergreifende, Stadt und Land verbindende Erfahrungswelt der Solidarität. In den Gruppen beispielsweise der Evangelischen Frauenarbeit waren keineswegs nur junge Frauen aktiv, und der Protest der evangelischen Frauen war nicht nur eine Sache der Städte oder der Hochschulgemeinden, sondern drang auch in ländliche und kleinstädtische Regionen vor.[131] Für die meisten war es das erste Mal, dass sie sich politisch in dieser Weise engagierten und ein Thema auf die Straße trugen, das die christlichen Kirchen seit den späten 1960er-Jahren immer intensiver beschäftigte: Welche Rolle sollte die Kirche in der Welt künftig spielen? Auf der Straße sahen sich die Frauen mit einer Fülle an Vorbehalten konfrontiert: Manche ihrer linken Mitstreiterinnen in der Anti-Apartheid-Bewegung hielten ihnen vor, dass ihr Protest viel zu zahm und ihre Haltung viel zu »unpolitisch« sei; oft bekamen sie auf der Straße zu hören, dass öffentlicher Protest nun wahrlich nicht die Aufgabe von Frauen sei und sie doch gefälligst wieder an den Herd zurückkehren sollten. Es waren vielfach gerade solche konfrontativen Erfahrungen, die bei den

Aktivistinnen einen doppelten Politisierungsschub auslösten: In Hinsicht auf ihre Rolle als Frauen in der Kirche und in ihrem Verständnis davon, dass Kirche mehr denn je Grenzen überschreiten müsse, um »wahrhaftig« und »authentisch« zu sein. Solche Erfahrungen des Protestes waren mit dafür verantwortlich, dass die Vorstellung solidarischen Handelns einen zunehmend größeren Raum erhielt und nicht nur auf die Befreiung von rassistischer Unterdrückung in Südafrika bezogen, sondern an die eigene Lebenswelt und die vor Ort empfundenen Hemmnisse der Emanzipation rückgebunden wurde.

Dass diese Debatten darüber, ob beispielsweise außer den Banken auch Rüstungskonzerne, die mit Südafrika weiter Geschäfte machten, oder Ölkonzerne wie Shell boykottiert werden sollten, überhaupt in dieser Intensität geführt wurden, hatte unterschiedliche Gründe:[132] Wortmächtige südafrikanische Kirchenvertreter wie Desmond Tutu und andere hatten über den Ökumenischen Rat der Kirchen und verschiedene theologische Netzwerke eine Debatte darüber angestoßen, welche politische Rolle Christen künftig in gesellschaftlichen Konflikten spielen müssten und was das angemessene Zeichen angesichts der himmelschreienden Ungerechtigkeit des Rassismus sei. Eine neue politische, befreiende Theologie sollte hier Schluss machen mit der wachsweichen und heuchlerischen Kirchendiplomatie der Vergangenheit. Solidarität hieß nun, ganz im Sinne der Befreiungstheologie, das Eintreten für die Armen und die Anderen. Im Widerspruch gegen die Apartheid formte sich eine zunehmend transnational agierende Protestbewegung, die Teile der »älteren« linken Parteien, Gewerkschaften und Kirchen mit neuen Gruppen verband und die den Begriff der »Solidarität« aus der Sprache des Internationalismus und den Aktionsformen alter Prägung löste und ihn zugleich im christlichen Deutungskontext politisierte, galt er doch hier lange Zeit eher als harmonischer Bestandteil subsidiär geordneter Verhältnisse. Unter dem Banner von Antirassismus und Antikolonialismus konnten sich jedenfalls, zumal in den 1980er-Jahren, sehr unterschiedliche politische Gruppen zusammenfinden.

Zudem richteten sich – ähnlich wie auch in anderen Ländern – die Anti-Apartheid-Proteste nicht nur gegen Südafrika, sondern hatten immer auch eine nach innen gewandte, nationale Dimension: In den USA verband sich der Anti-Apartheid-Protest mit den Organisationen der älteren Bürgerrechtsbewegung, in Großbritannien verstand sich der Widerstand gegen die Apartheid auch als Protest gegen die konservative und »neoliberale« Regierung Margaret Thatchers, und in der Bundesrepublik hatte die Bewegung immer auch das Erbe des Nationalsozialismus vor Augen, wenn es gegen die Dresdner oder die Deutsche Bank mit ihren Verstrickungen in das Nazi-Regime ging. Aus der deutschen Vergangenheit leiteten viele der deutschen Aktivisten – nicht nur in den christlichen Gruppen – eine besondere Verpflichtung ab, sich gegen den Apartheidstaat einzusetzen und sich Seite an Seite mit der Opposition zu fühlen, weil es hier einen gemeinsamen Feind, eine neue Form des Faschismus und Rassismus gäbe. Das Jahr 1933 spielte deshalb in den Begründungen für den Warenboykott immer wieder eine zentrale Rolle, gerade weil der Begriff des »Boykotts« mit seiner antisemitischen Prägung so widersprüchlich besetzt war und eine besondere Begründung benötigte. Die Aktionen gegen die Buren-Regierung waren eine Form der Aktualisierung der Erfahrungen der »Bekennenden Kirche« und eine Antwort auf die Verfehlungen und den Opportunismus gerade auch vieler Christen in der NS-Zeit.

Fraglos ließ sich der Boykott von Früchten, weißen südafrikanischen Künstlern und Sportmannschaften auch als Teil einer Individualisierung und Vermarktlichung von Solidarbeziehungen verstehen, wie sie schon beim Verkauf fair gehandelter Produkte zu beobachten gewesen war. Solidarisch zu handeln bedeutete in diesem Sinne gerade nicht mehr zwingend, Teil einer größeren Bewegung zu sein, gar auf Barrikaden mit roter Fahne kämpfen zu müssen. Es konnte auch heißen, die gemeinsamen Interessen, das für legitim erachtete Ziel durch eine individuelle Kaufentscheidung durchzusetzen zu versuchen und damit ebenso partikular wie universell zu handeln. Das solidarische Handeln zielte auf die Beseitigung rassistischer Ungleichheit. Die Solidarität beruhte dabei gerade nicht auf einer unmittelbaren, gemeinsamen Er-

fahrung, sondern entstand im Boykott selbst, der die Zusammengehö-
rigkeit über Grenzen hinweg erst transparent machte und eine Form
der intersubjektiven Anerkennung des anderen ermöglichte.

Schließlich waren die Anti-Apartheid-Bewegungen nicht nur ein
westliches Phänomen. Zu den besonders frühen Kritikern in der UN
hatte unmittelbar nach Kriegsende die Volksrepublik Polen gehört,[133]
und diese war es auch, die kontinuierlich – ähnlich wie Ungarn – den
Apartheidstaat auf internationaler Bühne offen attackierte. Natürlich:
Dabei ging es immer wieder auch darum, die allzu zaghafte Menschenrechtspolitik des Westens zu kritisieren, der gerne auf den Osten und
die kommunistische Unterdrückung zeigte, aber doch angesichts seiner ökonomischen Interessen gerne mit zweierlei Maß zu messen
schien. Insofern waren die Anti-Apartheid-Bewegungen immer auch
eingebunden in die Schlachten des Kalten Krieges und den Deutungs-
kampf um den Stellenwert der Menschenrechte als Teil der internationalen Ordnung.

Solidarität mit Solidarność

Das galt aber nicht nur für Südafrika, sondern auch für Polen selbst
und die Unterstützung für die unabhängige Gewerkschaftsbewegung
Solidarność. Die Frage der Solidarität stellte sich hier für westliche
Gewerkschafter gleich in mehrfacher Weise:[134] Die Gründung freier
Gewerkschaften zu unterstützen war gleichsam der Lackmustest der
internationalen Gewerkschaftsbewegung überhaupt. Der Kampf um
das Koalitions- und Streikrecht, die Selbstorganisation von Beschäftigten, die Wahl von Interessenvertretern: Dafür hatten Gewerkschaften seit ihrer Gründung gestritten, und das war ein Kernelement ihrer
Vorstellung von Solidarität. Vorbehalte gegenüber Solidarność gab es
nur bei jenen, die befürchteten, mit dieser neuen, so eng an die katholische Kirche gebundenen Organisation werde gleichsam auch der
Sozialismus destabilisiert – und damit dem »US-Imperialismus« Vorschub geleistet. Doch solche radikalen Stimmen waren in der Minder-
heit. Die Frage blieb freilich, zumal in der Bundesrepublik: Wie weit

konnte die Unterstützung für die polnischen Gewerkschafter gehen, ohne die Erfolge der Entspannungspolitik aufs Spiel zu setzen? Wie hoch durfte der Preis der Solidarität tatsächlich sein? Für den DGB jedenfalls war das eine schwierige Gratwanderung, zumal nach der Verhängung des Kriegsrechtes 1981 – die polnischen Gewerkschafter in ihrem Kampf zu unterstützen, gleichzeitig den Gesprächsfaden zum polnischen Staatsapparat und seiner Gewerkschaft nicht abreißen zu lassen.

Solidarność war – auch das merkten ihre Unterstützer im Westen – kein monolithischer Block, keine Partei, sondern ein Bündnis sehr unterschiedlicher Kräfte. Ihr Verständnis von Solidarität als Prinzip gesellschaftlicher Selbstorganisation hatte zunächst eine primär nationale Dimension und war eine Antwort auf die gesellschaftlichen Zerklüftungen Polens, die das kommunistische Regime und die ökonomischen Krisen seit Mitte der 1970er-Jahre hinterlassen hatten. Angesichts dessen war Solidarität eine Antwort auf den Würgegriff staatssozialistischer Steuerung und meinte eine Form zivilgesellschaftlicher Organisation außerhalb parteiamtlicher Strukturen, eine Bindung, die es außerhalb der Kirche kaum gab und für die die neue Gewerkschaft ihre Tore öffnen wollte – die Arbeiterselbstverwaltung, für die sie kämpfte, war da nur ein erster Schritt. In staatssozialistischen Gesellschaften wie in Polen war der propagandistische Ruf nach »Solidarität« zwar allgegenwärtig, doch galt die Formulierung von gruppenspezifischen Interessen – gerichtet gegen die Staatsmacht – tendenziell als gefährlich. Schon die Forderung nach autonomer kollektiver Organisation entfaltete hier rasch ein subversives Potenzial, das aus der Sicht des Regimes mit aller Härte bekämpft werden musste. Solidarität konnte in dieser Hinsicht beides zugleich sein: das politische Ziel gesellschaftlicher Integration auf der Basis von Nation und Religion und eine rebellische Provokation von erheblicher Interventionskraft.

In zahlreichen westeuropäischen Ländern starteten Gewerkschaften, auch Kirchen, umfangreiche Unterstützungskampagnen, manche davon eher stiller und auf leisem diplomatischem Weg, andere lauter und leidenschaftlicher. Aus Westdeutschland gingen bis Ende 1981 fast zwei Millionen Hilfspakete Richtung Polen. Die Unterstützung war breit und die Solidarność konnte sich der Unterstützung weiter Teile der westdeutschen Gesellschaft sicher sein: Das katholische Milieu sammelte für seine geschundenen Glaubensbrüder und -schwestern, Gewerkschafter sahen in der Beschneidung des Koalitionsrechts einen radikalen Eingriff in die Grundrechte, und in Teilen des alternativen Milieus gab es Unterstützung für die lautstarken oppositionellen Kräfte, die auf die Einhaltung von Menschenrechten drängten. In der Bundesrepublik war zudem ein wachsendes Bewusstsein gegenüber den Verbrechen des Nationalsozialismus und insbesondere den Verbrechen an Polen mitverantwortlich für diese erstaunliche Sympathiebewegung. Das war auch einer der Gründe für die schon früher begonnene Städtepartnerschaft zwischen Bremen und Gdańsk, dem Ort der Werft, an dem die Protestbewegung ihren Anfang nahm.[135] Hier hatte sich Lech Wałęsa bereits 1970 in illegalen Streikkomitees engagiert und war wegen seiner Aktivitäten immer wieder ins Fadenkreuz der Staatsmacht geraten. Es war dann die Besetzung der Werft im August 1980, die Wałęsa zum Gesicht der Protestbewegung machte, dessen Vorbild bald viele andere Arbeiter folgten und eigene Streikkomitees bildeten – der Auftakt zu einem Prozess, der zur Gründung der unabhängigen Gewerkschaft Solidarność führte.

Die Städtepartnerschaft zwischen Bremen und Gdańsk fügte sich ein in die Entspannungspolitik der sozialliberalen Koalition und ihres »Wandels durch Annäherung«. Aber was bedeutete das in einem solchen Konfliktfall, wie er nun in Polen eingetreten war? In Bremen gab es eine starke Arbeiter- und Gewerkschaftsbewegung, und schon länger hatte es Kontakte zwischen den Hafenarbeitern der Weser AG und der Gdańsker Leninwerft gegeben – Kontakte, die dazu führten, dass sich am 12. Dezember 1981, nur einen Tag vor der Verhängung des Kriegsrechts, eine Delegation in die Hansestadt aufmachte. Als die Gruppe schließlich in Bremen ankam, hatte die polnische Regierung den Ausnahmezustand verhängt und damit den Charakter der Reise grundlegend verändert. Denn: Aus dem Besuch von Gewerkschaftern war nun ein Konflikt geworden, der weit über Bremen hinaus für Aufsehen sorgte. Sollte die Delegation rasch wieder zurückkehren oder gar am Ende politisches Asyl beantragen? Wie weit sollte die Solidarität mit Solidarność reichen? Die Gruppe setzte anfangs ihr reguläres Programm fort, um über Mitbestimmung und Sozialpartnerschaft zu diskutieren. Rasch aber stellte sich die Frage, wie es denn weitergehen, wer den Aufenthalt der Gruppe finanzieren, wie sich überhaupt die praktische Kooperation weiter entwickeln werde.

Der Bremer Bürgermeister, Hans Koschnick, erklärte sich bereit, die Kosten zu übernehmen, aber es blieb umstritten, wie weit diese Unterstützung reichen sollte. Und die polnische Delegation hatte ihr eigenes Verständnis von »Solidarität«, auch gegenüber dem DGB, von dem sie erhoffte, dass er einen Teil der Gruppe fest anstellen würde, um eine Auslandsrepräsentanz der Solidarność aufzubauen. Darüber wurde heftig gerungen, bis sich schließlich der DGB-Landesverband bereit zeigte, die Kosten für zunächst ein Jahr zu übernehmen. Spenden wurden gesammelt, und einige aus dem Kreis der siebenköpfigen Delegation bekamen eine Anstellung bei Mercedes, einer Brauerei oder in einer Fleischfabrik. Die Beziehung der Bremer Gewerkschaft zur Solidarność blieb über die Jahre immer eine besondere, und es war gerade diese praktische Kooperation bei der Verteilung von Hilfsgütern und der Öffnung mancher politischen Tür im Westen, die dazu beitrug, dass Lech Wałęsa bei seiner ersten Deutschlandreise als Staatspräsident den Umweg über Bremen machte und die alten Kollegen in der Hansestadt besuchte. Das war ein besonderer Moment – nicht zuletzt auch deshalb, weil sich die Frage, was Solidarität am Ende des 20. Jahrhunderts – nach dem Zusammenbruch des Kommunismus – bedeutete, mit besonderer Härte stellte.

5. Solidarität, Wohlfahrtsstaat und Fluchtmigration

Zur gleichen Zeit, als sich der Solidaritätshorizont zunehmend weitete und die deutschen Aktivistinnen und Aktivisten den Schulterschluss mit den Sandinisten in Nicaragua oder der Anti-Apartheid-Bewegung in Südafrika probten, stellte sich die Solidaritätsfrage in ganz anderer Form auch zu Hause. Nicht nur der eigene Blick gewann eine neue globale Perspektive, die Welt klopfte in Gestalt ansteigender Arbeitsmigration und Fluchtbewegungen auch immer nachdrücklicher an die Pforten der Industrieländer selbst. Besonderen Sprengstoff barg dabei von Beginn an die Frage, ob und in welchem Umfang Nichtdeutsche Zugang zu sozialpolitischen Leistungen erhalten sollten. Schon 1989 berichtete der »Spiegel« in einer Titel-Story von »fremdenfeindlichen Ausbrüchen« in den Fluren der Sozialbehörde, vom »Verdruß auf den Korridoren von Sozialämtern, wenn Bedürftige Schlange stehen und über die angeblich privilegierten ›Polacken‹ und ›Kameltreiber‹ schimpfen«.[136] Hier ging es um eine Frage, die für den Wohlfahrtsstaat als die moderne Verkörperung des Solidaritätsgedankens stets eine zentrale Rolle gespielt hat: Welcher Kreis von Personen gehörte überhaupt zur sozialstaatlichen Solidargemeinschaft? Die Antwort darauf und die dazugehörige Begründung ist vom 19. Jahrhundert bis heute immer wieder anders ausgefallen. Eine besondere Virulenz gewannen solche Zugehörigkeitsprobleme immer dann, wenn tradierte Solidargemeinschaften durch Migration unter Veränderungsdruck gerieten – vom mit der Industrialisierung verbundenen Wanderungsgeschehen bis heute. Um das zu verstehen, müssen wir einen kurzen Zeitsprung zu den Ursprüngen des Wohlfahrtsstaats zurück machen, bevor wir uns den Auswirkungen der Fluchtmigration der letzten Jahrzehnte zuwenden.

Solidarität und Wohlfahrtsstaat

Es scheint auf der Hand zu liegen: Der Wohlfahrtsstaat ist der moderne Ausdruck des Solidaritätsgedankens. Und doch sind die Dinge weniger einfach, als sie auf den ersten Blick scheinen. Stimmt die Grundannahme überhaupt, dass der Sozialstaat auf Vorstellungen gesellschaftlicher Solidarität aufgebaut ist? Dagegen können vor allem zwei Argumente ins Feld geführt werden: Erstens kam der Solidaritätsidee im Rahmen der Gründungsgeschichte von Sozialstaaten vielfach nur eine geringe Bedeutung zu. So wäre es etwa völlig verfehlt, die Bismarck'sche Sozialversicherungsgesetzgebung der 1880er-Jahre als das Ergebnis eines sich Bahn brechenden Gefühls nationaler Solidarität zu interpretieren. Für Reichskanzler Otto von Bismarck spielten ganz andere Motive eine Rolle. Zunächst ging es ihm darum, das gerade gegründete Deutsche Reich mithilfe der neuen sozialpolitischen Funktion innerlich auszugestalten und es als Zentralstaat aufzuwerten.[137] Gleichzeitig bildete die Initiative zur Schaffung der Sozialversicherung aber auch einen wichtigen Baustein in seinem Kampf gegen die aufstrebende Arbeiterbewegung. Während er der an Einfluss gewinnenden Sozialdemokratie einerseits mit der scharfen Waffe des Sozialistengesetzes entgegentrat, strebte er andererseits – wenn auch wenig erfolgreich – danach, durch sozialpolitische Maßnahmen »in der großen Masse der Besitzlosen die konservative Gesinnung zu erzeugen, welche das Gefühl der Pensionsberechtigung mit sich bringt«.[138] Für die ersten Schritte auf dem Weg zum deutschen Sozialstaat zeichneten mithin kühl kalkulierte Strategien des Machterhalts verantwortlich und nicht das warme Zusammengehörigkeitsgefühl des neuen nationalen Solidarverbandes. Ebenso wenig wie im Deutschen Reich stand die Solidaritätsidee im 19. Jahrhundert in England im Mittelpunkt, wenn es um Maßnahmen zur Armutsbekämpfung ging. Viel war hier von *Charity*, *Self-help* und *Welfare* die Rede; erst Anfang des 20. Jahrhunderts stößt man im sozialpolitischen Sprachgebrauch auf den aus dem Französischen eingewanderten Begriff *Solidarité*, der darüber hinaus zunächst randständig blieb.[139]

Gegen die These, dass der Wohlfahrtsstaat auf der Idee der Solidarität als Legitimationsgrundlage basiert, wird zweitens die mangelnde moralische Qualität sozialstaatlicher Unterstützungsverhältnisse in Anschlag gebracht. Der dieser Kritik zugrunde liegende Solidaritätsbegriff richtet sich ganz auf das handelnde Individuum und seine Motivation.[140] Er lässt nur eine solche Unterstützung oder Hilfeleistung als solidarisch gelten, die aus freien Stücken erfolgt und die auf einem Gefühl der gegenseitigen Verbundenheit oder der Vorstellung einer wechselseitigen Fürsorgepflicht beruht. Angesichts dessen ist es dann wirklich schwierig, den Wohlfahrtsstaat als Hort der Solidarität zu begreifen. Charakteristisch für den Sozialstaat ist ja gerade der Rechtsanspruch auf Unterstützungsleistung und nicht ihre freiwillige Gewährung auf der Grundlage emotionaler Bindungen. Der Mitarbeiter der Sozialbehörde hat staatliche Hilfe nach Maßgabe der einschlägigen Gesetze zu bewilligen, und zwar auch dann, wenn sein Gefühl persönlicher Verbundenheit mit dem Hilfeempfänger gegen null tendiert. Und auch die zur Finanzierung des Wohlfahrtsstaats notwendigen Mittel werden nicht durch freiwillige Spenden, sondern durch Steuern und Abgaben mit Zwangscharakter aufgebracht. Aus einer leicht veränderten Perspektive lässt sich das Argument gegen eine Verbindung von Solidarität und Wohlfahrtsstaat noch weiter treiben. Dann gründet sich der Sozialstaat nicht nur nicht auf Ideen gesellschaftlicher Solidarität, sondern zerstört zudem systematisch die Grundlagen solidarischen Handelns. Sozialpolitische Sicherungssysteme, so der dabei leitende Gedankengang, hätten zunehmend die Aufgaben übernommen, die vormals im Rahmen der Familie oder anderer traditionaler Solidarverbände bewältigt worden wären. Auf diese Weise hätte der Wohlfahrtsstaat die überkommenen Solidarbeziehungen überflüssig gemacht, in der gesellschaftlichen Praxis »ausgetrocknet« und in ein emotional entleertes Unterstützungsverhältnis überführt, das sich im anonymen Geldtransfer erschöpft.[141]

Auf der anderen Seite lassen sich viele gute Gründe dafür anführen, diesen Einwänden zu widersprechen und den Wohlfahrtsstaat eben doch als die spezifisch moderne Form der Institutionalisierung gesellschaftlicher Solidarität zu verstehen. Man muss dafür nur den Solidaritätsbegriff von seiner Fixierung auf den handelnden Akteur und seine Motivlage lösen und stattdessen – wie wir das in der Einleitung skizziert haben – die Frage der Geltung von Solidarnormen auf der Ebene gesellschaftlicher Systeme in den Blick nehmen. Dann zeigt sich, dass der Wohlfahrtsstaat in angemessener Weise als in Gesetze und bürokratische Strukturen gegossene Verkörperung einer Solidarität »unter Fremden« in der neuzeitlichen Gesellschaft zu begreifen ist. Sozialstaatliche Sicherungssysteme verschaffen der grundlegenden Solidaritätsnorm des Füreinandereinstehens (»alle für einen«) auf gesamtgesellschaftlicher Ebene Geltung – und zwar weitgehend unabhängig davon, ob dem einzelnen Sozialamtsmitarbeiter oder Steuerbürger solidarisches Handeln eine Herzensangelegenheit ist. Ob ein sozialstaatliches Arrangement unter den Bedingungen der modernen Massendemokratie dauerhaft Bestand haben kann, ohne über ein Mindestmaß an solidarischer Orientierung auf der Akteursebene und den unter den Bürgerinnen und Bürgern verbreiteten Glauben an seine grundsätzliche Legitimität zu verfügen, mag allerdings füglich bezweifelt werden.

Schließlich ist aber auch die oben skizzierte Behauptung von der zersetzenden Wirkung des Wohlfahrtsstaats auf traditionale Solidaritätsformen nachdrücklich infrage zu stellen. So zeigen neuere sozialwissenschaftliche Studien, dass der Sozialstaat ebenso auch genau andersherum, nämlich als Ermöglicher von Solidarität fungieren kann. Erst die Rentenleistungen im ausgebauten Wohlfahrtsstaat etwa entlasteten die Älteren so weit von der Notwendigkeit lebenslanger Erwerbsarbeit, dass sie heute in der Lage sind, den Familien ihrer Kinder durch Unterstützungsleistungen wie finanzielle Transfers oder ausgedehnte Enkelbetreuung unter die Arme greifen zu können.[142]

Auch das zweite Argument gegen die Bedeutung der Solidaritätsidee für den Sozialstaat – ihr angebliches Fehlen als Antriebskraft für seinen Ausbau – vermag bei näherer Prüfung nicht recht zu überzeugen. Immer wieder nämlich lassen sich Phasen der Wohlfahrtsstaatsexpansion identifizieren, die klar von Solidaritätsgedanken getragen wurden. Wieder können hier Deutschland und Großbritannien als Beispiele dienen. Einen Paradefall einer von Solidaritätsvorstellungen angetriebenen sozialpolitischen Entwicklung stellt der Lastenausgleich in der frühen Bundesrepublik Deutschland seit 1952 dar. Nachdem die unmittelbar drängende Kriegsopferversorgung mit dem Bundesversorgungsgesetz von 1950 in Angriff genommen worden war, machte sich die bundesdeutsche Politik in einer parteienübergreifenden Kräfteanstrengung daran, nicht nur die aktuelle Notlage der Vertriebenen und Kriegssachgeschädigten durch Unterstützungsleistungen zu lindern, sondern sie auch für einen Teil ihrer Vermögensverluste zu entschädigen. Möglich war das nur durch eine bis dahin beispiellose Umverteilungsaktion zugunsten der Geschädigten, die durch eine – wenn auch über 30 Jahre gestreckte – Sonderabgabe von immerhin 50 Prozent auf die verbliebenen westdeutschen Sachvermögen finanziert wurde. Dass dies ohne nennenswerte Proteste vonstattenging und auf diese Weise ein wesentlicher Beitrag zur sozialen Pazifizierung einer viele Millionen zählenden Gruppe von Flüchtlingen und »Heimatlosen« geleistet werden konnte, wird nur verständlich, wenn man das intensive nationale Zusammengehörigkeitsgefühl angesichts eines verlorenen Krieges als legitimitätsstiftende Ressource in Rechnung stellt.[143]

Durchaus ähnlich liegt der Fall der deutschen Wiedervereinigung, deren Härten für die ostdeutsche Bevölkerung durch die Ausdehnung des westdeutschen Sozialstaats auf die neuen Bundesländer deutlich abgemildert wurden. Der erhebliche Finanztransfer von West nach Ost im Rahmen der Arbeitslosen- und Rentenversicherung ebenso wie der Rest der in die Billionen gehenden Kosten der deutschen Einheit wurde von der westdeutschen Bevölkerung weithin klaglos getragen. Und selbst wenn in Umfragen immer wieder Vorbehalte gegen umfangreiche Transferleistungen zum Ausdruck kamen und über Form und Höhe gerungen wurde, gab es doch einen breiten politischen Konsens über die Notwendigkeit umfassender Finanzhilfen.

Wendet man sich der formativen Periode des modernen britischen Wohlfahrtsstaats zu, tritt die Bedeutung des Zweiten Weltkriegs hervor, der wie eine Druckglocke wirkte, unter der ein bislang unbekanntes und schichtenübergreifendes Gefühl der Solidarität entstand. Bei aller berechtigten Relativierung, die die Vorstellung eines im Krieg wurzelnden *Welfare State Consensus* inzwischen erfahren hat:[144] Ohne das neue nationale Zusammengehörigkeitsgefühl wäre der rasche Aufbau der sozialpolitischen Institutionen auf der Grundlage des schon 1942 vorgelegten Beveridge-Plans schlechthin undenkbar gewesen. Autobiografische Zeugnisse ebenso wie die Aussagen der vom Beveridge-Komitee angehörten Repräsentanten verschiedenster Organisationen und gesellschaftlicher Gruppen lassen keinen Zweifel daran, dass es vor allem die Erfahrungen der Jahre von 1940 bis 1942 im Zeichen von Dünkirchen und deutschen Luftangriffen waren, die ein neuartiges und von vielen geteiltes Gefühl von existenzieller Bedrohung und Opferbereitschaft, von menschlicher Verbundenheit und nationaler Einheit schufen, das in Politik und Gesellschaft den Boden für die Umsetzung der Sozialreformen unmittelbar nach dem Krieg bereitete. In gewisser Weise projizierte der 1946 aus der Taufe gehobene britische Wohlfahrtsstaat mit seiner Betonung des Gleichheitsprinzips und in seiner universalistischen Anlage die – wenn auch fraglos häufig imaginäre – Gleichheitserfahrung angesichts der Schrecken des Krieges und die zeitgleich an Durchschlagskraft gewinnende Vorstellung einer großen nationalen Solidargemeinschaft auf die Architektur der sozialen Absicherung vor den Alltagsrisiken der Nachkriegszeit.

Wenn man akzeptiert, dass der Wohlfahrtsstaat tatsächlich die »moderne kollektive Institutionalisierung der Solidarität« ist,[145] die einen gegenseitigen Hilfsanspruch der Gemeinschaftsmitglieder untereinander begründet, stellt sich allerdings gleich die nächste Frage: Wer gehört zur Solidargemeinschaft? Wem gegenüber besteht eine Beistandsverpflichtung und wem gegenüber nicht? In einer Welt, in der nationale Grenzen nach wie vor ganz wesentlich über Inklusion und Exklusion entscheiden, fokussiert die Antwort hierauf üblicherweise wie selbstverständlich auf den Nationalstaat und den ihm zugehörigen Staatsbürgerverband. Das scheint auf den ersten Blick gerade im Fall Deutschlands besonders einleuchtend zu sein, weil hier die deutsche Staatsnation und der Wohlfahrtsstaat in den letzten Jahrzehnten des 19. Jahrhunderts mehr oder weniger im Gleichschritt entstanden sind. Die Bismarck'sche Gesetzgebung zur Einführung der Krankenversicherung von 1883, der Unfallversicherung von 1884 und der Invaliditäts- und Altersversicherung von 1889 bildete das Fundament des deutschen Sozialstaats, der dann in den nächsten Jahrzehnten sukzessive ausgebaut wurde. Zeitgleich vollzog sich im 1871 gegründeten Deutschen Reich ein Prozess der inneren Nationsbildung – getragen von Schule, Wehrpflicht und nationalen Verbänden, flankiert durch vaterländische Feiern, Feste und die Schaffung eines Universums neuer politischer Symbole. Durch ihn entstand überhaupt erst die deutsche Nation – dort, wo es zuvor nur Sachsen, Hessen, Braunschweiger und Bayern gegeben hatte.

Die umstandslose Gleichsetzung der sozialstaatlichen Solidargemeinschaft mit der Staatsnation mag angesichts der Bedeutung des modernen Staates als sozialpolitischem Akteur und der engen Verkoppelung ihrer Herausbildung am deutschen Beispiel einleuchten. Doch wird diese Gleichstellung weder dem historischen Wandel gerecht, den die partikulare Bezugsgröße des Wohlfahrtsstaats durchgemacht hat, noch ihrem uneinheitlichen Zuschnitt. Fragt man nach den relevanten Solidargemeinschaften, die in der Geschichte des deutschen Sozialstaats bei der Absicherung gegen die wichtigsten Risiken Alter, Krankheit, Arbeitslosigkeit und Armut eine Rolle gespielt haben, empfiehlt sich als Erstes die Unterscheidung zwischen Sozialversicherung und durch Steuern finanzierter staatlicher Hilfe. Beginnt man mit der Sozialversicherung, auf der in Deutschland die Sicherung gegen Alter, Krankheit und Arbeitslosigkeit beruht, gilt es zunächst zu konstatieren, dass sie sich nicht auf die Nation als Solidargemeinschaft bezieht, sondern an den Arbeitnehmerstatus anknüpft. Über die Mitgliedschaft in der Sozialversicherung entscheidet nicht die nationale Zugehörigkeit, sondern die berufliche Tätigkeit. Jeder, der eine sozialversicherungspflichtige Beschäftigung aufnimmt, ist automatisch sozialversichert und entrichtet zusammen mit seinem Arbeitgeber den gesetzlich festgelegten Beitrag.

Neu war dabei im ausgehenden 19. Jahrhundert die staatliche Organisation der Absicherung gegen die großen Lebensrisiken und die Zwangsmitgliedschaft, nicht das Solidarprinzip an sich. Schon seit dem 18. Jahrhundert hatten sich in den ökonomisch weiterentwickelten Regionen Europas Arbeiterunterstützungskassen beziehungsweise *Friendly Societies* als Form einer »von unten« organisierten kollektiven Absicherung verbreitet. Diese Hilfskassen entstanden fast immer entlang beruflicher Grenzen in einem lokalen Kontext; es waren Unterstützungskassen auf Gegenseitigkeit, die eng mit den anderen Organisationen der Arbeiterbewegung verkoppelt waren – den Gewerkschaften und Arbeitervereinen. Auch in ihnen gab es freilich keine »naturwüchsige« Solidarität unter ihren Mitgliedern. Vielmehr musste diese durch Semantiken der emotionalen Verbundenheit, regelmäßige Zusammenkünfte und identitätsstiftende Feierlichkeiten begründet und immer wieder bekräftigt werden.[146] Die Einführung einer staatlichen Pflichtversicherung und der damit einhergehende Druck für die bestehenden Hilfskassen, zu fusionieren oder ihren Mitgliederkreis zu erweitern, bedeuteten für diese häufig eine umkämpfte und konfliktbeladene Ausdehnung ihrer Solidargemeinschaft. So reagierten im Deutschen Reich die meisten existierenden, an territorialen und beruflichen Grenzen orientierten Unterstützungskassen auf die mit der gesetzlichen Neuordnung der 1880er-Jahre verbundenen Veränderungen anfangs mit entschiedenem Protest. Zugleich ließen die schließlich häufig dann doch unumgänglichen Kassenzusammenschlüsse und die Herausbildung neuer, größerer Solidargemeinschaften aber auch deutlich die Flexibilität des Solidaritätsverständnisses und seinen Charakter als soziale Konstruktion hervortreten. Insgesamt markierte die Implementierung einer Versicherungspflicht, wie sie das deutsche Krankenversicherungsgesetz von 1883 vorsah, den Übergang zu einer Solidarität »unter Fremden«, die im Deutschen Reich sogleich mehr als vier Millionen Arbeiter erfasste.[147]

Und das war erst der Anfang. Die lange Geschichte der deutschen Sozialversicherung lässt sich im Hinblick auf die Grenzen ihrer Solidargemeinschaft vor allem als Geschichte zunehmender Inklusion schreiben, die hier wiederum am Beispiel der Krankenversicherung schnell nachverfolgt werden kann und durch eine doppelte Dynamik gekennzeichnet war: Erstens kam es zu einer kontinuierlichen Ausweitung des Versichertenkreises. Während sich die gesetzliche Krankenversicherung bei ihrem Inkrafttreten 1884 noch fast ausschließlich auf Arbeiter und Angestellte (bis 2.000 RM Jahreseinkommen) in Gewerbebetrieben erstreckt hatte, traten danach relativ rasch immer neue Gruppen hinzu: die Arbeiter des Transportgewerbes und der Reichs- und Staatsbetriebe, die Handlungsgehilfen und schließlich 1914 Dienstboten, unständig Beschäftigte und die Arbeiter in der Land- und Forstwirtschaft.[148] Neben dieser Einbeziehung neuer Berufsgruppen speiste sich die Erweiterung der Krankenversicherungssolidargemeinschaft zweitens aus ihrer Ausdehnung über den Kreis der unmittelbar versicherten Beitragszahler hinaus. Schon kurz nach der Einführung der gesetzlichen Krankenversicherung wurde die Möglichkeit der Familienversicherung geschaffen, von der bereits um die Jahrhundertwende ungefähr die Hälfte der pflichtversicherten Arbeiter profitierte.[149] Die zweite große Gruppe von Nichtbeschäftigten, die in die Solidargemeinschaft der Krankenversicherung einbezogen wurden, waren die Rentner, für die die Nationalsozialisten 1941 die zunächst durch Pauschalbeträge der Rentenversicherung finanzierte »Krankenversicherung der Rentner« schufen.[150] Beide Inklusionsdynamiken trugen gemeinsam dazu bei, die Solidargemeinschaft der gesetzlich Krankenversicherten beträchtlich zu vergrößern: Umfasste sie 1885 nur 10 Prozent der Bevölkerung, waren es 1913 bereits 21,8 Prozent, 1949 schon 72 Prozent und 1959 dann sogar 85 Prozent – damit war ein Deckungsgrad erreicht, der bis heute weitgehend unverändert gilt.[151]

Während die erst seit 1927 existierende Arbeitslosenversicherung bereits mit einem relativ großen Versichertenkreis startete, zeigte sich in der Rentenversicherung ein ähnlicher Erweiterungstrend wie bei der Krankenversicherung. Ein Schlüsseljahr für beide Dimensionen der Inklusionsdynamik stellte dabei 1911 dar. Zum einen fällt in dieses Jahr die Einführung der Versicherungspflicht auch für besser verdienende Angestellte – zusammen mit der Schaffung einer eigenen Angestelltenversicherung mit höheren Beiträgen, aber auch mit besseren Leistungen als in der Arbeiterversicherung. Zum anderen vollzog sich 1911 mit der Einführung der Hinterbliebenenrente der entscheidende Schritt zur Solidaritätsexpansion über den Kreis der Beitragszahler hinaus. Ihre im Wesentlichen bis heute gültige Ausgestaltung erhielt die Hinterbliebenenversorgung allerdings erst 1957; anfangs besaß sie ein erbärmlich niedriges Niveau und wurde – das galt jedenfalls für die Arbeiter-, nicht aber für die Angestelltenversicherung – nur bei Invalidität der Witwe gezahlt.[152] Ausgehend vom Arbeitnehmerstatus konnte die alle Zweige der Sozialversicherung kennzeichnende Inklusionsdynamik insgesamt ein in der Geschichte des deutschen Wohlfahrtsstaats tief verankertes Solidaritätsprinzip institutionalisieren, das seit mehr als einem halben Jahrhundert knapp 90 Prozent der Bevölkerung entweder als Beitragszahler oder Leistungsbezieher oder in beiden Rollen zugleich umfasst. Die Stärke der dabei wirksamen Solidaritätsidee lässt sich nicht zuletzt daran ablesen, dass die Sonderrolle des übrigen Zehntels – überwiegend Beamte, privatversicherte Selbstständige und gut verdienende Angestellte – immer wieder als gesellschaftliches Solidaritätsdefizit angeprangert wird.

Völlig anders als in der Sozialversicherung konstituierte sich die Solidargemeinschaft im Fall der Fürsorge als dem Hauptinstrument der Armutsbekämpfung. Im 19. Jahrhundert lag die Verantwortung für die öffentliche Armenfürsorge traditionell bei den Gemeinden und Ländern. Daran änderte sich im Grundsatz auch nach der Entstehung des ersten deutschen Nationalstaats 1871 wenig. Auf eine Ausdehnung der für die Fürsorge zuständigen Solidargemeinschaft über die Grenzen der Kommunen und Einzelstaaten hinaus in Richtung deutscher Bundesstaat deutete jedoch die Aufgabe des Heimatprinzips bei der Armenunterstützung hin, die in Preußen bereits 1842 erfolgte und später vom Norddeutschen Bund und vom Deutschen

Reich übernommen wurde. Ursprünglich hatte die Zuständigkeit für die Unterstützung eines Bedürftigen bei seinem Heimatort gelegen; wenn er sich anderswo befand, war er nach Möglichkeit zwangsweise dorthin zurückgeschafft worden. Diese Regelung hatte sich angesichts der zunehmenden Mobilität im Zeitalter der Industrialisierung als nicht mehr praktikabel erwiesen. An die Stelle des Heimatprinzips trat daher in einem über Jahrzehnte andauernden Prozess der Unterstützungswohnsitz – der Ort, an dem der Fall der Bedürftigkeit eintrat, nicht die Herkunftsgemeinde des Bedürftigen. In einem zweiten Schritt verkürzte sich die Aufenthaltsdauer, die zum Erwerb des Unterstützungswohnsitzes nötig war. Auf diese Weise löste sich das Solidarprinzip der Fürsorge immer weiter von seinem lokalen Ursprungskontext und transzendierte die Grenzen der deutschen Einzelstaaten, auch wenn diese zusammen mit den Kommunen für die Armenfürsorge zuständig blieben.[153]

Rechtlich konsequent beschritten fand sich der Weg zum Staatsbürgerverband als der im Falle der Armut zuständigen Solidargemeinschaft dann in der Weimarer Republik. In der 1924 eingeführten Reichsverordnung über die Fürsorgepflicht und den Reichsgrundsätzen über Voraussetzung, Art und Maß der öffentlichen Fürsorge aus dem gleichen Jahr fand die der Reichsebene im Ersten Weltkrieg zugewachsene Bedeutung der Daseinsvorsorge ihren Ausdruck. Seinen Abschluss fand dieser Transformationsprozess erst mit dem Bundessozialhilfegesetz von 1961; gleichzeitig wurde auch der einklagbare Rechtsanspruch auf Fürsorgeleistungen gesetzlich festgeschrieben. Auch im Hinblick auf das moderne bundesdeutsche System der Armutsbekämpfung, das durch die Hartz-Reformen der rot-grünen Koalition kurz nach der Jahrtausendwende noch einmal gründlich reformiert wurde, wäre es aber unzutreffend, die Solidargemeinschaft einfach mit dem Verband der deutschen Staatsbürger gleichzusetzen. Zum einen nämlich verweist der Grundsatz der Nachrangigkeit der Fürsorgeleistung gegenüber der Unterhaltsverpflichtung insbesondere von Eltern, Ehegatten und Lebenspartnern darauf, dass die bei Bedürftigkeit primär zuständige Solidargemeinschaft eigentlich der engste Familienverband ist. Zum anderen – und in diesem Kontext wichtiger – beschränkt sich weder die Aufbringung der für die Fürsorgeleistungen erforderlichen Gelder noch der Rechtsanspruch auf bedürftigkeitsgeprüfte Hilfen auf den Kreis deutscher Staatsbürger. Finanziert wird das unterste Auffangnetz des deutschen Sozialstaats vielmehr durch die Gemeinschaft der Steuerzahler – ganz unabhängig davon, ob es sich bei ihnen um Deutsche oder Nichtdeutsche handelt. Ganz analog haben im Falle der Bedürftigkeit üblicherweise auch in Deutschland wohnhafte Ausländer Anspruch auf Sozialhilfe beziehungsweise Grundsicherung, während Deutsche, die im Ausland leben, – das gilt jedenfalls seit der Anfang 2005 in Kraft getretenen Verschärfung der Regelungen – grundsätzlich keine existenzsichernden Sozialleistungen erhalten. Die für die Fürsorge relevante Solidargemeinschaft ist daher weniger die deutsche Nation als der Verband der in Deutschland lebenden Wohnbevölkerung.

Migration und sozialstaatliche Solidarität

Was geschieht nun, wenn der nationalstaatlich begründete und organisierte Sozialstaat und die ihm zugrundeliegenden Solidaritätsvorstellungen mit einer massiven Zunahme an Migration konfrontiert werden? Um dieses Problem dreht sich bereits seit einigen Jahren eine Debatte, die nicht nur international in den Politik- und Sozialwissenschaften intensiv geführt wird, sondern die auch unmittelbare Berührungspunkte mit den wohlfahrtschauvinistischen Forderungen der rechtspopulistischen Parteien besitzt. Ihre Ausgangsfrage lautet: Gründet der Wohlfahrtsstaat auf ein Gefühl nationaler Verbundenheit, das auf einem hohen Maß an kultureller und ethnischer Homogenität beruht, und legt die Zunahme der Immigration dementsprechend die Axt an seine Wurzeln? Hat also ein sprunghafter Anstieg der Fluchtmigration, wie wir ihn 2015, aber auch schon früher erlebt haben, das Potenzial, die solidarische Grundlage des europäischen Wohlfahrtsstaats nachhaltig zu schädigen?

Den Hintergrund bildet dabei der im Vergleich zu Europa wenig ausgebaute amerikanische Wohlfahrtsstaat, der häufig in einen kausalen Zusammenhang mit dem höheren Niveau an ethnischer Diversität in den Vereinigten Staaten gebracht wird. Auf lange Sicht – das war die These, an der sich die Kontroverse entzündete – kämen die europäischen Sozialstaaten dann nicht umhin, sich dem »schlankeren« amerikanischen Modell anzunähern, da die wachsende Zuwanderung die gesellschaftliche Solidaritätsgrundlage zersetze, die dem bislang erheblichen Ausmaß an sozialpolitischer Umverteilung zugrunde liege.[154]

Seither hat es in den Politik- und Sozialwissenschaften nicht an Versuchen gefehlt, den Auswirkungen von Zuwanderung und ethnischer Heterogenität auf soziale Kohäsion und Vorstellungen von gesellschaftlicher Solidarität auf den Grund zu gehen. Trotz der mittlerweile in die Hunderte gehenden empirisch fundierten Untersuchungen kann die Frage, ob Einwanderung die solidarischen Grundlagen des Wohlfahrtsstaats unterminiert, als noch immer völlig ungeklärt gelten. Studien, die einen negativen Einfluss von Immigration und ethnischer Diversität auf gesellschaftliche Solidarität und Unterstützung für sozialpolitische Programme feststellen, und solche, die zum gegenteiligen Schluss kommen, scheinen sich ungefähr die Waage zu halten.[155]

Woran liegt das? Manche Probleme haben mit der Anlage der Untersuchungen selbst zu tun, die auf der Grundlage statistischer Modelle den Einfluss von ethnischer Heterogenität und Einwanderung auf sozialen Zusammenhalt und Solidarität schätzen. Sie greifen dabei üblicherweise auf international vergleichende Datensätze zu verschiedenen Wohlfahrtsstaaten, zuweilen aber auch auf rein nationale Erhebungen zurück. Für die widersprüchliche Ergebnislage sind nun zunächst sicherlich ganz einfach die oft verschiedenen Datengrundlagen der unterschiedlichen Studien verantwortlich. Noch weit wichtiger dürfte sodann sein, dass die Forschungsergebnisse empfindlich auf die Operationalisierung der von den Untersuchungen in Anschlag gebrachten Indikatoren reagieren. So macht es einen erheblichen Unterschied, ob eine Studie auf Maßzahlen für ethnische Heterogenität wie den Ausländeranteil oder auf Daten zur Einwanderung zurückgreift, die selbst wiederum äußerst vielfältig – kurz- oder langfristig, einmal als Gesamtziffer, dann wieder ohne EU-Migranten oder nur bezogen auf bestimmte ethnische Gruppen – in die Rechnung eingehen können. Die Streuung auf der Seite der abhängigen Variablen ist vielleicht noch größer: Einmal richtet sich der Fokus auf die Höhe der staatlichen Sozialausgaben, ein anderes Mal auf die Zustimmung der Bevölkerung zum Wohlfahrtsstaat insgesamt, wieder andere Studien richten ihr Augenmerk auf Umfragewerte zu einzelnen sozialpolitischen Programmen. Das alles ist im Einzelfall sicher gut begründet und methodisch nachvollziehbar, es liegt aber der Verdacht nahe, dass die Bejahung oder Verneinung eines kausalen Zusammenhangs von wachsender ethnischer Heterogenität und abnehmender sozialpolitischer Solidarität im Endeffekt ganz wesentlich von der Wahl der in die Untersuchung eingehenden Variablen abhängt.

Nähert man sich dem Problem des Zusammenhangs von Immigration und wohlfahrtsstaatlicher Solidaritätsgrundlage angesichts der Sackgasse, in der die bisherige Forschung zu stecken scheint, einmal aus historischer Perspektive, bietet es sich erneut an, von Beginn an eine deutliche Grenze zwischen der Sozialversicherung und dem Fürsorgezweig des deutschen Sozialstaats zu ziehen. Für die Sozialversicherung und das ihr zugrunde liegende Solidaritätskonzept scheint die Zunahme der Immigration in den letzten Jahrzehnten kein besonderes Problem dargestellt zu haben. Das liegt in erster Linie daran, dass das System der Sozialversicherung die sozialpolitische Solidarität in einer moralisch relativ wenig anspruchsvollen Weise organisiert: In ihr spielt die Reziprozitätsnorm eine große Rolle – nur derjenige erhält Leistungen, der sich auch vorher als Beitragszahler an der Finanzierung beteiligt hat. In der gesetzlichen Rentenversicherung und der Arbeitslosenversicherung verbindet sich das darüber hinaus mit einer stark ausgeprägten Äquivalenznorm: Wer aufgrund seines höheren Einkommens höhere Beiträge entrichtet hat, hat später auch Anspruch auf höhere Leistungen. In der Krankenversicherung dagegen orientieren sich die Leistungen am medizinischen Bedarf, das heißt an der vorliegenden Erkrankung. Daher ist hier der Redistributionsgrad höher – faktisch findet eine Umverteilung von Gesunden an Kranke, von Jungen an Alte, von Beziehern hoher Einkommen an Geringverdiener und von beitragszahlenden Alleinstehenden an beitragsneutral mitversicherte Familien statt. Doch ist dieser – nicht das primäre Ziel darstellende, sondern billigend in Kauf genommene – Redistributionseffekt aufgrund der Spezifik des Risikos Krankheit in der deutschen Bevölkerung ebenso weithin akzeptiert wie das Reziprozitätsprinzip der Sozialversicherung im Allgemeinen.

An all dem hat auch die Aufnahme von Flüchtlingen oder anderen Migranten wenig geändert. Da sich die Solidargemeinschaft der Sozialversicherung ursprünglich stets durch den Akt der Beitragszahlung konstituiert, steht sie im Prinzip für jeden offen, der hierzu aufgrund seiner Erwerbstätigkeit verpflichtet ist. In die Sozialversicherung lassen sich Migranten leicht integrieren, wenn sie berufstätig sind – was freilich ihren ungehinderten Zutritt zum Arbeitsmarkt voraussetzt, der gerade für Geflüchtete und Asylsuchende in den letzten Jahrzehnten immer weiter eingeschränkt wurde. Sind Zuwanderer aber einmal in den Arbeitsmarkt integriert, ist der Inklusionsmodus der Sozialversicherung für Kriterien wie Nationalität oder ethnische Zugehörigkeit blind. Diese neue Solidaritätszusammenhänge stiftende Wirkung der Sozialversicherung mit ihren weiteren politischen Implikationen hatte schon Norbert Blüm – damals noch ein junger Abgeordneter – im Auge, als er 1975, anderthalb Jahre nach dem Anwerbestopp für die »Gastarbeiter«, vor dem Bundestag die Verpflichtung zu »einer besonderen Solidarität mit unseren ausländischen Mitbürgern« angesichts fremdenfeindlicher Tendenzen betonte. Die Beistandspflicht »in schlechten Zeiten« ergab sich für ihn aus dem Gebot gegenseitiger Hilfe und der Vorleistung der »Gastarbeiter« »in guten Zeiten«: »Ohne die Mitarbeit der ausländischen Arbeitnehmer wäre das Wachstum unserer Wirtschaft nicht in dem Maße möglich gewesen, in dem es möglich war, und ohne die Beitragszahlung der ausländischen Arbeitnehmer wäre unsere Sozialversicherung in größere Schwierigkeiten geraten«.[156]

Auch auf der Ebene konkreter sozialpolitischer Gesetzesänderungen gibt es keine Hinweise darauf, dass die Zunahme an Immigration Konsequenzen für das der Sozialversicherung zugrundeliegende Solidaritätsverständnis gehabt hätte. Alle großen Reformen der letzten Jahrzehnte besaßen keinen wesentlichen Bezug zur Einwanderungsfrage. Die den Arbeitsmarktreformen kurz nach dem Millennium vorangehende Debatte drehte sich um die ökonomische Wettbewerbsfähigkeit des »Wirtschaftsstandorts Deutschland« und um die mangelnde Effektivität der deutschen Arbeitsmarktpolitik; die tiefgreifenden Rentenreformen von 2001 bis 2007 fanden sich von einem demografischen Krisendiskurs gerahmt, der auf die zunehmende Alterung der Bevölkerung abhob – in beiden Fällen spielten Migrationsprozesse keine nennenswerte Rolle, obwohl das im zweiten Fall sogar nahegelegen hätte. Auch Regelungen in der Sozialversicherung, die einen Leistungsbezug im Ausland beschränken – wie es sie etwa in der Kranken- und Arbeitslosenversicherung gibt –, zielen regelmäßig nicht auf den Ausländerstatus von Migrantinnen und Migranten, sondern treffen im Ausland lebende Deutsche in gleicher Weise.

Das heißt freilich nicht, dass Ausländer in der bundesdeutschen Sozialversicherung keine Nachteile erlitten hätten. So lockte die Bundesregierung in Deutschland lebende Arbeitsmigranten gerne mit der einen oder anderen Prämie, sich ihre Beiträge auszahlen zu lassen, um so einen Anreiz dafür zu schaffen, das Land wieder zu verlassen und die Sozialkassen zu entlasten. Bekannt ist auch das Beispiel von Armando Rodrigues de Sá, der 1964 als einmillionster Gastarbeiter in Köln-Deutz mit einem Moped beschenkt wurde. Als Rodrigues nach wenigen Jahren an einem Magentumor erkrankte, kehrte er nach Portugal zurück, wo er seine gesamten Ersparnisse für die medizinische Versorgung ausgab und später starb. Dass er Anspruch auf Krankengeld gehabt hätte, war ihm nicht bewusst.[157] Doch so bedauerlich dieser und andere Fälle auch waren – bei ihnen handelte es sich um Benachteiligungen, die aus mangelnder Information, Beratungsdefiziten und Sprachproblemen resultierten, nicht aber um eine systematische und intendierte Diskriminierung von Ausländern innerhalb der Solidargemeinschaft der Sozialversicherten. Sie sprechen daher auch nicht gegen das hohe Maß an integrativem Solidaritätsverständnis, das der Sozialversicherung im Hinblick auf Migration eigen ist.

Durchaus anders sah es bei den bedürftigkeitsgeprüften, stärker umverteilenden sozialpolitischen Maßnahmen aus, die üblicherweise aus Steuermitteln finanziert werden. Im Hinblick auf solche »voraussetzungslosen« – also nicht an vorherige Beiträge gekoppelten – Hilfen lassen schon die parlamentarischen Debatten der alten Bonner und auch der jüngeren Berliner Republik zutage treten, dass es eine starke und bis in die Gegenwart hineinreichende semantische Tradition gibt, Migranten im Allgemeinen, vor allem aber Geflüchtete und Asylsuchende aus der deutschen Solidargemeinschaft auszuschließen. Natürlich gab es auch immer wieder Stimmen, die für eine Unterstützung Geflüchteter warben und sich dafür einsetzten, ihnen sozialstaatlich unter die Arme zu greifen. Doch herrschte, wenn etwa Christlich-Konservative im Bundestag über die Unterstützung Geflüchteter sprachen, eher eine Sprache des Altruismus und der allgemeinen Humanität vor, während der Solidaritätsbegriff vermieden wurde. Fiel er doch, dann ging es zumeist nicht um Solidarität mit den Geflüchteten in Deutschland selbst. Stattdessen standen andere flüchtlingspolitische Solidaritätsappelle im Vordergrund – ob es sich nun um die »Solidarität mit dem afghanischen Volk« angesichts des sowjetischen Einmarsches handelte, die ihren Ausdruck in der »deutschen Flüchtlingshilfe« für die »mehr als 2,5 Millionen afghanischer Flüchtlinge auf pakistanischem Boden« fand, um die mangelnde Solidarität der anderen EU-Staaten bei der Bewältigung der »Flüchtlingskrise« seit 2015 oder um die Solidarität mit den Kommunen, die die syrischen Geflüchteten aufnahmen.[158] Zuweilen ließ sich mit dem Ruf nach »Solidarität mit Unterdrückten und Entrechteten überall in der Welt« auch trefflich ideologische Grabenkampfpolitik im Kalten Krieg machen – etwa dann, wenn der CSU-Außenpolitiker Hans Georg Graf Huyn 1978 Solidarität mit »den von der SWAPO [South-West Africa People's Organisation] entführten Schulkindern aus Südwestafrika, [...] mit den Flüchtlingen aus Vietnam, [...] mit den Opfern des paläs-

tinensischen Terrorismus, mit den politischen Gefangenen in Mittel-
deutschland oder mit den zwangsinhaftierten Insassen sowjetischer
Nervenheilanstalten« anmahnte.[159]

Das weitgehende Fehlen der Solidaritätssemantik in der Tradition
des politischen Diskurses über internationale Geflüchtete in der Bundesrepublik tritt besonders deutlich hervor, wenn man vergleicht, wie
zeitgleich über die Aufnahme der deutschstämmigen »Aussiedler«
aus den Ostblockstaaten gesprochen wurde, deren Zahl ab 1987 rasch
emporschnellte und die seither jedes Jahr zu Hunderttausenden nach
Westdeutschland strömten. Die Aussiedler waren 1957 den Vertriebenen gleichgestellt worden und besaßen einen rechtlichen Anspruch
auf die deutsche Staatsbürgerschaft sowie eine Reihe von sozialpolitischen Sonderleistungen, die ihre Integration erleichtern sollten.[160]
Die gegenüber anderen Migranten bevorzugte Behandlung der Aussiedler, die häufig kaum oder gar kein Deutsch sprachen, traf bei nicht
wenigen Menschen auf Unverständnis oder Missbilligung. Böse Zungen behaupteten, viele Aussiedler hätten als Ahnennachweis allenfalls
den Besitz eines Deutschen Schäferhundes anführen können.[161] Gegen
diese kritischen Stimmen setzten insbesondere die Unionsparteien
auf eine die gemeinsame Nationalität akzentuierende Semantik der
Solidarität. So appellierte Bundeskanzler Helmut Kohl 1988 an die
»Fähigkeit zur Solidarität«, um auf diese Weise »unserer Verantwortung gerecht [zu werden], die aus gemeinsamer Geschichte und lands-
mannschaftlicher Verbundenheit« erwachse.[162] Ganz ähnlich recht-
fertigte der Fraktionsvorsitzende der CDU/CSU, Wolfgang Schäuble,
sieben Jahre später die weiterhin bestehende Zuzugsmöglichkeit für
Aussiedler damit, »daß wir in einer Verantwortungsgemeinschaft für
die Vergangenheit stehen und deshalb zur Solidarität gegenüber denen verpflichtet sind, die an den Folgen von Krieg und Naziherrschaft,
von Vertreibung und Deportation, von Unterdrückung, Intoleranz
und Anfeindung am schwersten zu tragen hatten«.[163]

Wendet man sich der Ebene konkreter sozialpolitischer Maßnahmen und Regelungen zu, zeigt sich, dass sich die in der politischen
Semantik zu beobachtende Tendenz zur Exklusion von Geflüchteten

und Migranten aus der bundesdeutschen Solidargemeinschaft hier nicht nur niederschlug, sondern im Zeitablauf sogar verstärkte. Damit soll nicht bestritten werden, dass der letztlich in Art. 1 GG wurzelnde Grundsatz, dass jeder, der »in der Bundesrepublik in Not gerät«, Anspruch auf staatliche Hilfen besitzt, die ihn in die Lage versetzen, »ein menschwürdiges Leben [zu] führen«, als allgemeines Prinzip bis heute gilt – und dass der zentrale Bezugspunkt dabei der Aufenthalt auf deutschem Territorium und gerade nicht die deutsche Staatsbürgerschaft ist.[164] Doch lässt sich seit längerer Zeit ungeachtet dessen an den Rändern des deutschen Sozialstaats das politische und rechtliche Bemühen erkennen, bestimmte Gruppen von Migranten aus der wohlfahrtsstaatlichen Solidargemeinschaft auszuschließen. In der Veränderung der für Asylbewerber und Geflüchtete geltenden Regelungen tritt das deutlich zutage. Ein erster Schritt in Richtung einer Separierung der Asylsuchenden von den anderen Empfängern bedürftigkeitsgeprüfter Leistungen erfolgte Anfang der 1980er-Jahre. Gerade hatten Bund und Länder als Reaktion auf die über Jahre ansteigenden Asylbewerberzahlen ein zunächst einjähriges, dann bald verlängertes Arbeitsverbot für Asylsuchende verfügt, um die Bundesrepublik als Zielland für die sog. »Wirtschaftsflüchtlinge« unattraktiver zu machen. Als daraufhin die Sozialhilfekosten für Asylbewerber deutlich anstiegen, ging eine Reihe von Kommunen dazu über, diese – bei Androhung des Sozialhilfeentzugs – zu »gemeinnützigen Arbeiten« heranzuziehen – eine Maßnahme, die sonst nur bei Fürsorgeempfängern ergriffen wurde, die beharrlich die Aufnahme von Arbeit verweigerten, und die angesichts des gleichzeitig bestehenden Arbeitsverbots rechtlich wenigstens problematisch war. Zugleich fanden sich immer mehr Asylsuchende in Sammelunterkünften untergebracht, deren zum Teil miserable Bedingungen Amnesty International mit denen der »›Intensivtierhaltung‹« verglich, und erhielten die Sozialhilfe überwiegend in Form von Sachleistungen.[165]

Der Schritt zur systematischen rechtlichen Exklusion von Geflüchteten aus der Solidargemeinschaft des bundesdeutschen Wohlfahrtsstaats erfolgte schließlich 1993 – nach einer über Jahre hochgradig emotionalisiert geführten Asyldebatte, die sich in Deutschland von Massenprotesten und ausländerfeindlichen Übergriffen begleitet fand und deren Hintergrund der sprunghafte Anstieg der Anzahl von Flüchtlingen aus der Balkanregion im Kontext des jugoslawischen Bürgerkriegs bildete. Am Ende der Asyldebatte einigte sich eine »große Koalition« aus CDU/CSU, SPD und FDP auf den sogenannten »Asylkompromiss«, der das Grundrecht auf Asyl durch die »Drittstaatenregelung« deutlich einschränkte und einen eigenständigen Kriegsflüchtlingsstatus schuf. Mit nur geringer Verzögerung trat 1993 das »Asylbewerberleistungsgesetz« in Kraft, das für Asylbewerber und andere vorübergehend geduldete Ausländer wie zum Beispiel Kriegsflüchtlinge ein »Sondersozialhilferecht« etablierte.[166] Die Leistungsberechtigten erhielten einen Anspruch auf eine Grundsicherung, deren Höhe unterhalb der Sozialhilfe lag und deren Sätze über die nächsten knapp zwanzig Jahre hinweg unverändert blieben, obwohl in diesem Zeitraum das Niveau der normalen bedürftigkeitsgeprüften Hilfen mehrfach angehoben wurde, um mit den steigenden Lebenshaltungskosten mitzuhalten. Gleichzeitig legte das Asylbewerberleistungsgesetz den Vorrang des Sachleistungsprinzips fest – auch das markierte noch einmal den Ausschluss der Asylbewerber aus dem allgemeinen deutschen Sozialrecht, in dem das nicht der Fall war.

Das Bundesverfassungsgericht erklärte die geltenden Sätze des Asylbewerberleistungsgesetzes in seinem Urteil von 2012 für »evident unzureichend« und damit verfassungswidrig und mahnte die »Festlegung des menschenwürdigen Existenzminimums« in einem »inhaltlich transparenten Verfahren« an.[167] Das änderte allerdings nichts daran, dass das Gesetz auch in seiner novellierten Fassung von 2015 in seiner Grundstruktur erhalten blieb und ein Sonderrecht für Geflüchtete außerhalb des Sozialgesetzbuchs begründete, das für Asylbewerber niedrigere Leistungssätze als jene festlegt, die nach dem »normalen« Sozialrecht (SGB II u. XII) gelten. Zudem fand sich in der Hochphase der »Flüchtlingskrise« im Herbst 2015 das gerade gelockerte Sachleistungsprinzip wieder deutlich gestärkt, »[u]m mögliche Fehlanreize zu beseitigen, die zu ungerechtfertigten Asylanträgen führen können«; 2019 brachte das »Dritte Gesetz zur Änderung des Asylbewerberleistungsgesetzes« weitere Möglichkeiten für Leistungskürzungen mit sich.[168]

Von den frühen 1980er-Jahren bis zur Gegenwart hatten und haben der Ausschluss von Geflüchteten aus dem allgemeinen Sozialrecht und die Verschärfung von Regelungen üblicherweise eine doppelte Stoßrichtung: Auf der einen Seite zielten sie nach außen darauf, die Bundesrepublik als Zielland für potenzielle Flüchtlinge und andere Migranten unattraktiver zu machen, und insofern auf ihre »Abschreckung« – nicht zufällig fielen alle einschlägigen Gesetzesinitiativen in Perioden, die durch einen erheblichen Anstieg der Zahl von Asylsuchenden gekennzeichnet waren.[169] Auf der anderen Seite sollte nach innen einwanderungskritischen Kräften entgegnet werden, indem man die Grenzen der deutschen sozialstaatlichen Solidargemeinschaft klar markierte und ihre Ansprüche von der humanitär begründeten Hilfe für Flüchtlinge mit anderem Rechtsstatus absetzte. Es bleibt freilich offen, ob es gelingen kann, auf diese Weise wohlfahrtschauvinistischen Tendenzen den Wind aus den Segeln zu nehmen. Ebenso gut erscheint es möglich, dass die Exklusion der Geflüchteten aus der sozialpolitischen Solidargemeinschaft gerade jene Unterscheidung zwischen »uns« und den »Fremden« vertieft und mit rechtlichen Weihen versieht, die die politischen Akteure eigentlich abmildern wollten.

Zivilgesellschaftliche Solidarität und sozialpolitische Impulse »von unten«

Das Bild wird noch komplexer, wenn man den Blick von den Ebenen der politischen Entscheidungen und der administrativen Praxis abwendet und ihn auf Formen zivilgesellschaftlicher Solidarität mit Flüchtlingen richtet. Vielfach waren es zunächst Initiativen »von unten«, die Defizite der Flüchtlingspolitik skandalisierten und neue Perspektiven für den Umgang mit Geflüchteten aufzeigten. Immer wieder fanden in den Folgejahren Impulse von hier, aus dem Umfeld der Kirchen und neuer sozialer Bewegungen ihren Weg in die staatliche Sozialpolitik und trugen – wenigstens in Ansätzen – dazu bei, den Wohlfahrtsstaat gewissermaßen »von unten« zu transformieren.

Die Frage, wie Flüchtlinge integriert, wie sie überhaupt behandelt werden sollten, war für viele Kommunen und die Träger subsidiär organisierter Solidarität, die freien Wohlfahrtsverbände, eine der zentralen neuen Herausforderungen. Caritas, Diakonie und Arbeiterwohlfahrt kümmerten sich schon seit den 1960er-Jahren um unterschiedliche Migrantengruppen aus der Türkei, Griechenland, Spanien oder Italien – in der Regel aufgeteilt nach Nationalität und Konfession. Anfangs waren es primär pastorale Fragen, die beispielsweise die Arbeit der katholischen Ausländerseelsorge für italienische Arbeiter beschäftigte. Eine gemeinsame Koordination der Wohlfahrtsverbände gab es kaum. Zumeist achteten sie vor allem auf »ihre« Migranten; zu viel Selbstständigkeit, gar politisches Engagement schien den Wohlfahrtsverbänden auch nicht besonders wünschenswert. Und doch war nicht zuletzt im Umfeld der kirchlichen Träger bereits seit den 1970er-Jahren zu spüren, wie sehr die Frage nach dem Umgang mit dem »Fremden« das konfessionelle Selbstverständnis eines sich immer stärker auch als »Weltkirche« verstehenden Christentums zu verändern begann. Noch war von »Ausländer-Mission« die Rede, und doch war diese pastorale Arbeit angesichts des bundesrepublikanischen Anwerbestopps von 1973 und einer wachsenden ausländerfeindlichen Stimmung im Land eine andere geworden.

Verändert hatte sich nicht nur das politische Klima in Deutschland, auch die italienischen Sozialberater des Caritasverbandes wollten nicht nur, wie sie selbst formulierten, »Löcher stopfen«. Parteiisch und solidarisch – das wollten sie sein und diejenigen schützen, von denen sie fanden, dass auf ihrem Rücken die Folgen der Öl- und Wirtschaftskrise von 1973/74 ausgebügelt wurde.[170] Die Wohlfahrtsverbände waren tragende Säulen einer korporativ organisierten Sozialpolitik, deren Bedeutung mit den Jahren eher noch zunahm – und die sich angesichts einer wachsenden Kritik an der Expansion des Sozialstaates selbst mit Vorbehalten konfrontiert sah. Das galt nicht nur für diejenigen, die angesichts wachsender Ausgaben und Aufgaben auf eine

Begrenzung sozialstaatlicher Leistungen drangen. Auch die Neuen Sozialen Bewegungen, engagierte Sozialforscherinnen und Juristinnen kritisierten die »überbürokratisierten« und »paternalistischen« Sozialverbände, die sich in ihren Augen viel zu wenig als emanzipatorische Anwälte ihrer Klientel betrachteten und ungern Konflikte mit der Verwaltung eingingen.[171]

Innerhalb der beiden Kirchen war die Zahl derer überschaubar, die sich lautstark für eine weniger paternalistische, offenere Migrationspolitik aussprachen. Noch gab es Anfang der 1980er-Jahre nur ein loses Netz unterschiedlicher lokaler Initiativen, die sich auf diesem Feld engagierten:[172] Manche der Aktivistinnen und Aktivisten stammten aus den studentischen und christlichen Gruppen, die die Verfolgten der Pinochet-Diktatur unterstützt hatten und in den unterschiedlichen »Dritte-Welt-Initiativen« und Menschenrechtsgruppen aktiv waren; andere kamen aus Pfarrgemeinden, die vor Ort auf einmal miterlebten, wie ein Sammellager für Flüchtlinge aufgebaut wurde. Einige stießen zu den Initiativen, weil sie sich als Teil der Friedensbewegung verstanden und ihr Engagement auch als Antwort auf die nationalsozialistische Verbrechenspolitik verstanden wissen wollten. Und auch solche Gruppen gab es, die sich aus Netzwerken der Geflüchteten selbst rekrutierten.

Eine breite, öffentliche Debatte erlebte die Bundesrepublik erstmals 1978, als es um die Aufnahme südvietnamesischer Flüchtlinge ging.[173] Die Bündnispartner, voran die USA, hatten die sozialliberale Koalition schon länger gedrängt, ihren Teil zur Linderung der humanitären Katastrophe zu übernehmen, die sich nach dem Sieg des Vietcong 1975 abzuzeichnen begann. Den ersten Schritt machte das CDU-regierte Niedersachsen unter Ernst Albrecht, das sich im Dezember 1978 entschied, die ersten »Boatpeople« aufzunehmen – als humanitäre Geste und Antwort auf die emotionalisierte Berichterstattung und die Protestkampagnen, die Menschenrechts- und Hilfsorganisationen aus unterschiedlichen politischen Lagern gestartet hatten. Hilfe für Vietnam hatte die Bundesrepublik schon früher gewährt, als sie 1965 das Hospitalschiff »Helgoland« losgeschickt und auch die Hil-

fen von Caritas und Diakonie unterstützt hatte, die dort so etwas wie
eine frühe Form ökumenischer Katastrophenhilfe gestartet hatten.[174]
Die Aufnahme von am Ende rund 40.000 Flüchtlingen aus Indochi-
na markierte eine Zäsur: Eine so umfassende deutsche Beteiligung an
einer globalen humanitären Hilfskampagne hatte es in dieser Form
noch nicht gegeben. Für die Union bot sich hier die Möglichkeit, die
wachsende internationale Bedeutung der Menschenrechtsfrage in den
Ost-West-Konflikt einzubinden und die Bundesrepublik als einen Ort
der »Sicherheit« für jene Geflüchteten zu inszenieren, die vor den
kommunistischen Gräueln flohen – ein Argument, das ihr nicht nur
Zuspruch bei manchen Jüngeren versprach, die sich für die Sache
der Menschenrechte engagierten, sondern zugleich auch gegen Vor-
würfe immunisieren konnte, in Fragen des politischen Asyls und der
»Gastarbeiterintegration« allzu strikt zu reagieren. Bedeutsam für die
deutsche Flüchtlingspolitik war die Aufnahme der vietnamesischen
Flüchtlinge auch deshalb, weil sich hier erstmals mit großem medialen Widerhall zeigte, wie sehr das deutsche Asyl- und Ausländerrecht durch die Wirklichkeit globaler Fluchtbewegungen und Arbeitsmigration seit den 1960er- und 1970er-Jahren überholt worden war.
Deutschland war längst ein Einwanderungsland geworden, gebunden
an internationales und europäisches Recht; eine Einsicht, der Politik
und Verwaltung deutlich hinterherhinkten.

Die Motive, sich für Flüchtlinge zu engagieren, speisten sich aus
unterschiedlichen Quellen: Ihre Unterstützung konnte Teil eines
politischen Engagements sein, das die Hilfe als einen unmittelbar solidarischen Akt im Kampf gegen Diktatur und Repression verstand.
Die Hilfe für verfolgte christliche Minderheiten war vielfach religiös
motiviert und Ausdruck konfessioneller Verbundenheit. Hier gab es
unmittelbare partikulare Interessen, gemeinsame Wertbezüge und die
oft unausgesprochene Hoffnung, in einer ähnlichen Situation selbst
eine solche Hilfe zu erfahren, sodass es sich bei der Unterstützung
gleichsam um eine Form der Gegengabe handelte. Aber worauf gründete sich das Engagement für jene, mit denen es keine unmittelbaren
Beziehungen gab und deren Unterstützung sich auch nicht als Teil

eines unmittelbar politisch-transformativen Zieles beschreiben ließ, so wie das beispielsweise für die Unterstützung politischer Exilanten aus dem Iran oder Lateinamerika galt?

Die Aktivistinnen und Aktivisten, die sich Ende November 1985 in der Evangelischen Akademie in Tutzing zu einem bundesweiten Vernetzungstreffen trafen, waren davon überzeugt, dass angesichts der öffentlichen Stimmungsmache gegen Ausländer und der immer enger werdenden Spielräume, die die deutsche Asylpolitik in der Ära Kohl prägten, der Flüchtlingsschutz besser organisiert werden müsse. Es war dieses Treffen von Menschenrechtsaktivisten und Kirchenleuten, das schließlich 1986 zur »Initiative zur Gründung eines Flüchtlingsrates« aufrief und aus dem heraus im gleichen Jahr Pro Asyl entstand.[175] Die Asylbewegung, die sich hier konstituierte und den Kampf um die Rechte Geflüchteter zu ihrer zentralen Aufgabe machte, ergriff lautstark Partei: Mussten Flüchtlinge wirklich in Lagern untergebracht werden, wie es manche Kommunen machten? War es überhaupt rechtmäßig und angemessen, statt Geld Sachleistungen auszugeben und den Bewegungsradius der Geflüchteten einzuschränken? Wäre es nicht wichtig, dass Kinder aus Flüchtlingsheimen trotz Residenzpflicht mit anderen Kindern ins Ferienlager fahren dürften? Und: Bräuchten nicht auch jene, deren Asylverfahren abgelehnt, die aber doch geduldet waren, größere Rechtssicherheit? Das alte »Ausländerrecht« der Bundesrepublik kannte darauf keine Antwort.[176]

Zunehmend verbanden sich angesichts der steigenden Arbeitslosigkeit jetzt Debatten über die Rolle und die künftige Leistungsfähigkeit des Sozialstaates mit den Themen Migration und Asyl. Die sozialliberale Koalition hatte in dieser Hinsicht die ersten Akzente gesetzt, und insbesondere Helmut Schmidt machte immer wieder deutlich, dass er die Bundesrepublik nicht als »Einwanderungsland« sah und in der Ausländer- und Asylpolitik vor allem auf »Rückführung« setzte. Die neue Regierung Kohl machte die »Ausländerpolitik« zu einem ihrer zentralen Themenfelder innenpolitischer Profilierung – mit dem CSU-Innenminister Friedrich Zimmermann an der Spitze. Die Kritik der Asylgruppen – mit Pro Asyl als ihrer stärksten Stimme – zielte vor allem darauf, die Politik zunehmender Begrenzung asylrechtlicher Spielräume für Geflüchtete zu attackieren. Dazu zählten die Versuche, Asylbewerber aus der regulären Sozialhilfe auszuschließen und durch neue gesetzliche Bestimmungen das Asylrecht einzuschränken. Es ging aber auch immer wieder um die konkrete Verwaltungspraxis einzelner Kommunen und Länder wie Bayern und Baden-Württemberg, die sich durch eine besonders restriktive Auslegung der bestehenden Gesetzeslage zu profilieren versuchten.

Die Wohlfahrtsverbände mit ihren unterschiedlichen Traditionen und Prägungen hatten bis weit in die 1970er-Jahre das Feld der »Ausländerpolitik« von politischen Konflikten freizuhalten und Anläufe der Selbstorganisation von Migranten auszubremsen versucht.[177] Angesichts der wachsenden Alltagsgewalt gegen Migranten in den 1980er-Jahren[178] und einer teils offen rassistischen Agitation von Parteien wie den Republikanern gegen die vermeintliche »Überfremdung« Deutschlands, die auch am rechten Rand der Union auf Zustimmung stieß, sahen sich nun aber auch Caritas, Diakonie oder Arbeiterwohlfahrt immer häufiger mit der Frage konfrontiert, wo sie sich selbst im Konflikt um die Behandlung von Asylbewerbern positionierten. Strittig blieb, wie weit sie ihre Rolle als »Anwälte« von Ausländern und Geflüchteten interpretieren sollten: als Fürsorgende, als pastoral Begleitende, als Unterstützer oder auch als politische Interessenvertretung?[179] Beobachten ließ sich jedenfalls, dass sich im Zuge der Professionalisierung und Politisierung der sozialen Arbeit auch unter dem Dach der Wohlfahrtsverbände Rechtshilfestrukturen etablierten, die vielfach die erste (und oft auch einzige kostenlose) Anlaufstelle für Migranten unterschiedlicher Herkunft darstellten. In Frankfurt beispielsweise hatte sich 1976 eine Gruppe chilenischer Exilanten und Psychologen zusammengeschlossen, um eine eigene Beratungsstelle für die diejenigen mit Spanisch als Muttersprache zu schaffen, die unter den Folgen von Folter und Haft litten und für die die kommunale Ausländerbürokratie keine Anlaufstellen besaß.[180] Unterstützung gab es dabei zunächst von Amnesty International und einer evangelischen Gemeinde, die kostenlos einen Büroraum zur Verfügung stellte. Ähnliche Initiativen, die sich um politisch Verfolgte aus Argentinien, Kolumbien oder Chile kümmerten, hatte es vorher auch im belgischen Leuven gegeben.

Unter dem Dach der Diakonie entstand seit den späten 1970er-Jahren ein neuartiges Psychosoziales Zentrum (PSZ), für das Flüchtlinge selbst den Gründungsimpuls gegeben hatten und das nun insbesondere durch eine Gruppe von Menschenrechtsaktivistinnen innerhalb der evangelischen Kirche Unterstützung und eine dauerhafte finanzielle Struktur fand. Von christlicher »Barmherzigkeit« sprachen die Akteure kaum noch; viel eher transformierte sich diese ältere Idee in einem veränderten säkularen Umfeld zu einem neuen politischen, »solidarischen« Bewusstsein, das die Betroffenen zu Akteuren ihrer eigenen Sache machen wollte. Konfliktfrei war diese frühe Form der Institutionalisierung von Flüchtlingshilfe in keinem Fall. Denn die psychosoziale Beratung zielte eben gerade nicht nur auf die Therapie möglicher Traumatisierungen, sondern auch auf die Problematisierung von Exilerfahrungen in Deutschland, auf den Umgang mit deutschen Behörden; es ging um die Frage der Angemessenheit der staatlichen Unterstützung und enttäuschte Erwartungen der Flüchtlinge.

Kümmerte sich das PSZ am Anfang als Selbsthilfegruppe vor allem um lateinamerikanische Flüchtlinge, öffnete es sich in den Folgejahren für die unterschiedlichen Regionen, aus denen die Geflüchteten stammten: Neben Lateinamerika waren es nun Männer, Frauen, auch Kinder aus Eritrea und Guinea, aus Sri Lanka, Pakistan und Afghanistan, die Hilfe suchten. Psychosoziale Beratungsstellen gehörten Anfang der 1980er-Jahre keineswegs zum kommunalen Standardprogramm, und noch weniger galt das für Anlaufstellen, die sich nur um Migranten kümmerten und dabei mitwirken sollten, praktische Lebenshilfe beispielsweise auch für Kinder und Jugendliche anzubieten. Offen blieb die Frage, in welche Richtung sich solche Einrichtungen entwickeln würden: Wollten Sie eher Orte solidarischer Selbsthilfe sein oder primär Sozialberatung anbieten?

Allerdings musste sich beides auch nicht ausschließen. Mitte der 1980er-Jahre hatte sich die Arbeit des PSZ zunehmend professionalisiert und der Kreis derer, die Beratung suchten, ausgedehnt. In der psychosozialen Beratung für Geflüchtete spiegelten sich nicht nur die veränderten globalen Flüchtlingsbewegungen wider. Auch die Vorstellungen davon, wie psychosoziale Beratung aussehen sollte, wandelten sich. Das galt für die Therapieformen, das galt aber auch für die Zielgruppen und die Problemwahrnehmung. Seit Mitte der 1980er-Jahre kümmerte sich das PSZ ganz gezielt um die spezifischen Bedürfnisse von Frauen, ihre Fluchterfahrungen, die Probleme in den Familien, ihre Belastungen und Bedürfnisse. Dass Flucht auch eine geschlechtsspezifische Dimension besaß, gehörte keineswegs zum Kanon der »Ausländerarbeit« der 1980er-Jahre. Mit der Etablierung frauenspezifischer Angebote öffnete sich hier ein Feld der kommunalen Sozialarbeit, das auch als Feld der »regulären« Hilfsangebote noch ganz am Anfang stand und ein Wissen über die spezifischen Probleme geflüchteter Mädchen und Frauen bereitstellte,[181] über das die etablierten sozialen Dienste noch nicht verfügten.[182]

Psychosoziale Beratung war mithin ein weiter Begriff, der Unterschiedliches umfasste: Frühe Formen antirassistischer Arbeit zählten ebenso dazu wie lebensweltliche Beratung, Gruppenarbeit sowie Bildungs- und Kulturangebote. Die Arbeit eröffnete einen Blick in Räume, deren Innenleben sonst zumeist abgeschlossen geblieben war und für die sich auch sonst kaum jemand interessierte: das Leben in den Flüchtlingsunterkünften. Teams aus dem PSZ arbeiteten mit Kindern und Jugendlichen, und sie sorgten – wie auch andere asylpolitische Initiativen – dafür, dass die Separierung der Asylbewerberinnen und Asylbewerber von der übrigen Gesellschaft durchbrochen und die Flüchtlinge ein Tor zur Außenwelt erhielten. Einfach war das nicht, weil die Lager vielfach abgeschottet waren und staatlicherseits ein Zugang zivilgesellschaftlicher Akteure vielfach nicht erwünscht war.[183]

Mit dem Begriff der »Solidarität« umschrieben viele der Akteure ihre Arbeit anfangs nicht. Das änderte sich erst seit etwa Mitte der 1980er-Jahre, gerade auch im kirchlichen Umfeld. Die Sympathie für die Theologie der Befreiung, aber auch – bei den Katholiken – der päpstliche Segen für die Solidarność dürften es vielen leichter gemacht haben, einen Begriff zu nutzen, der bislang vorwiegend der politischen Linken vorbehalten war. »Liebe« oder »Barmherzigkeit«, stärker in der biblischen Tradition verhaftet, schienen aber doch nur mehr unzureichend die Erfahrungen und Ziele der christlichen Helferinnen und Helfer zu beschreiben. Und »Hilfe« blendete, wie Herbert Leuninger, einer der Mitgründer von Pro Asyl, deutlich machte, die wichtige politische Dimension der Arbeit aus, ging es doch in der Unterstützung nicht etwa um eine akute Form der »Katastrophenhilfe«[184], sondern um strittige Fragen gesellschaftlicher Ressourcenverteilung. Im Begriff der Solidarität spiegle sich doch eine »echte Ausweitung des klassischen Liebes- und Hilfsdenkens«, die es den christlichen Gruppen möglich mache, »leichter als bisher zu Partnern säkularer Gruppen« zu werden und auch die eigene Kirche gegenüber der »Welt« zu öffnen. Solidarität beschreibe beides: eine »Partnerschaft« und eine »Anwaltsfunktion«, die der exponierten gesellschaftlichen Rolle der Kirchen Rechnung trage. Die Kirchen liehen gewissermaßen den »Schwachen« ihre Stimme, um ihre Anliegen zu unterstützen – ein, wie Leuninger meinte, nicht ungefährliches Selbstverständnis von Solidarität, denn allzu leicht könnte das Ungleichgewicht auch dazu führen, in alte paternalistische Muster zu verfallen. Solidarität beschrieb für ihn eine Form der Kooperation, die vor allem durch ihre unmittelbare Nähe, durch gegenseitige Begegnung geprägt und oft auf den unmittelbaren sozialen Nahbereich bezogen sei.

Solidarität vollzog sich durch die Verwandlung von *Caritas* in eine politische Begegnung. Denn die Geflüchteten hielten der »Ersten Welt« den Spiegel ihrer eigenen »Mitverantwortung für die Destabilisierung der Welt« vor. Insgesamt fungierte der Begriff der Solidarität in gewisser Weise als eine neue semantische Klammer, die Helferinnen und Helfer aus unterschiedlichen sozialmoralischen Milieus zueinanderfinden ließ, selbst wenn ihre politischen Ansichten nicht in allen Fragen übereinstimmten. Aber insbesondere für die konfessionell gebundenen Aktivistinnen und Aktivisten machte es der Begriff der »Solidarität« leichter, die eigene Arbeit als Teil globaler

christlicher Verantwortung im Kontext der Menschenrechte zu interpretieren – ohne beständig den pastoralen Ton der »Nächstenliebe«
anstimmen zu müssen.

So unterschiedlich die Motive der Helferinnen und Helfer auch gewesen sein dürften, so trugen sie doch in ganz erheblicher Weise dazu
bei, bestehende Defizite der staatlichen Flüchtlingshilfe aufzufangen
und selbst, gleichsam »von unten«, das Netz kommunaler Sozialpolitik zu erweitern. Das konnte je nach Stadt und Region und politischen
Mehrheitsverhältnissen unterschiedlich ausfallen, und doch entfalte-
ten diese spezifischen Solidarnormen und konkreten Hilfsangebote
im lokalen Kontext ihre ganz unmittelbare Wirkung. Ein Beispiel dafür: Die Stadt München war seit Herbst 1986 ganz offenkundig auf die
steigende Zahl an Flüchtlingen aus Osteuropa, Sri Lanka, dem Iran
und Afghanistan nur unzureichend vorbereitet. Die übergeordneten
Behörden ließen die Kommunen mit den Problemen der Unterbrin-
gung, für die sie selbst verantwortlich gewesen wären, ebenfalls allein.
Das zuständige Sozialamt bat in seiner Not die Träger eines eigentlich
für Rucksacktouristen aus aller Welt geschaffenen (Zelt-)Lagers am
Rande der Stadt darum, dass dort auch Geflüchtete betreut werden
könnten. Untergebracht zunächst in alten Militärcontainern, entwickelte sich das Provisorium bald zu einer der wichtigsten Flücht-
lingsunterkünfte der Stadt. Anfangs hatte eine Gruppe Studierender
die Betreuung weitgehend in Eigenregie organisiert. Beschäftigt als
»Pförtner mit besonderen Aufgaben« trugen diese jungen Leute dazu
bei, ein Betreuungskonzept zu entwickeln, bei dem die Flüchtlinge
rund um die Uhr Ansprechpartner hatten und eine bis dahin unge-
kannte Nähe zwischen Betreuern und Migranten entstehen konnte.
Die Idee: angesichts der schwierigen Lebenssituation eine Form der
präventiven, niedrigschwelligen Hilfe aufzubauen.

Die bestehende staatliche Fürsorge für Flüchtlinge war vielfach verteilt auf unterschiedliche Ämter; sie war improvisiert und oft auch
ohne Kenntnis der besonderen Lebenslagen. Dass es eine Flüchtlingsbetreuung aus einem Guss bräuchte, gehörte bald zu den Forderungen
der unterschiedlichen Gruppen, die die Hilfe in Eigenregie organisier-

ten – und das hieß mit Blick auf die städtische Verwaltung: Ein eigenes Flüchtlingsamt sollte her. Denn seit Anfang der 1990er-Jahre war nicht nur die Zahl der Geflüchteten gestiegen, sondern angesichts der Brutalität rassistischer Übergriffe wie in Hoyerswerda, Solingen oder Mölln auch ihre Schutzbedürftigkeit. Anfangs hatte es im Sozialamt lediglich einen »Arbeitskreis Asyl« gegeben, der sich um die offenen Fragen kümmerte, seit 1989 liefen die Fäden dann im Wohnungsamt zusammen. Aber erst 1994, als Reaktion auf die Bürgerkriegsflüchtlinge aus dem ehemaligen Jugoslawien, schuf die schon länger amtierende rot-grüne Stadtregierung ein eigenes Flüchtlingsamt, das allerdings nach wie vor ohne die Zuständigkeit für die ausländerrechtlichen Belange auskommen musste – ein administrativer Wandel, der begleitet war von hitzigen Debatten über die finanzielle Ausstattung der kommunalen Flüchtlingshilfe und die Folgen des »Asylkompromisses« von 1993.

Später fand sich für diese ungewöhnliche Organisation der Hilfe der Begriff des »Münchner Betreuungsmodells«. In seiner Geschichte spiegeln sich wesentliche Veränderungen, die sich auf dem Feld kommunaler Sozialpolitik seit Mitte der 1980er-Jahre beobachten lassen und auch für andere Städte und Gemeinden prägend waren:[185] Es war vielerorts erst der Druck zivilgesellschaftlicher Initiativen, der ein bis dahin kaum existierendes Feld kommunaler Sozialpolitik überhaupt erst entstehen ließ, politisierte und damit die Reichweite und Form institutionalisierter Solidarität erweiterte. Gleichzeitig entstand hier ein Wissen, das gängige Vorurteile über Flüchtlinge als »Sozialschmarotzer« bestritt und neue Erkenntnisse über die psychosoziale Situation Geflüchteter zusammentrug. Dazu gehörte auch, dass sich zahlreiche Juristinnen und Juristen, die in der Veränderung des Asylrechts Grundelemente der bundesrepublikanischen Rechtskultur bedroht sahen, in den Asylgruppen engagierten und eine Form der Gegenexpertise entwickelten. Der »Asylkompromiss« bedeutete dabei keineswegs das Ende der noch jungen Asylbewegung, sondern war vielfach der Auftakt zu einer Reorganisation und Ausdehnung der Initiativen, die sich nun deutlich besser vernetzten, lokal, überregional und bald auch europäisch. Stärker noch als zehn Jahre zuvor bezogen sich Gruppen wie Pro Asyl auf die spezifisch deutsche Verantwortung für einen »humanen« Umgang mit Flüchtlingen, und es war immer wieder der Rückbezug auf die nationalsozialistischen Massenverbrechen, der den Legitimationsrahmen antirassistischer Arbeit bildete. Damit war Hilfe für Geflüchtete nicht einfach »nur« die individuelle Unterstützung Einzelner – das war sie auch und sie blieb zentral. Aber sie verwies doch über sie hinaus – als eine Form politischer Solidarität, die den Streit um die Ausgestaltung von Flüchtlingsunterkünften, um Angebote für Kinder und psychosoziale Unterstützung auch als Auseinandersetzung um das Selbstverständnis einer kulturell heterogener gewordenen Stadtgesellschaft verstand, die neue Angebote institutionalisierter Solidarität benötigte. Nicht wenige dieser – inzwischen vielfach professionell arbeitenden – Helferinnen und Helfer waren es, die dann 2015 das dichte Netz an Hilfsstrukturen mit aufbauten, das nötig war, um die große Zahl syrischer Geflüchteter zu versorgen. Die Geschichte der »Willkommenskultur«: Sie hat auch hier ihre Wurzeln.

6. Europäische und globale Solidaritäten im späten 20. und im 21. Jahrhundert

Solidarität im Zeichen forcierter Globalisierung

Krisen waren die Menschen im Ruhrgebiet gewöhnt. Die Schwerindustrie starb seit Jahrzehnten einen langsamen Tod, als Anfang des neuen Jahrtausends gleich zwei weitere Hiobsbotschaften die Region erschütterten: Erst kündigte General Motors 2004 an, Tausende Arbeitsplätze seines Werkes in Bochum abzubauen und einen Teil der Produktion ins polnische Gliwice zu verlagern; dann, 2008, entschied das finnische Unternehmen Nokia, die Handyproduktion in der Stadt zu schließen und ins kostengünstigere Rumänien zu verlagern, nur um dann wenige Jahre später auch dieses Werk zu schließen. Das Wort von den »Subventionsheuschrecken« machte die Runde. Aber all die Empörung und Verzweiflung, die zerstörten Nokia-Handys und Unterstützungsdemos nützten nichts. Am Ende verloren die rund 2.300 Beschäftigten ihren Job und am letzten deutschen Standort der Mobilfunk-Produktion gingen die Lichter aus, ähnlich wie das auch für die »Opelaner« galt, deren Werk trotz aller Proteste schließlich 2014 schließen musste.

Für die Solidarität waren das schwierige Zeiten. Alle sprachen nun von der »Standortkonkurrenz«, vom Druck der »Globalisierung«, von gesellschaftlicher »Entsolidarisierung« und »Flexibilisierung«. Die strukturellen Verschiebungen der westlichen Industrienationen hatten sich schon seit den 1970er-Jahren angekündigt, seit den 1990er-Jahren aber gewannen die Dynamik des digitalen Finanzmarktkapitalismus und die Internationalisierung von Arbeits- und Produktionsverhältnissen erheblich an Kraft. Was bedeutete der Ausbau neuer globaler Produktionsketten für Arbeitsmärkte und ihre Regulierung, wenn nationale Grenzen an Bedeutung einbüßten? Und was blieb von den einmal erreichten sozialen Standards: Wären sie angesichts der niedrigen Löhne in anderen Teilen der Welt aufrechtzuerhalten oder würden sie gar zu einem Instrument umfunktioniert, mit dem die westlichen Industrienationen die aufstrebenden Schwellen- und Entwicklungsländer ausbremsen und von ihren Märkten fernzuhalten versuchten?

Die Organisationen der alten Arbeiterbewegung in Deutschland bekamen den massiven Veränderungsdruck bald zu spüren. Denn schon in den frühen 1990er-Jahren zeigte sich, dass ein wesentlicher Modus traditioneller gewerkschaftlicher Solidarpolitik zunehmend ins Leere lief: nämlich Arbeitsbedingungen und Löhne durch tarifliche Bindung dem Konkurrenzdruck zu entziehen.[186] Gründe dafür gab es mehrere: Die lebensweltliche Prägekraft gewerkschaftlicher Organisation hatte deutlich nachgelassen – das hatte schon für die »alte« Bundesrepublik gegolten und galt umso mehr für die »neue« Berliner Republik. Ähnliche Entwicklungen konnte man auch in den europäischen Nachbarländern beobachten. Während die traditionell gewerkschaftlich stark organisierten Branchen an Bedeutung verloren, wuchs die Zahl der Beschäftigten in den Dienstleistungsbereichen, die außerhalb des öffentlichen Dienstes nur einen zumeist niedrigen Organisationsgrad besaßen; von den strukturellen Problemen im Osten der Bundesrepublik ganz zu schweigen, wo über Nacht ganze Industriebranchen inklusive ihrer sozialräumlichen Bindungen weggebrochen waren und zunächst nicht viel dafür sprach, dass in Kürze »blühende Landschaften« entstehen würden.

Solidarität: Das war im Hinblick auf die Arbeitswelt – trotz aller internationalen Verflechtungen in weltweiten Gewerkschaftsbünden – in den westlichen Industrienationen doch über viele Jahrzehnte hinweg ein primär nationales Projekt gewesen. Deutlich zeigte sich: Die zunehmende transnationale Entgrenzung von Arbeitsprozessen veränderte im Zusammenwirken mit gesellschaftlichen Individualisierungsschüben die Spielräume der Beschäftigten, die Frage nach dem »Wir« und den »Anderen«, nach der Legitimation von Solidarität angesichts veränderter Konkurrenz- und prekärer Arbeitsverhältnisse. Manchmal waren die vielen (ausländischen) Beschäftigen wie in der Fleischindustrie überhaupt nicht mehr sichtbar und verschwanden ganz in den Wohncontainern und Arbeitsbaracken, eine eigene Welt, sehr nah – und gleichzeitig sehr weit entfernt. Die Frage der Solidarität berührte auch weiterhin Vorstellungen von Identität, gemeinsamen Interessen und Gruppenzugehörigkeit. Doch was das Gemeinsame war – und wie weit die Anerkennung von Differenz in einer globalisierten Welt reichen sollte, blieb offen. Was bedeutete es aber für die »alte« Solidarität der Arbeiterbewegung, wenn es die einst so mythisch aufgeladene Arbeiterklasse in dieser Form gar nicht mehr gab? Wenn sie insgesamt viel heterogener, in ihren Bedürfnissen und Erfahrungen viel unterschiedlicher war, als die Bannerträger der Solidarität das lange sehen wollten? Wenn sie also nicht nur aus weißen, gut ausgebildeten Facharbeitern, sondern auch aus Ungelernten bestand, aus weiblichen Beschäftigten in informellen Sektoren, ethnisch plural, geprägt durch Migrantinnen und Migranten, durch Beschäftigte in ganz unterschiedlichen Produktionsräumen? War dann die Sprache der Solidarität verbraucht? Mit guten Gründen lässt sich – forciert seit den 1990er-Jahren – von einem »Strukturwandel der Solidarität«[187] sprechen; einem Prozess, der einerseits durch die schwindende Bindekraft traditioneller politischer und religiöser Sozialinstanzen und stärker individualisierter Lebensläufe geprägt war, andererseits aber eine daraus entstehende soziale Dynamik erkennen lässt, aus der neue, institutionell weniger fest gefügte Formen solidarischer Vergesellschaftung entstanden.

Manche der Beschäftigten in den Industriebetrieben spürten selbst, dass »Solidarität« mit einer vermeintlich untergegangenen Epoche verbunden zu sein schien. Jedenfalls schien der Begriff manch Jüngerem wie aus einer anderen Zeit zu stammen; etwas, wovon vor allem ältere Beschäftigte erzählten. Aber selbst wenn der Begriff für jüngere Arbeitnehmer und Arbeitnehmerinnen in den 1990er-Jahren seine hohe moralische Aufladung eingebüßt hatte, so waren die damit verbunden Fragen nach Nähe, Hilfsbereitschaft, Kooperation und Kollegialität keineswegs verschwunden. Im Gegenteil: Sie stellten sich angesichts des erhöhten Arbeitsdrucks, neuer betrieblicher Organisationsformen und Leistungskontrollen gleichsam neu. Dafür gab es unterschiedliche Begriffe, die auf unterschiedliche Grade der Verbundenheit verwiesen. Kollegialität zum Beispiel meinte eine Form des kooperativen Austausches, der auf der Annahme beruhte: Die Arbeit werde am Ende leichter, wenn die Beschäftigten sich aufeinander verlassen könnten und gegenseitig helfen würden. Solche Erfahrungen gab es in unterschiedlichen Arbeitsfeldern, und aufmerksame Sozialforscherinnen und -forscher beobachteten, dass sich die Beschäftigten trotz aller Zwänge keineswegs willenlos den unternehmerischen Herrschaftslogiken unterwarfen, sondern selbstbewusst Interessen artikulierten, Mitbestimmung einforderten und in Steuerungsprozesse einzugreifen versuchten. Aus solch kollegialer Erfahrung konnten dann neue Formen der Solidarisierung entstehen; Lernprozesse der Selbstermächtigung, die die für den Arbeitsprozess wichtige Form der Kooperation der Beschäftigten erweiterte und sich in ihren Zielen nicht mehr nur an den Vorgaben der zu erledigenden Aufgaben orientierte, sondern an kollektiven, überbetrieblichen Forderungen der Arbeitnehmer und Arbeitnehmerinnen.[188]

Zwingend, gar widerspruchsfrei waren solche Prozesse nicht; hinzu kam, dass sie sich seit den 1990er-Jahren vielerorts unter dem wachsenden Druck einer neuen Weltmarktkonkurrenz und drohender Betriebsverlagerungen entwickelten.[189] Die Liberalisierung der europäischen Arbeitsmärkte ließ nun auch jene in Konkurrenz zueinander treten, die bis dahin durch den »Eisernen Vorhang« getrennt gewesen waren. In Schweden beispielsweise mobilisierte die örtliche Bauarbeitergewerkschaft in Vaxholm ihre ganze Energie, um die Arbeit ihrer lettischen Kollegen zu blockieren.[190] 2004 hatte eine lettische Firma den Zuschlag für den Bau einer Schule erhalten, und nun protestierten die schwedischen Gewerkschafter gegen die niedrigeren Löhne der osteuropäischen Konkurrenz. Aus dem lokalen Konflikt wurde rasch ein landesweites Ereignis, dem sich auch andere schwedische Gewerkschaften anschlossen, die bis vor das Parlament in Stockholm zogen. Die Baustelle wurde blockiert, die lettischen Arbeiter am Zugang gehindert. Der Fall landete vor dem schwedischen Arbeitsgericht, das die Blockade für rechtmäßig erachtete. Schließlich stellte das lettische Bauunternehmen angesichts der Proteste seine Arbeit ein. Die Frage, wie weit ein solcher Arbeitsprotest, der in dieser Form auch auf vielen anderen europäischen Baustellen ausgetragen wurde, gehen durfte und unter welchen Bedingungen Arbeitskräfte aus anderen Ländern überhaupt angestellt werden konnten, beschäftigte schließlich auch den Europäischen Gerichtshof. Bitter für die Gewerkschaften: Die europäischen Richter hielten den gewerkschaftlichen Protest für unzulässig und einen Verstoß gegen die Dienstleistungsfreiheit – womit, wie die Gewerkschaften kritisierten, der EU-Binnenmarkt einseitig die wirtschaftlichen Freiheitsrechte von Unternehmen höher wertete als das Streikrecht der Arbeitnehmer.[191]

Wie künftig »Handeln in Verbundenheit«[192] angesichts der Liberalisierung der Arbeitsmärkte grenzüberschreitend aussehen könnte, blieb im europäischen Integrationsprozess dauerhaft eine konfliktbehaftete Frage. Eine Antwort darauf war der Versuch, in multinationalen Unternehmen mit Standorten in mehreren Ländern eigene Betriebsräte zu schaffen, die sich um einen Interessenausgleich und eine gerechte Verteilung der Lasten zwischen den konkurrierenden Standorten kümmern sollten.[193] Aber was »gerecht« und »solidarisch« genau bedeutete, blieb unter den Gewerkschafterinnen und Gewerkschaftern umstritten, genauso wie es aufseiten der Unternehmer keineswegs eine leidenschaftliche Begeisterung dafür gab, den Gewerkschaften mehr Mitsprache als unbedingt nötig einzuräumen.

Seit 1994 gab es in großen, grenzüberschreitenden Unternehmen einen durch EU-Recht geschützten europäischen Betriebsrat, dessen Wirkungsmacht aber begrenzt blieb. Mehr als einen Anspruch auf Anhörung und Unterrichtung durch die Unternehmensleitungen konnten die Gewerkschaften in dem neuen Gesetz nicht durchsetzen. Allerdings konnte man immer wieder beobachten, dass die aus den verschiedenen Ländern entsandten Betriebsräte multinationaler Konzerne nur mit gebremstem Ehrgeiz das Ziel verfolgten, »übergeordnete« Interessen zu artikulieren, weil sie gelernt hatten, ihre Strategie vor allem an nationalen Interessen zu orientieren. Bei General Motors Europa nannten sich Beschäftigtenvertreter »European Employee Forum« (EEF). Das EEF war die Antwort auf die Versuche der amerikanischen Konzernzentrale, ihre Kosten- und Personaleinsparungen durch ein gezieltes Gegeneinander-Ausspielen der Betriebe an verschiedenen Standorten durchzusetzen.[194] Damit hatte das Management immer wieder Erfolg, weil sich die Gewerkschaftsvertreter nur schwer auf eine einheitliche Linie einigen konnten. Erst als es dem EEF 2004/2005 gelang, für die Planung der neuen Opel Astra-Produktion gezielt die organisatorischen Kräfte zu bündeln und sich selbst darauf verpflichtete, die Interessen zwischen den verschiedenen Standorten auszugleichen, vermochten die Arbeitnehmervertreter der »Delta Gruppe« dem Konzern etwas entgegenzusetzen.[195] Ihr Ziel: das Management dazu zu zwingen, bei geringer Produktionsauslastung die Lasten zwischen den Standorten in West- und Osteuropa zu verteilen und nicht etwa eines der Unternehmen zu schließen. Das hieß nicht, dass Personal nicht auch weiterhin abgebaut wurde und manche Standorte wie Bochum oder Antwerpen einem massiven Schrumpfungsdruck ausgeliefert waren. Aber es gelang doch, immer wieder zu internationalen Protesten aufzurufen, wenn – wie in Antwerpen – Personalabbau oder Schließung drohte. Selbst diejenigen Beschäftigten konnten dann mobilisiert werden, deren Werk wie in Rüsselsheim womöglich von einer Schließung und Produktionsverlagerung profitiert hätte.

An Verhandlungsmacht hatte das EEF – zumindest in dieser Branche und für einen kurzen Moment – zugelegt.[196] Manchen Beschäftigten waren die europäischen Betriebsräte aber immer noch zu friedlich, und es gab durchaus Stimmen, die sich in Bochum mehr Leidenschaft im Kampf gegen die Schließung des Werkes gewünscht hätten. Auch die Konflikte beispielsweise mit den polnischen Kollegen aus Gliwice um Produktionskapazitäten waren nicht einfach verschwunden. Den westlichen Kollegen hielten die Polen entgegen, dass man noch lange nicht ihr Produktionsniveau und ihren Lebensstandard erreicht habe – und es deshalb doch etwas wohlfeil sei, gerade von ihnen Verzicht zu verlangen. Ihre günstigeren Produktionskosten konnten für die polnischen Arbeiter aber zugleich ein Argument dafür sein, die im Vergleich mit westlichen Fabriken geringeren sozialen Standards anzuprangern und auf diese Weise dann doch gemeinsam mit den westlichen Gewerkschaftern zu agieren. Diese sagten ihre Unterstützung zu, falls die polnischen Kollegen umgekehrt darauf verzichteten, bei dem von GM geschürten Kostensenkungswettlauf mitzuspielen. Das zumindest konnte in den Jahren um 2004/2005 für eine Form der transnationalen Kooperation sorgen, wenngleich das Fundament dafür brüchig blieb.

Gerade die polnischen Gewerkschafter der Solidarność waren in den postkommunistischen Wendejahren deutlich offener gegenüber marktwirtschaftlichen Modellen gewesen als manche ihrer westeuropäischen Partner in London, Paris oder Frankfurt, und so war die Suche nach gemeinsamen Interessen nicht nur von den Spannungen zwischen West und Ost, sondern auch von einer unterschiedlichen Anpassungsbereitschaft an die neuen Verhältnisse der 1990er- und 2000er-Jahre geprägt. Wie umkämpft Solidarität sein konnte, ließ sich bei den Europäischen Betriebsräten (EBR) des VW-Konzerns beobachten, dem ersten Gremium dieser Art überhaupt in der Automobilbranche. Als 2006 massive Kürzungen drohten und neben spanischen und portugiesischen Standorten vor allem das belgische Werk in Brüssel gefährdet war, stimmte der EBR für eine Lösung, die die Lasten auf ganz eigene Weise verteilte: Denn »geopfert« wurden solche Arbeiter, die keinem gesetzlichen Kündigungsschutz unterlagen und keine teuren Sozialpläne produzierten – die Leiharbeiter des VW-Werkes in Bratislava, dessen Kapazitäten schließlich nach Brüssel verlagert wurden. Solidarität hieß eben auch immer: andere auszuschließen, so wie auch die deutschen BMW-Betriebsräte sich im Jahr 2000 für den

Verkauf von Rover aussprachen – und damit die von ihren britischen Kollegen geforderte Solidarität in den Wind schlugen, um das Überleben des eigenen Konzerns zu sichern.

Wer den Blick weitete, dem begegneten seit den 1990er-Jahren in vielen Teilen der Welt ähnlich gelagerte Konflikte, bei denen sich die Gewerkschaften schwertaten, mit einer veränderten Strategie auf die entgrenzten Arbeitsverhältnisse und neuen Produktionsketten im flexiblen Kapitalismus zu reagieren. Bisweilen ergaben sich dabei ganz neue Konstellationen. So staunten beispielsweise die Arbeiter von Fiat in Turin 1995 nicht schlecht, als sie eines Tages, während sie gerade gegen neue Entlassungen protestierten, eine kleine Spende auf ihrem Konto verbucht fanden: ein vollkommen unerwarteter Betrag von 500 Dollar – eine Solidaritätsspende.[197] Sie kam aber nicht etwa von den deutschen Kollegen aus Wolfsburg oder Stuttgart, sondern aus dem Lacandonischen Urwald, mehr als 9.000 Kilometer entfernt. Überwiesen hatte sie ein maskierter, Pfeife rauchender Mann, der innerhalb kürzester Zeit zum Gesicht der globalisierungskritischen Bewegung geworden war. »Subcomandante Marcos« nannte er sich, eine Kunst- und Protestfigur, der die Rebellion indigener Gruppen in Chiapas 1994 angeführt und den Widerstand gegen die Ausbeutung der Region bis nach Mexiko-Stadt getragen hatte. Ändern wollte er indes nicht nur die Sprache des Widerstandes, sondern auch die eingefahrenen Denkmuster der Solidarität. Diese neue »Diskursguerilla«, wie die Ejército Zapatista de Liberación Nacional in den westlichen Medien bald genannt wurde, sprach in Gedichtform und voller Ironie. Von den Hilfspakten der alten »Dritte-Welt-Bewegung« hielten die Revolutionäre aus dem Süden nicht viel. Und über den Einsatz der vielen Aktivistinnen und Aktivisten, die bald zu Tausenden in die Region strömten, wollten sie lieber selbst entscheiden.

Die Spende an die italienischen Arbeiter jedenfalls war etwas Besonderes. Denn sie drehte die klassische Richtung der Solidarität kurzerhand um. Empfänger machten sich zu Gebern und nahmen für sich in Anspruch, die wechselseitigen Beziehungen selbst zu gestalten. Sicher: Es war nur eine kleine, symbolische Geste. Doch sie erzählt viel von der wechselhaften Geschichte der Solidarität zu Beginn des 21. Jahrhunderts. Denn zeitgleich mit der globalen Entgrenzung der Waren- und Dienstleistungsströme und der Akzeptanz neoliberaler Ordnungsvorstellungen auch innerhalb der alten Arbeiterparteien, die nun in ganz Europa euphorisch das Lied des »Forderns und Förderns« anstimmten, ließen sich eben auch Gegenbewegungen beobachten, die zwar auf die Erfahrungen der 1970er- und 1980er-Jahre zurückgriffen, aber auf einer professionelleren Organisation beruhten. In diesen neuen »globalisierungskritischen« Bewegungen ging es immer wieder um den Begriff der »Solidarität«, aber stärker als vor 1989 spielten nun auch Fragen der indigenen Kulturen, des Rassismus und der Geschlechterordnung eine wichtige Rolle.

Hinter der »Dritte-Welt-Bewegung« lagen in diesem Moment Jahre der Desillusionierung. Denn mit dem Ende des Kalten Krieges schien der Kapitalismus umfassend gesiegt zu haben. Viele der Projekte waren in der Zwischenzeit ins Stocken geraten, und Alternativen zur neuen Weltwirtschaftsordnung hatten in der Öffentlichkeit nicht gerade Konjunktur, obwohl es an scharfer Kritik an Internationalem Währungsfonds und neoliberaler Schulden- und Entwicklungspolitik nicht mangelte. Doch mit den Guerilleros aus dem Lacandonischen Urwald verschoben sich sowohl antikapitalistische Strategien als auch Praktiken der Solidaritätsbewegung. Was sich seit den 1990er-Jahren im Zuge der großen Rede von der Globalisierung ausprägte, war eine neue, weltumfassende Sprache der Solidarität, die ihre entscheidenden Impulse aus dem globalen Süden erhielt. Ihr sichtbarstes Zeichen war 2001 die Gründung des ersten Weltsozialforums im brasilianischen Porto Alegre. Dass die Protestbewegung nach Porto Alegre kam, war kein Zufall. Die Stadt im Süden des Landes hatte mit ihren weitgehenden Instrumenten direkter Bürgerbeteiligung weltweit bei linken kommunalen Funktionsträgern für Aufsehen gesorgt und bot nun die Heimat für einen Protest, der sich ganz als Gegenentwurf zum Weltwirtschaftsforum in Davos verstand. Das erste Weltsozialforum atmete ganz den Geist der veränderten Kritik am vorherrschenden neoliberalen Dogma. Hier sollte es, wie es im Gründungsdokument hieß, um ein Bündnis all derer gehen, die sich der »Weltherrschaft durch das Kapital« entgegenstellten, ein neues globales Netz zivilgesellschaftlicher Kräfte, die gemeinsam von einer »solidarischen Globalisierung« und einer »anderen Welt« träumten.[198]

Kapitalismus und Neoliberalismus erschienen dabei weitgehend synonym, und sie galten den Aktivisten primär als Chiffre der sozialen, kulturellen und ökologischen Ausbeutung, die Arbeit und Alltag am Beginn des 21. Jahrhunderts kennzeichnete. Die Kritik zielte dabei weit mehr als bei den Konsumentenkampagnen der 1980er-Jahre auf die globalen Warenketten und die räumliche Trennung von Produktion und Konsum. Die Auslagerung der Produktion Richtung Osteuropa, Asien oder Zentralamerika ließ die Beschäftigten und ihre Arbeitsbedingungen für die Konsumenten in der westlichen Welt gewissermaßen »verschwinden«. Während man sich in den europäischen und nordamerikanischen Konzernzentralen um Vertrieb, Marketing und Management kümmerte, entstanden die Produkte wie Bekleidung oder Sportartikel in Regionen mit niedrigeren sozialen Standards, kostengünstig und mit schwachen Arbeitnehmervertretungen. Kurzfristige Arbeitsverträge, lange Arbeitszeiten, mangelnde Hygiene, erhöhter Arbeitsdruck, Diskriminierung und autoritäre Fabrikführungen: Das alles war nicht generell neu und hatte ansatzweise auch die Arbeitsverhältnisse an den traditionellen Standorten geprägt, aber in Branchen wie der Textilindustrie erlebte das alles infolge der Verlagerung der Produktion an die Peripherie doch einen massiven Schub, der zumeist auf dem Rücken oft ungelernter Arbeiterinnen und vieler Kinder erfolgte.

Frauenarbeit, Gewerkschaften und globale Textilproduktion

Die gewerkschaftliche Politik der Standortsicherung und der Interessenvertretung ihrer Belegschaften machte es im Textilsektor besonders schwer, in den Arbeiterinnen weitentfernter Länder tatsächlich auch Kolleginnen und nicht nur Konkurrentinnen zu erkennen. Die

Forderung nach Sozialklauseln, die die deutsche Gewerkschaft Textil und Bekleidung immer wieder erhoben hatte, zielte primär auf den Schutz ihrer einheimischen Beschäftigten, die vor billiger Konkurrenz aus dem Ausland bewahrt werden sollten. Der Appell, Sozialklauseln in internationalen Handelsverträgen zu etablieren, stieß deshalb in den 1990er-Jahren in den Ländern mit starker Textilindustrie außerhalb Europas keineswegs auf leidenschaftliche Gegenliebe. Strittig blieb dabei, welche rechtliche Bindekraft Sozialklauseln hatten und wer am Ende Verstöße auch wirklich ahnden konnte. Vielfach hatten die Leitungen multinational agierender Unternehmen für ihre Produktion gerade solche Regionen gewählt, in denen es kaum gewerkschaftliche Organisation gab und wo die Beschäftigten sich daher selbst immer wieder starkem Druck ausgesetzt sahen, keine allzu weitreichenden Forderungen zu stellen. Lange Zeit hatte die internationale Gewerkschaftsbewegung den Textilsektor mit seinen vielen weiblichen Beschäftigen und Migrantinnen als eher randständig angesehen. Zudem: In der Bekleidungsindustrie war der Organisationsgrad niedrig; viele Beschäftigte, vor allem viele Näherinnen, arbeiteten im informellen Sektor und galten den Gewerkschaften eher als eine Form der Konkurrenz.

Es waren daher weniger die Gewerkschaften als vor allem Teile der Frauenbewegung, die seit Ende der 1980er-Jahre immer lauter die ausbeuterischen Arbeitsverhältnisse der Textilarbeiterinnen in Sri Lanka, Bangladesch und Südkorea kritisierten und nun auch die Kaufhäuser und großen Warenketten zum Gegenstand ihres Protestes machten. Sie skandalisierten die moderne Spielart von Sklaverei und verbanden neue Praktiken der Solidarität mit der Macht von Konsumentinnen und den Erfahrungen der Frauenbewegung.

Bis dahin waren die Arbeitsbedingungen von Beschäftigten in den asiatischen Textilfirmen kaum ein Thema gewesen, obwohl die westeuropäische Textil- und Bekleidungsindustrie früher als andere Branchen von den Folgen globaler Produktionsverlagerungen betroffen gewesen war. Schon seit den 1960er-Jahren hatte die Branche immer wieder um Hilfe und Schutz vor den Folgen des Freihandels und der asiatischen Konkurrenz gerufen, war damit aber weitgehend alleine geblieben. Eine Branche, in der vor allem Frauen beschäftigt waren, tat sich – innerhalb des männlich dominierten DGB – deutlich schwerer, politische Unterstützung zu erhalten als die stärker organisierten Facharbeiter beispielsweise der Metallindustrie. Der Ruf nach Solidarität verhallte hier üblicherweise sehr schnell. Die neue Forderung nach »fairer Arbeit« meinte in der Textilindustrie dann vor allem: Schutz vor billigen Importen aus den aufstrebenden asiatischen Ländern, deren Erfolge zulasten der deutschen Konkurrenz mit Hungerlöhnen der Arbeiterinnen erkauft worden seien – eine Forderung, die immer wieder auf ein geteiltes Echo stieß, schien eine solche Politik doch aus der Perspektive südasiatischer Länder ein höflich umschriebener Versuch zu sein, den Kuchen nicht mit ihnen teilen zu müssen. Fraglich blieb daher auch, ob es dabei tatsächlich die zumeist weiblichen Beschäftigten waren, die als Gewinner aus solchen Konflikten hervorgingen.

Mit »unverschämt billigen Preisen« warb beispielsweise der Modediscounter »Adler« in seinen Anzeigen – und zahlte nicht nur seinen eigenen, ganz überwiegend weiblichen Angestellten in Deutschland karge Löhne, sondern ließ auch in den südkoreanischen Werken zu Niedriglöhnen produzieren. Widerstand formierte sich durch NGOs wie Terre des Femmes, die vor den Werkstoren auf die repressiven Arbeitsverhältnisse lautstark aufmerksam machten und das Unternehmen dort zu treffen versuchten, wo es besonders wehtat: beim Image. Mitte August 1987 radikalisierte sich der Protest. »Adler flambiert«, hatte die linksterroristische Gruppe »Rote Zora« ihre Brandanschläge auf Warenhäuser der Modekette benannt,[199] bei denen vermutlich ein Schaden von bis zu 35 Millionen D-Mark entstanden war. Für einen großen Solidaritätsschub mit den ausgebeuteten Frauen sorgte diese Aktion indes nicht – eher für massive Kritik anderer Aktivistinnen, die um die Unterstützungsbereitschaft gerade auch kirchlicher Kreise besorgt waren.

Die NGOs als Teil einer transnational agierenden Frauenbewegung zielten darauf, mit ihren punktuellen Skandalisierungen vor allem auf die Entscheidungen von Konsumentinnen einzuwirken und, mithilfe des so entstehenden ökonomischen Drucks, bei den Firmen auf die Einhaltung sozialer Standards zu drängen. Die Appelle beruhten gerade nicht auf einer gemeinsamen klassenspezifischen Erfahrung, sondern – in dieser Deutung – auf der Erfahrung eines von Sexismus geprägten Alltags in der »Ersten« und der »Dritten Welt«, der Käuferinnen und Arbeiterinnen angeblich miteinander verband. Seit den 1990er-Jahren entstanden in Europa und den USA zahlreiche solcher Initiativen, die – zunehmend professionell organisiert – neue Kampagnetechniken des globalen Protests erprobten und die Unternehmen in ihrer moralischen Integrität zu treffen versuchten.

Den Auftakt beispielsweise für die »Kampagne Saubere Kleidung« hatte die Aussperrung weiblicher Beschäftigter in einer Bekleidungsfabrik auf den Philippinen im Jahr 1989 gemacht. Die Fabrik produzierte als Subunternehmer für das traditionsreiche niederländische Unternehmen C&A, einen der Global Player der Textilindustrie. Die Kosten dort, mitten in der Freihandelszone, waren im Vergleich zur Bundesrepublik extrem niedrig. Die Firma hatte den Frauen den gesetzlich vorgeschriebenen Mindestlohn vorenthalten – und diese waren als Antwort auf ihren Protest entlassen worden. Doch hinnehmen wollten die Textilarbeiterinnen das nicht: Sie bestreikten das Werk und versuchten, es zu blockieren, um auf die katastrophalen Arbeitsbedingungen aufmerksam zu machen. Es dauerte, bis die Nachrichten der streikenden Frauen zunächst in England, dann in den Niederlanden auf offene Ohren stießen. In Amsterdam verbrannten Solidaritätsgruppen vor dem größten C&A-Laden der Stadt die »blutige« Kleidung. Die handgreiflichen Auseinandersetzungen mit der Polizei trugen dazu bei, dass die Arbeitsbedingungen in der Fabrik und ihre Profiteure in der niederländischen Öffentlichkeit breite Aufmerksamkeit erfuhren und sich im Anschluss an die Proteste verschiedene Gruppen zur »Clean Clothes Campaign« zusammenschlossen. Mancher Manager war sichtlich überrascht, als auf einmal in seinem deutschen Büro Textilarbeiterinnen von den Philippinen auftauchten und mit Unterstützung ihrer deutschen Kolleginnen Auskunft über Arbeitsverhältnisse und Entlohnung forderten.[200]

Aber nicht nur die NGOs veränderten ihre Strategie, auch die Gewerkschaften versuchten, ihre Verhandlungsmacht den neuen Bedingungen der globalen Arbeitsteilung in der Textilbranche anzupassen. Und das hieß: nach Organisationsformen zu suchen, die eine direkte Verbindung zwischen den Beschäftigten herstellten und gleichzeitig die lokalen Kräfte im globalen Süden stärkten. ExChains war eines dieser neuen gewerkschaftlichen Netzwerke im Bereich der Textil- und Bekleidungsindustrie, das ver.di 2002 zusammen mit Gewerkschaften in Indien und Bangladesch gründete und das auf eine spezifische Praxis der Solidarität setzte:[201] Beschäftigte an den verschiedenen Stellen der Produktionskette sollten sich persönlich kennenlernen und gemeinsam ihre Forderungen entwickeln. Nicht um die Spitzenfunktionäre und großen Reden ging es, sondern um den Austausch lokaler Gewerkschaftsaktivisten, die am besten wussten, was ihnen nutzte und deren Beziehungen auch dann noch bestehen blieben, wenn punktuelle Streiks oder international hörbare Proteste wieder vorbei waren. Dafür brauchte es einen langen Atem, und vor allem die Anerkennung der Aktivistinnen aus dem globalen Süden als eigenständige Akteure mit eigenen Interessen.

Transnationale Solidarität war auch in dieser Hinsicht ein komplizierter Lernprozess und folgte auch hier keiner einheitlichen Richtung; sie konnte scheitern an hochfliegenden Plänen, aber sie konnte auch neue Kooperationsformen begründen, die sich verstärkt um eine Solidarität auf Augenhöhe bemühten und auf gemeinsame Lernerfahrungen im Kampf um Arbeitnehmerrechte im globalen Kapitalismus setzten. Auch die »Arbeitersolidarität« des 19. und frühen 20. Jahrhunderts hatte immer zu einem Gutteil auf der politischen Konstruktion eines Gefühls der Verbundenheit beruht, das durch gemeinsame Symbole, Feste und Veranstaltungen unterstützt wurde. Anders als diese wurzelte die transnationale Arbeitersolidarität des frühen 21. Jahrhunderts aber nicht mehr primär in der gleichen Lebenslage. Die Vorstellung einer auf der gemeinsamen Klassenlage beruhenden, kollektiven Verpflichtung spielte hier eine geringere Rolle, individuelle Entscheidungen vor dem Hintergrund geteilter Werte eine größere.

Natürlich: Das war ein Prozess, der schon viel länger lief, der aber doch seit den 1990er-Jahren immer offensichtlicher wurde und deutlich machte, dass sich die Legitimation von Solidarnormen und das unmittelbare Erleben solidarischer Beziehungen verändert hatten. Die Anerkennung heterogener Erfahrungs- und Lebensräume war damit gleichsam die Voraussetzung dafür, überhaupt über so etwas wie »transnationale Solidarität« unter den veränderten ökonomischen Vorzeichen nachdenken zu können. Dazu gehörte dann beispielsweise auch, dass sich innerhalb dieser vielfach heterogenen Gruppen selbst ein Gefühl von Nähe, Abhängigkeit und gemeinsamen Interessen formieren konnte. Die Kampagne für ein gemeinsames asiatisches Grundeinkommen, die »Asia Floor Wage Alliance«, war ein solcher Versuch, durch die Bemessung eines Basislohns die Politik des Lohndumpings zu durchbrechen und einen vergleichbaren Lebensstandard zwischen den Beschäftigten unterschiedlicher Regionen herzustellen, um unabhängig von Währungsschwankungen existenzsichernde Löhne berechnen und gegenüber den Unternehmern einfordern zu können. Gewerkschaften und NGOs arbeiteten hier zusammen, auch als Versuch, Solidarnormen mit Unterstützung der Internationalen Arbeitsorganisation (International Labour Organization, ILO) zu verrechtlichen.

Die ILO, gegründet 1919, erlebte in den 1990er-Jahren selbst eine massive Krise.[202] Der Siegeszug neoliberaler Politik ließ ihr eigentliches Kerngeschäft, die Durchsetzung global gültiger Arbeitsnormen, vielen als anachronistisch erscheinen. Die ILO hatte mit ihrer Erklärung von Philadelphia im Jahr 1944 grundlegende Arbeits- und Menschenrechte gefordert, wozu sie etwa auch die Vereinigungsfreiheit und die Lohngleichstellung von Männern und Frauen (1951) zählte. Als tripartistische internationale Organisation, getragen von Arbeitgebern, Arbeitnehmern und Regierungen, war sie selbst ein Ort, an dem über »gerechte« Arbeit und die Konflikte des industriellen Kapitalismus gerungen wurde, wenngleich lange Zeit aus der Perspektive westlicher Industrieländer und getragen von einer sehr einseitigen Vorstellung von »Modernisierung« und »Entwicklung«. Den Ländern des globalen Südens bot sie indes seit den 1960er-Jahren ein Forum, auf dem sie ihre eigenen Interessen formulieren konnten. In der ILO war weniger von »Solidarität« als eher von »sozialer Gerechtigkeit« die Rede – beides musste ausgehandelt werden, ließ sich aber unterschiedlich begründen und war geprägt sowohl durch den Nord-Süd- als auch den Ost-West-Konflikt. Bis die ILO auch NGOs wie die »Kampagne für Saubere Kleidung« unterstützte, sollte es bis weit in die 1990er-Jahre dauern. Das hatte etwas mit ihrer tripartistischen Struktur zu tun, lag aber auch daran, dass beispielsweise weibliche Beschäftigte in bester gewerkschaftlicher Tradition kaum als eigenständige Akteurinnen wahrgenommen wurden. Letztlich waren es ähnlich gelagerte Probleme, wie sie auch in nationalen Gewerkschaften zu spüren waren. All die Widersprüche um unterschiedliche Varianten globaler Solidarität spiegelten sich in der Geschichte der ILO. Das galt nicht zuletzt für die Durchsetzung sozialer Mindeststandards, die immer wieder auch als protektionistische Politik des Westens gebrandmarkt wurden, mit der die eigenen Arbeitsmärkte gegen die lästige Konkurrenz aus dem Süden abgeschirmt werden sollten. Dass Arbeit »keine Ware« sei – dieser zentrale Satz aus der Verfassung der ILO klang gerade in der liberalisierten Welthandelsordnung der 1990er-Jahre eher hohl und offenbarte unfreiwillig, wie sehr die Organisation in die Defensive geraten war.

Europäische Solidarität

Wohl niemals zuvor ist die »europäische Solidarität« so eindringlich beschworen und ihr Mangel so nachdrücklich beklagt worden wie in der Zeit seit der Eurokrise. Der Ruf nach ihr, so gewinnt man den Eindruck, wird immer dann besonders laut, wenn das »Projekt Europa« ein neues Rendezvous mit der Globalisierung erlebt: zunächst in der Weltfinanzkrise seit 2008, dann in der »Flüchtlingskrise« von 2015 und schließlich angesichts der Corona-Pandemie. Die Idee der »europäischen Solidarität« hatte da schon eine erstaunliche Karriere hinter sich: Bei der Suche nach einem europäischen Ausgleich – etwa im Kontext des Briand-Plans von 1929/30 – war der Begriff schon in der

Zwischenkriegszeit im Gebrauch. »Solidarität« sollte die Antwort sein auf die gewaltsamen Zerwürfnisse des Ersten Weltkrieges und eine neue Form der Kooperation in einer föderalen Europäischen Union begründen, deren Grundlage internationale Vereinbarungen sein sollten – Solidarität gewissermaßen als eine Antwort auf nationalistische und chauvinistische Alleingänge.[203] Daran knüpfte nach dem Ende des Zweiten Weltkrieges auch der Schuman-Plan von 1950 an. Eine »Solidarität der Tat« und eine »Solidarität der Produktion« – sie gemeinsam sollten durch die ökonomische Verflechtung den Boden für ein neues Zeitalter der friedlichen Zusammenarbeit bereiten. Als politisch-normativer Leitbegriff ganz unterschiedlicher Dimensionen europäischer Integrationspolitik fand der Begriff erstmals im Maastrichter Vertrag von 1992 und dann gleich an mehr als einem Dutzend Stellen im Vertrag von Lissabon von 2007 Erwähnung – als einer der Grundwerte der Europäischen Union, der die Beistandspflichten der Mitgliedsländer und die gerechte Verteilung finanzieller Lasten beschrieb.[204]

Was aber bedeutete das in der Praxis: europäische Solidarität? Mindestens vier Ebenen lassen sich grob unterscheiden: erstens eine politische Solidarität auf der klassischen internationalen Ebene, also zwischen den europäischen Staaten, die durch ihre Regierungen repräsentiert werden. Dabei müssen sich derartige Formen von Solidarität nicht zwangsläufig auf die Mitgliedstaaten der Europäischen Union beschränken, sondern können sich auch auf andere Länder Europas erstrecken. Doch sind die Beistandserwartungen innerhalb des Staatenbundes stärker ausgeprägt und zu einem guten Teil in Form von Transferzahlungen über den EU-Haushalt auch institutionell festgeschrieben.

Eine zweite Dimension der Solidarität setzt an den Zusammengehörigkeitsgefühlen und Loyalitäten der europäischen Bevölkerung an. Hier geht es um die Frage, inwieweit sich die Bürgerinnen und Bürger der EU-Mitgliedsstaaten mit dem »Projekt Europa« identifizieren, und auch darum, in welchem Ausmaß sie sich mit den Menschen in den anderen europäischen Ländern verbunden fühlen. Repräsentative

Meinungsumfragen ergeben regelmäßig, dass für eine deutliche Mehrheit der EU-Bürgerinnen und -Bürger der Bezug auf Europa eine Rolle spielt und bei ihnen auch prinzipiell die Bereitschaft zu transnationaler solidarischer Hilfe vorhanden ist.[205] Es stellt sich dabei allerdings die Frage, wie belastbar solche Vorstellungen europäischer Solidarität sind, wenn damit eigene materielle Opfer zugunsten von Menschen in anderen Teilen Europas verbunden sind. Vor allem aber spricht auch viel dafür, dass die gemeinsame europäische Identität noch ein junges und zartes Pflänzchen ist, das auf einem Boden wächst, in dem konkurrierende, nämlich vorwiegend nationale Gemeinschaftsvorstellungen schon tiefe Wurzeln geschlagen haben. Anders gesagt: Die Vorstellung einer europäischen Solidarität wird nur schwerlich in der Lage sein, ältere, zumeist bis weit in das 19. Jahrhundert zurückreichende nationale Bindungsverhältnisse zu verdrängen, sondern sich allenfalls als eine dünne Schicht darüberlegen.[206]

Eine dritte Dimension europäischer Solidarität ist auf der Ebene der Organisationen und sozialen Bewegungen angesiedelt. Auch individuelle Akte grenzüberschreitender Unterstützung finden in der Praxis häufig nicht spontan und autonom, sondern in einem größeren und mehr oder weniger fest gefügten organisatorischen Rahmen statt. Ob es sich nun um den Europäischen Gewerkschaftsbund, um auf ein Mehr an europäischer Integration drängende junge soziale Bewegungen wie The European Moment oder Stand Up For Europe oder die zahlreichen vom Europäischen Solidaritätskorps geförderten NGOs handelt – ihnen allen ist gemein, dass sie nicht nur die praktischen Voraussetzungen für solidarische Aktionen in Form von Ressourcen, Netzwerken und Infrastruktur schaffen, sondern zugleich auch als zentrale Manifestationen und Bannerträger der entsprechenden Wertideen fungieren, die eine Orientierungsmarke für individuelle Akteure bilden und ihr kollektives Handeln motivieren.[207]

Viertens schließlich kann man eine verrechtlichte und institutionalisierte Form europäischer Solidarität unterscheiden, die in der durch den Vertrag von Maastricht 1992 eingeführten Rechtsfigur des Unionsbürgers ihren Niederschlag findet. Unionsbürger ist – wie Art. 9

des EU-Vertrages festlegt – automatisch jeder, der »die Staatsangehörigkeit eines Mitgliedsstaats besitzt«. Ebenso wie auf der Ebene des Glaubens an eine gemeinsame europäische Identität gilt auch hier, dass Europa den Nationalstaat nicht einfach als Bezugspunkt ablöst. Vielmehr tritt »[d]ie Unionsbürgerschaft [...] zur nationalen Staatsangehörigkeit hinzu, ohne diese zu ersetzen«.[208] Genau wie im Nationalstaat entstehen dem Bürger aus der EU-Bürgerschaft im Prinzip Rechte und Pflichten. Allerdings sind Pflichten – etwa in Gestalt der Wehr- oder Steuerpflicht – bislang (noch) nicht vorgesehen. Sie werden weiterhin durch den Nationalstaat geregelt. Rechte dagegen begründet die Unionsbürgerschaft eine ganze Reihe: vom Recht auf Freizügigkeit in der EU über das Recht auf diplomatischen und konsularischen Schutz bis zum Kommunal- und Europawahlrecht.

Von besonderer Bedeutung für das Thema der europäischen Solidarität ist die Frage der sozialen Rechte. Hier fällt die Bilanz durchwachsen aus. Relativ weit ist die Europäisierung der Sozialpolitik dort vorangeschritten, wo die EU regulierende Kompetenzen besitzt. Das gilt vor allem für alle Bereiche, die mit der Integration des europäischen Binnenmarkts und seiner sozialen Absicherung zu tun haben: für die Schaffung von Mindeststandards im Arbeitsrecht, für die Kompatibilität und Verrechenbarkeit von Rentenansprüchen, in der Gleichstellungs- und Antidiskriminierungspolitik – überall hier ging es ursprünglich in erster Linie darum, die europaweite Mobilität von Arbeitskräften zu ermöglichen und das reibungslose Funktionieren eines einheitlichen europäischen Marktes zu gewährleisten; gleichzeitig aber waren damit weitreichende Eingriffe in die Sozialpolitik der Nationalstaaten und die implizite Ausweitung des Solidaritätskollektivs auf die Gemeinschaft aller Unionsbürger verbunden. Eben diese ambivalente Wirkung lässt sich auch im Fall der 2005 eingeführten EU-Krankenversicherungskarte und der 2011 vom Europäischen Parlament verabschiedeten »Patientenrichtlinie« beobachten: Durch die neue Regelung erhielt jeder Versicherte die Möglichkeit, Kosten, die ihm »im Zusammenhang mit grenzüberschreitender Gesundheitsversorgung entstanden sind,« erstattet zu bekommen, »sofern die betreffende Gesundheitsdienstleistung zu den Leistungen gehört, auf die der Versicherte im Versicherungsmitgliedstaat Anspruch hat«.[209] Das klang spröde und diente fraglos der Flankierung der Arbeitskräftemobilität, öffnete aber zugleich doch auch das Tor für eine transnationale Form der Gesundheitsversorgung, die die Freiheit der Versicherten vergrößerte und in Bezug auf die Patientenversorgung zumindest theoretisch einen europäischen Solidarraum begründete.

Völlig anders hingegen verhält es sich im Hinblick auf die Ausgestaltung der sozialen Sicherungssysteme, bei der Armutsbekämpfung und überhaupt überall dort, wo es im größeren Ausmaß um Fragen der Umverteilung geht. Diese Bereiche bilden nach wie vor die Domäne der Nationalstaaten. Die Europäische Union besitzt hier keine gesetzgeberischen Kompetenzen, versucht aber ihre Mitgliedsländer durch Agenda Setting und Empfehlungen zu lenken. Mit der »Offenen Methode der Koordinierung« entstand 2000 im Zuge der Lissabon-Strategie ein neues, »weiches« Politikinstrument, das durch die Formulierung von Zielvorgaben und ein regelmäßiges Berichtswesen den Einfluss der europäischen Ebene in jenen Bereichen der Sozialpolitik stärken soll, die außerhalb der legislativen Reichweite der EU liegen. Zusätzlichen Nachdruck erhielt diese Strategie 2017 durch die Verabschiedung einer »Europäischen Säule sozialer Rechte«, die einen umfangreichen Katalog sozialer Grundrechte umfasst, welche von den EU-Mitgliedsstaaten umgesetzt werden sollen. Verbunden war damit die Einführung eines »sozialpolitischen Scoreboards«, das mittels zahlreicher Indikatoren »die Umsetzung der Säule überwacht, indem es Trends und Fortschritte in allen EU-Mitgliedsstaaten verfolgt« und auf diese Weise dazu »dienen [soll], Fortschritte auf dem Weg zu einer sozialen AAA-Einstufung für Europa als ganzes abzuschätzen«.[210]

Während sich weite Teile der EU-Sozialpolitik auf Zielverlautbarungen und Koordinierungsinstrumente beschränken, geht das in den letzten Jahren entworfene Projekt einer europäischen Arbeitslosenversicherung einen deutlichen Schritt weiter – jedenfalls dann, wenn eine solche Arbeitslosenversicherung mit einer Änderung der Europäischen Verträge einherginge und nicht nur mithilfe eines auf zwischenstaatlicher Ebene eingerichteten Fonds bescheidener Größe realisiert würde. Auch wenn es sich bei ihr faktisch nur um eine Rückversicherung für konjunkturelle Krisenzeiten mit Rückzahlungsverpflichtung handelte, wäre das doch der Einstieg in eine neue Phase europäischer Sozialpolitik mit der EU als der für die Organisation und Ausgestaltung der sozialen Sicherung verantwortlichen Instanz. Ob das Projekt einer europäischen Arbeitslosenversicherung aber derzeit Realisierungschancen besitzt, erscheint fraglich. Zahlreiche Hürden und Widerstände wären zu überwinden – von der ablehnenden Haltung eines Großteils der Bevölkerung in den wohlhabenden Staaten der Europäischen Union wie etwa in Deutschland bis zur äußerst kritischen Einstellung einer Mehrheit unter den ökonomischen Experten, die befürchten, dass die Einführung einer europäischen Arbeitslosenversicherung Fehlanreize und das Ausbleiben notwendiger Strukturreformen zur Folge hätte.[211]

Die Ausgestaltung dessen, was als »europäische Solidarität« gilt, war und ist stets umstritten. In der Eurokrise – einem historischen Moment, als der Appell an die europäische Solidarität eine bisher unbekannte Prominenz erhielt – war dies besonders offensichtlich. Was war geschehen? Viel spricht dafür, die tiefere Ursache für die Eurokrise in den strukturellen Problemen der Europäischen Währungsunion zu suchen. Bekanntlich erhielt mit dem Euro eine Reihe von europäischen Staaten eine einheitliche Währung, die über ganz unterschiedliche Wirtschaftskulturen und Inflationstraditionen verfügten, ohne dass die neue Geldordnung zugleich durch eine gemeinsame Fiskalpolitik flankiert worden wäre. Die Einführung der gemeinsamen Währung verschaffte Ländern wie Griechenland, Portugal und Spanien Zugang zu ausländischen Krediten zu weit günstigeren Konditionen als zuvor und führte hier in der Folge zu einem erheblichen staatlichen, vor allem aber privaten Schuldenaufbau, zu massiven Leistungsbilanzdefiziten und ging darüber hinaus mit deutlich höheren Inflationsraten als in den nördlichen Eurostaaten einher. Vor der Einführung des Euro war es möglich gewesen, auf die Entstehung dieser wirtschaftlichen Ungleichgewichte mit Währungsabwertungen oder wenigstens einer restriktiveren Geldpolitik zu reagieren. Aufgrund der gemeinsamen Währung standen diese Instrumente jedoch nicht zur Verfügung – die Auslandsverschuldung und die Leistungsbilanzdefizite nahmen immer weiter zu, durch die inflationäre Entwicklung verloren die Südländer zunehmend an internationaler Wettbewerbsfähigkeit. Als dann mit der Weltfinanzmarktkrise seit 2007 ein äußerer Schock hinzutrat, kam es zu der bekannten Kaskade von Folgewirkungen: Ausfall von immer mehr Krediten an Unternehmen und private Gläubiger, drohende Bankenpleiten, Rettung von Banken und Einbruch der realwirtschaftlichen Konjunktur. Da die Rettung der nationalen Banken und die Konjunkturprogramme zur Beschäftigungssicherung in der Krise die Staatshaushalte massiv belasteten, stieg die staatliche Verschuldung ab 2008 überall in Europa sprunghaft an. Das wiederum ließ das Vertrauen in die Zahlungsfähigkeit einer Reihe von Eurostaaten schwinden: Für ihre Staatsanleihen wurden an den Finanzmärkten seit 2010 zum Teil dramatisch höhere Zinsen verlangt – zuerst und besonders krass traf es Griechenland, dann aber auch Portugal, Italien und weitere. In Griechenland schien der Staatsbankrott unmittelbar bevorzustehen, aber auch andere Euroländer gerieten gefährlich ins Wanken.[212]

Angesichts der drohenden Staatspleiten erklang immer nachdrücklicher die Forderung nach einem solidarischen Einstehen der wirtschaftlich stärkeren EU-Mitgliedsstaaten für die Schulden der schwächeren – und zwar nicht nur von diesen selbst, sondern mindestens ebenso energisch vonseiten der Gläubiger, die um ihr Anlagekapital fürchteten, und auch der internationalen Politik, die weitere Erschütterungen an den Finanzmärkten verhindern wollte. Das Problem war freilich, dass die Nichtbeistandsklausel der Europäischen Verträge eine solche Haftung aller EU-Mitgliedsstaaten für die Verbindlichkeiten einzelner Länder explizit ausschloss – auf eine solche Regelung hatten die wirtschaftlich stärkeren EU-Staaten und insbesondere Deutschland gedrungen, um die Euromitglieder zu einer soliden Haushaltsführung zu veranlassen. Vor dem Hintergrund der von einem griechischen Staatsbankrott zu erwartenden Verwerfungen an den Finanzmärkten einigten sich die europäischen Regierungen schließlich doch auf ein gemeinsames Hilfspaket, das lediglich von der Slowakei zu Beginn nicht mitgetragen wurde.

Der Eurorettungsschirm, den die Mitgliedsstaaten der Eurozone aufspannten, kam allerdings nicht in Gestalt der immer wieder geforderten Eurobonds – gemeinsam von den Eurostaaten begebener Anleihen –, sondern in Form von Notkrediten und -bürgschaften, die darauf zielten, die Zahlungsunfähigkeit der überschuldeten europäischen Staaten zu vermeiden und zugleich das finanzielle Risiko der Geberländer zu begrenzen: Erst gewährten die Mitglieder der Eurozone Griechenland unter höchstem Zeitdruck ein Hilfspaket auf bilateraler Basis, um schließlich nach der Übergangskonstruktion der Europäischen Finanzstabilisierungsfazilität beim Europäischen Stabilisierungsmechanismus zu landen. Es ist bezeichnend, dass die Akteure an den Finanzmärkten all diese Maßnahmen als zu zaghaft, als nicht ausreichende Beweise einer solidarischen Garantie der stärkeren Euromitglieder, für die Schulden der schwächeren in vollem Umfang einzustehen, ansahen: Innerhalb von zwei Jahren hatte die Schuldenkrise auch Zypern, Portugal und Irland erfasst; Spanien und Italien waren ebenfalls ins Visier der internationalen Finanzmarktspekulation geraten. Zu einer nachhaltigen Beruhigung der Lage kam es nicht aufgrund einer solidarischen Aktion der Euromitgliedsstaaten, sie trat erst durch die berühmte Rede des EZB-Präsidenten Mario Draghi im Juli 2012 ein: Die Europäische Zentralbank, verkündete er, werde den Euro retten »Whatever it takes« – im Zweifelsfall also auch durch den unbegrenzten Aufkauf von Staatsanleihen der hoch verschuldeten Mitglieder der Währungsunion.

Allerdings erscheint es auch mehr als fraglich, ob die Krisenländer ein Mehr der Solidarität, die ihnen die anderen Euromitgliedsstaaten angedeihen ließen, überhaupt ausgehalten hätten. Die EU-Hilfskredite kamen nämlich nicht voraussetzungslos; sie waren verbunden mit weitreichenden Auflagen, über deren Einhaltung die sog. Troika (beziehungsweise ab 2015 Quadriga) aus EZB, Internationalem Währungsfonds und Europäischer Kommission wachte. Im Kern verordneten die Gläubigerländer Griechenland und den anderen Staaten, die die Notkredite in Anspruch nahmen, ein rabiates Spar- und Reformprogramm. Die Regierungen der vornehmlich südeuropäischen Länder hatten sich zu verpflichten, die öffentlichen Ausgaben massiv einzuschränken, ihren Verwaltungsapparat deutlich zu reformieren und zu reduzieren und Staatsbetriebe zu privatisieren; die sozialstaatlichen Leistungen kamen auf den Prüfstand, Gehälter und Mindestlöhne wurden gekürzt, Rentenleistungen und Ausgaben für das Gesundheitssystem beschnitten. Der Zweck der Rosskur war die Sanierung der Staatshaushalte und der Abbau der öffentlichen Schulden, die Verringerung der Leistungsbilanzdefizite und eine Erhöhung der internationalen Wettbewerbsfähigkeit durch eine »innere Abwertung« mittels Absenkung der Löhne und Preise. Faktisch lief dieses Programm darauf hinaus, die Krisenländer strukturell so zu transformieren, dass sie sich dem Wachstumsmodell der Nordländer und insbesondere Deutschlands annäherten – erzwungene Konvergenz mithin als Bedingung weiterer Solidaritätsgewährung.[213]

Die wirtschaftliche Bilanz der den Krisenländern auferlegten Austeritätsprogramme war allenfalls durchwachsen. Während sich die Salden der öffentlichen Haushalte und der Leistungsbilanz überall positiv entwickelten, sah die Sache bei der Staatsverschuldung insgesamt schon anders aus: Gemessen am Bruttoinlandsprodukt stieg diese in allen Krisenstaaten nach 2010 noch einmal deutlich an, um sich dann zumeist auf hohem Niveau zu stabilisieren. Spanien und Portugal brauchten bis 2017, um das reale Bruttoinlandsprodukt zu erreichen, das sie vor Beginn der Krise erzielt hatten; Italien und Griechenland schafften das bis 2019 nicht – für sie waren die 2010er-Jahre wirtschaftlich ein verlorenes Jahrzehnt.[214] Sozial hatten die Sparmaßnahmen kurzfristig, zum Teil aber auch mittel- und langfristig dramatische Auswirkungen. Die Arbeitslosenzahlen schossen überall steil nach oben; gerade die Jugendarbeitslosigkeit verblieb in den Ländern Südeuropas auf einem besorgniserregend hohen Niveau. Ohne berufliche Perspektive verließen mehr als eine halbe Million vorwiegend junger Griechinnen und Griechen ihre Heimat. Die Armutsraten stiegen in allen Krisenländern nach 2010 an; die Alterssicherungssysteme wurden drastischen Einschnitten unterzogen; es kam zu Versorgungsengpässen in der Gesundheitsversorgung.

Vielleicht die verheerendsten Konsequenzen aber zeitigten die Spar- und Reformdiktate auf politischem Gebiet. Zum einen brachten sie ein erschreckendes Maß an Entdemokratisierung mit sich: Faktisch fanden sich die südeuropäischen Regierungen unter die Kuratel der Gläubigerländer gestellt; zentrale innenpolitische Entscheidungen wurden nun in Brüssel in Form von Auflagen getroffen – den nationalen Parlamenten blieb vielfach wenig anderes übrig, als die umfangreichen Reformpakete durchzuwinken. Mehr als einmal sahen sich Regierungschefs durch die Lage an den Finanzmärkten und den Druck der Geberländer zum Rücktritt gezwungen, um dann durch Wirtschaftsexperten wie Mario Monti oder Loukas Papademos ersetzt zu werden.

Zum anderen führten die Maßnahmen zur Überwindung der Eurokrise zu massiven politischen Protesten – und zwar sowohl im Norden als auch im Süden Europas. In den Gläubigerländern artikulierte sich Widerstand gegen die Finanztransfers an die angeblich »faulen« Griechen – in Deutschland stand diese Haltung an der Wiege der AfD, die 2013 ganz wesentlich von euroskeptischen Ökonomen aus der Taufe gehoben wurde. In den südeuropäischen Ländern reagierte die Bevölkerung auf die Kürzungen und Sparmaßnahmen mit Massendemonstrationen, die besonders in Griechenland und Spanien immer wieder in gewaltsame Auseinandersetzungen mündeten. Auf beiden Seiten des politischen Spektrums verzeichneten – zuweilen erst kürzlich entstandene – populistische Parteien einen zunehmenden Zulauf. Anfangs dominierte dabei der Linkspopulismus: SYRIZA in Griechenland, Cinque Stelle in Italien und Podemos in Spanien; gerade in den letzten Jahren ist mit dem nationalen Aufstieg der ursprünglich auf Norditalien beschränkten Lega und der spanischen Vox aber auch der Rechtspopulismus auf dem Vormarsch.[215] Ihnen allen – links wie rechts – gemeinsam ist der Protest gegen die Fremdbestimmung durch die Vorgaben aus Brüssel und eine dezidiert europakritische

Haltung. Die Furcht vor einem von Deutschland dominierten Europa und antideutsche Ressentiments griffen in den Krisenländern allenthalben um sich.

Kurzum: Die Form, in der auf der Regierungsebene in der Eurokrise die immer wieder mantragleich beschworene Solidarität praktiziert wurde, wirkte sich auf der Ebene der nationalen Politik und des europäischen Zusammengehörigkeitsgefühls solidaritätszersetzend aus. Von einer »ever closer union among the peoples of Europe«, die man als Ziel seit den Römischen Verträgen von 1957 vor sich hergetragen und deren Realisierung auch die Einführung des Euro hatte dienen sollen, war die EU angesichts dessen weit entfernt – nicht zuletzt aufgrund der Auswirkungen der Währungsunion selbst.[216]

Doch ist auch das nur ein Teil einer vielschichtigen Geschichte der europäischen Solidarität: So konnte »Griechenlandsolidarität« in der Praxis auch etwas ganz anderes bedeuten als das Schnüren von mit Reformauflagen verbundenen finanziellen Rettungspaketen. Ein Beispiel: die griechischen Sozialkliniken des 21. Jahrhunderts. Entstanden waren sie als Versuch, die Folgen des maroden und kaputt gesparten öffentlichen Gesundheitssystems abzufedern. Seit 2011/12 hatte eine wachsende Zahl von Griechinnen und Griechen als Folge der harten Einschnitte ihre Sozialversicherung verloren – und damit ihren Schutz im Krankheitsfall. Um dem entgegenzuwirken, gründeten Ärzte und Pflegepersonal zuerst in Athen und Thessaloniki, dann in Rethymno auf Kreta erste Anlaufstellen für diejenigen, die sich eine medizinische Behandlung nicht mehr leisten konnten. Die Kliniken boten kostenlose medizinische Versorgung, verbündeten sich mit anderen Initiativen und öffneten ihr Angebot auch für Geflüchtete. Finanziert durch aus dem In- und Ausland kommende Geld- und Sachspenden, entwickelte sich rasch ein ausgedehntes Unterstützungsnetzwerk, das Hilfslieferungen organisierte und jene unterstützte, die besonders unter der Austeritätspolitik litten. Mediziner gehörten zu den Initiatoren, auch Aktivisten aus linken, gewerkschaftsnahen Kreisen, die gemeinsam mit im Ausland lebenden Griechen die neuen Projekte unterstützten. In Deutschland oder

Österreich Medikamente oder medizinisches Gerät zu sammeln und dann mit freiwilligen Fahrern Richtung Lesbos zu transportieren, um beides mithilfe der Initiativen vor Ort zu verteilen, begründete ganz neue transnationale Solidargemeinschaften.

Der Akt der Hilfe war dabei nicht »nur« ein humanitärer Akt; das war er auch. Und doch wies er darüber hinaus: auf Kooperationsbeziehungen mit anderen, die sich ebenfalls gegen die Zerstörung des öffentlichen Gesundheitssystems sperrten und die Ansicht vertraten, dass eine basale medizinische Versorgung nicht zum Opfer ökonomischer Zwänge werden durfte. Solidarität unter den Bedingungen moderner arbeitsteiliger Gesellschaften setzte dabei, wie das Axel Honneth formuliert hat, die »symmetrische Wertschätzung zwischen individualisierten (und autonomen) Subjekten« voraus – was nichts anderes bedeute, als sich »reziprok im Lichte von Werten zu betrachten, die die Fähigkeiten und Eigenschaften des jeweils anderen als bedeutsam für die gemeinsame Praxis erscheinen lassen«.[217] Eine solche affektive Bindung schöpfte ihre Kraft gerade nicht aus der liberalen Idee eines gemeinsamen Arbeits- und Finanzmarktes, sondern aus der »gegenseitige[n] Anerkennung als voneinander abhängige europäische Gesellschaftsmitglieder«, ohne die das »Projekt Europa« nicht gelingen konnte und die als Unionsbürgerinnen und -bürger über bestimmte soziale Rechte verfügten.[218] Emotionale Bindungen dieser Art hat es in der langen Geschichte der europäischen Integration immer auch gegeben, selbst wenn sie als ökonomisches Projekt begonnen hatte. Solidarität war in dieser Hinsicht nicht nur ein regulatives Prinzip, sondern selbst der Modus, in dem neue soziale Beziehungen jenseits nationalstaatlicher Grenzen in der Praxis »von unten« gedacht und geschaffen wurden.

Genau zehn Jahre nach dem Beginn der Eurokrise – mitten in der Corona-Pandemie – schien Europa ein Déjà-vu zu erleben: Die wirtschaftliche Entwicklung erfuhr einen scharfen Einbruch, der Rückgang der Wirtschaftsleistung und die allenthalben aufgelegten staatlichen Konjunkturprogramme ließen die Staatsschulden ansteigen, auf den nervösen Finanzmärkten stiegen die Zinsaufschläge für Staatsanleihen der südeuropäischen Länder deutlich an, Europas Norden wehrte sich mit Händen und Füßen gegen gemeinsame Anleihen aller Eurostaaten, die EZB musste mit der Versicherung einspringen, im Zweifel unbegrenzt Schuldpapiere der hoch verschuldeten Mittelmeeranrainer zu kaufen.[219] Doch man steigt nicht zweimal in denselben Fluss. Im Juli 2020 kam die spektakuläre Kehrtwende: Die europäischen Regierungen einigten sich auf die Einrichtung eines Wiederaufbaufonds (NextGenerationEU) in einem Umfang von 750 Milliarden Euro, aus dem Hilfen an die Mitgliedsstaaten zur Hälfte nicht in Form von Krediten, sondern Zuschüssen gezahlt werden sollen und für den sich die EU-Staaten erstmals gemeinsam verschulden. Das waren zwar formal keine Corona-Bonds mit gesamtschuldnerischer Haftung, aber letztlich kam ihnen die Sache ausgesprochen nahe.

Für diesen Umschwung, der nur durch einen radikalen Kurswechsel der deutschen Regierung möglich und sowohl von der internationalen Politik als auch den Märkten ganz überwiegend als bemerkenswerter Akt europäischer Solidarität gefeiert wurde, war ein ganzes Bündel von Faktoren verantwortlich: Außer dem intensiven Drängen des französischen Präsidenten Macron, der um die Stabilität des in Südeuropa massiv engagierten heimischen Bankensystems fürchtete, und dem Urteil des Bundesverfassungsgerichts vom 5. Mai 2020, das das Staatsanleihenkaufprogramm der EZB für kompetenzwidrig erklärte und damit die Bundesregierung unter Zugzwang setzte,[220] waren es nicht zuletzt die negativen Erfahrungen mit den Maßnahmen in der Eurokrise, die sich zugunsten einer Neuorientierung auswirkten. In den südeuropäischen Ländern galten die Kredite aus dem Europäischen Stabilisierungsmechanismus als »toxisch«, weil sie untrennbar mit dem Brüsseler Spardiktat und der wirtschaftlichen Malaise der letzten zehn Jahre verbunden waren. Italien lehnte diese Art der Hilfe schlichtweg ab; für Lega und Cinque Stelle war der ESM ein »politisch radioaktives Symbol«.[221] Hinzu kam noch, dass sich die neue Solidarität à la Wiederaufbaufonds den Nettozahlern in den wirtschaftlich stärkeren Ländern der Eurozone leichter vermitteln ließ, da es sich bei der Corona-Pandemie um einen exogenen Schock handelte, von dem alle Länder in ähnlicher Weise betroffen waren – die vertrauten Schuldzuweisungen des Müßiggangs und der unsoliden Haushaltsführung fielen da schwer.[222]

Ungeachtet des Beifalls, den das solidarische Vorgehen der europäischen Staaten erhalten hat, bleiben jedoch die zentralen Fragen der Eurozone nicht geklärt. Wenn die Corona-Hilfen den ersten Schritt in eine dauerhafte Transferunion darstellen sollten, müssten damit grundlegende Reformen der EU und ihr Umbau zu einer politischen Union mit gemeinsamer Fiskal- und Sozialpolitik einhergehen – gegen den zu erwartenden Widerstand all jener Bürgerinnen und Bürger in den potenziellen Geberländern, denen diese Form der institutionalisierten Solidarität zu weit geht. Wenn es sich dagegen – wie immer wieder betont – um eine krisenbedingte Ausnahmemaßnahme auf Zeit handelte, blieben alle strukturellen Probleme der Währungsunion ungelöst – mit all den Ungleichgewichten, die sie produzieren, und der politischen Sprengwirkung, die von ihnen ausgeht. In beiden Fällen sieht die europäische Solidarität keiner einfachen Zukunft entgegen.

7. Bilanz

Wer den langen Weg der Geschichte der Solidarität vom 19. Jahrhundert bis in unsere Gegenwart verfolgt, kann sich angesichts der gegenwärtigen Kontroversen um die Folgen der Pandemie nur verwundert die Augen reiben: Einst ein kämpferischer Begriff der Arbeiterbewegung, ist der Appell zur Solidarität ins Zentrum staatlicher Krisenpolitik gerückt und mit ihm die Zahl der Corona-Neuinfizierten als neue Messlatte solidarischen Handelns. Wohnte der Forderung nach Solidarität früher häufig der Wille zur Umgestaltung der bestehenden Zustände inne, fungiert sie in der Corona-Bekämpfung als Synonym zum staatsbürgerlichen Gehorsam in der Befolgung der von der Exekutive zur Eindämmung der Pandemie auferlegten Regeln. Der neugierige Nachbar von gegenüber, der über die Einhaltung der Kontaktbeschränkungen wacht, kann sich auf diese Weise als Vorkämpfer gesellschaftlicher Solidarität gerieren. Und nicht nur das: Das zur Überwindung der Pandemie notwendige *Social Distancing* versetzt der Zivilgesellschaft einen Kälteschock – und unterbindet damit gerade jede Form des in ihr wurzelnden solidarischen Handelns, das des Zusammenkommens der Bürgerinnen und Bürger, des Austauschs und der Debatten unter ihnen bedarf.

Die – in ihrer eigenen Logik durchaus vernünftige – Aufforderung von Virologen, jeden Mitmenschen zunächst als potenziellen Virenträger und damit als gefährliche Bedrohung zu betrachten, impliziert einen Entwurf von Gesellschaft, der in einem kaum überbrückbaren Gegensatz zu allem steht, was Solidarität in früheren Zeiten in Theorie und Praxis meinte. Zugleich gibt die allgegenwärtige Forderung nach Solidarität Auskunft über politische Prioritäten, darüber, wessen Schutzbedürfnis ein hohes Maß an Akzeptanz erfährt – und wessen

Leid in der öffentlichen Wahrnehmung kaum eine Rolle spielt. Und das sind, ähnlich wie schon vor Corona, zumeist die sozial Schwächsten, diejenigen, die in prekären Arbeits- und Lebensbedingungen stecken: Alleinerziehende, Migrantinnen und Migranten, Obdachlose, alte Menschen mit geringer Rente und auch junge Menschen, die keine Ausbildungsplätze finden.

Schon die jüngste Volte, die der Rückbezug auf die Solidarität in der Corona-Krise geschlagen hat, weist darauf hin, dass die Geschichte der Solidarität sich nicht so recht in das Korsett einer »Meistererzählung« zwängen lässt. Sicher gibt es gute Gründe, Tendenzen einer zunehmenden »Umstellung von Solidarität *unter Freunden* auf Solidarität *unter Fremden*« zu betonen.[223] Doch führt die Geschichte der Solidarität nicht einfach aus der Dunkelheit der Vormoderne ins Licht der Gegenwart. Die Transformation der Solidarität von der »Bürgerfreundschaft« hin zu einer »globalen Rechtsgenossenschaft«,[224] getragen von universellen Werten und Prozessen der Verrechtlichung, lässt sich allenfalls ideengeschichtlich, kaum aber in der gesellschaftlichen Praxis als gradlinige Erfolgsgeschichte schreiben. Dagegen sprechen bereits die jüngsten Erfahrungen in der Pandemie – der reflexhafte Rückzug auf die nationale Solidargemeinschaft besonders am Anfang der Krise und die Engführung des Solidaritätsverständnisses im Sinne von Nachbarschaftshilfe und diffusem Mitgefühl mit den »Vulnerablen«.[225] Das neue Modewort der Vulnerabilität verdeckt dabei sehr leicht, dass eben nicht alle Leben gleichermaßen als verletzlich anerkannt werden und Solidarität äußerst ungleich verteilt bleibt.

Aber auch das Narrativ einer langdauernden Entsolidarisierung, eines fortschreitenden Verlustes an Solidarität im Zeichen von Individualisierung, Wertewandel und neoliberaler Transformation wird der historischen Komplexität einer Geschichte der Solidarität nicht gerecht. Ohnehin gibt es sie nicht: *die* Geschichte der Solidarität im Singular. Unser Versuch einer Bestandsaufnahme verfolgt angesichts dessen ein bescheideneres Ziel: Wir wollen den historischen Raum, den die Solidarität seit dem 19. Jahrhundert ausgefüllt hat, ausmessen, indem wir vier zentrale Merkmale akzentuieren, die die Geschichte der Solidarität durchziehen, und zwei neueren Entwicklungen folgen, die wir seit den 1960er-Jahren beobachten.

Die erste Kontinuität in der Geschichte der Solidarität ist ihre Ausformung als Kampfbegriff. Beispielhaft für die dauerhafte Bedeutung dieser kämpferischen Solidarität können die Arbeiter- und die Frauenbewegung stehen. Beide formierten sich in der zweiten Hälfte des 19. Jahrhunderts, um die Verhältnisse zu verändern und basale Rechte zu erstreiten – ob es sich nun um Lohnerhöhungen und eine Verbesserung der Arbeitsbedingungen handelte oder den Zugang zur Bildung und das Frauenwahlrecht. Beide hatten ihre lebensweltlichen Wurzeln in der Erfahrung von Unterdrückung und Entrechtung. Und trotzdem entstand sie dadurch nicht einfach naturwüchsig, die Solidarität der Frauen und Arbeiter, sondern war stets das Ergebnis eines politischen Konstruktionsprozesses. Dabei spielten Ideologien und Symbole, Debatten und Organisationen eine Rolle – von ganz entscheidender Bedeutung war aber auch die Praxis des Kampfes für die eigenen Interessen und Rechte selbst. Der Streik für höhere Löhne, die Demonstrationen der Suffragetten, der feierliche Begräbniszug für Heroen der Arbeiterbewegung, die Selbstbezichtigungskampagne gegen den Paragrafen 218 – all das waren solidaritätsbegründende Protestformen. Und das galt weitgehend unabhängig von ihrem Erfolg: Wenn es gelang, ein Ziel durchzusetzen, bestätigte das die Sinnhaftigkeit solidarischen Handelns; aber auch die Niederlage konnte die Solidarität verstärken, da sie die Überlegenheit des Gegners vor Augen führte und die Erfahrung des eigenen Unrechts aktualisierte. In der langen Geschichte des solidarischen Kampfes entstand auf diese Weise überdies ein Repertoire an Protestformen, auf das die Aktivistinnen und Aktivisten bei Bedarf zurückgreifen konnten und das sich beständig um neue Aktionsformen erweiterte.

Von Beginn an waren die kämpferischen Solidaritätsbewegungen der Arbeitenden und Frauen international vernetzt. Transnationale Solidarität ist mithin nicht ein Spezifikum der letzten Jahrzehnte. Schon den *Great Dock Strike* von 1889 konnten die Londoner Hafenarbeiter nur deshalb siegreich durchstehen, weil ihre australischen

Kollegen sie mit umfangreichen Geldspenden unterstützt hatten. Seit dem ausgehenden 19. Jahrhundert gab es aber nicht nur eine internationale Arbeiterbewegung, sondern auch eine transnationale Frauenbewegung: Seit 1888 existierte der relativ konservativ ausgerichtete Internationale Frauenrat (International Council of Women), seit 1899 die International Alliance of Women, die sich deutlich nachdrücklicher für die Einführung des Frauenwahlrechts einsetzte.[226] Bis tief ins 20. Jahrhundert hinein beschränkten sich die transnationalen Verbindungen sowohl der Arbeiter- als auch der Frauenbewegung allerdings weitgehend auf Europa und die ehemaligen englischen Siedlerkolonien. Erst seit den 1970er und forciert seit den 1990er-Jahren kam es hier zu einer Öffnung Richtung Globaler Süden, sodass nun häufiger auch Stimmen aus Afrika, Asien und Lateinamerika zu vernehmen waren.

Aufs Ganze gesehen wird man sagen können, dass die Gewerkschaften des Westens größere Schwierigkeiten mit den Herausforderungen dieser Globalisierung hatten als die Frauenbewegung. Ihnen ging mit dem Zerfall der traditionellen Arbeiterklasse nicht nur ihre angestammte Klientel verloren; ihnen fehlte auch vielfach die Grundlage für Solidarität mit Arbeitern und Arbeiterinnen in anderen Teilen der Welt, die gleichzeitig eine bedrohliche Konkurrenz im Rahmen der globalen Arbeitsteilung darstellten. Der solidarische Zusammenschluss von Frauen im Kampf für mehr Gleichberechtigung dagegen konnte von der zunehmenden Globalisierung immer wieder profitieren – ob es um den Einsatz des Weltärztinnenbundes und von Terre des Femmes im Kampf gegen weibliche Genitalverstümmelung ging oder um die internationale Aufmerksamkeit für Frauenstreiks wie jenen in Mexiko, wo 2020 36 Millionen Frauen gegen Femizide und andere Formen von Gewalt gegen Frauen protestierten.[227]

Eine zweite Linie der Kontinuität in der Geschichte der Solidarität bildet ihre institutionalisierte Form in Gestalt des Wohlfahrtsstaats. Seine Anfänge liegen im ausgehenden 19. Jahrhundert; dem Deutschen Reich kam mit seiner Sozialversicherungsgesetzgebung der 1880er-Jahre im internationalen Vergleich eine Pionierrolle zu. Über lange Zeit hinweg – bis in die 1970er-Jahre – waren die Wohlfahrtsstaaten der westlichen Industrieländer durch eine klare Ausbautendenz gekennzeichnet: Immer mehr Risiken – Alter, Unfall, Krankheit, Arbeitslosigkeit – wurden sozialstaatlich abgesichert, ein immer größerer Teil der Bevölkerung fand sich in die sozialpolitischen Programme einbezogen, bis schließlich – wenigstens in Deutschland – nahezu eine vollständige Inklusion erreicht war. Kritiker dieser Entwicklung haben beklagt, dass die institutionalisierte Solidarität des Wohlfahrtsstaats andere subsidiäre Formen der Solidarität wie etwa familiäre Unterstützung oder Nachbarschaftshilfe überflüssig gemacht und damit langfristig ausgehöhlt habe. Doch ist vor einer romantischen Weichzeichnung traditioneller Unterstützungsverhältnisse zu warnen und auch darauf hinzuweisen, dass der Sozialstaat bestimmte Formen der praktizierten Solidarität überhaupt erst ermöglicht hat: Ohne die Entlastung von der Erwerbsarbeit, die die öffentliche Altersvorsorge mit sich brachte, wären etwa die meisten Älteren gar nicht in der Lage, ehrenamtlichen Tätigkeiten nachzugehen oder eine wichtige Rolle bei der Betreuung ihrer Enkel zu spielen.

Für die Zeit seit den 1980er-Jahren ist die Geschichte des Wohlfahrtsstaats immer wieder als eine der Entsolidarisierung bezeichnet worden. Tatsächlich lassen sich dafür gute Argumente anführen. So wäre etwa auf die voranschreitende Privatisierung der Alterssicherung im Zeichen der demografischen Alterung in fast allen westlichen Wohlfahrtsstaaten zu verweisen, die dazu führt, dass ein immer größerer Anteil sowohl des Langlebigkeits- als auch des Geldanlagerisikos beim Individuum verbleibt. Der Umbau von *Welfare* zu *Workfare*, der die amerikanische Sozialhilfereform von 1996 kennzeichnete, dann von New Labour und Tony Blair propagiert wurde und Anfang der 2000er-Jahre die sogenannten »Hartz-Reformen« in Deutschland prägte, zeigt in eine ähnliche Richtung. Hinter dem »Fördern und Fordern« der Reformen der rot-grünen Koalition stand eine Verschiebung des Verständnisses von Solidarität, die diese stärker an Bedingungen knüpfte und die Bundeskanzler Gerhard Schröder auf den Punkt brachte, als er formulierte: »Wer arbeiten kann, aber nicht will, der kann nicht mit Solidarität rechnen. Es gibt kein Recht auf Faulheit in unserer Gesellschaft.«[228] Schließlich würde für eine Entsolidarisierung im Sinne einer Verengung der Solidargemeinschaft sprechen, dass beispielsweise die deutsche Politik seit den späten 1980er-Jahren systematisch daran arbeitete, Geflüchtete und Asylsuchende aus dem allgemeinen Sozialrecht auszuschließen und für sie ein »Sondersozialhilferecht« zu schaffen.

Dennoch spricht auch einiges dagegen, in den Tenor des Entsolidarisierungsnarrativs einzufallen. So hat sich der Anteil der Sozialausgaben am Bruttosozialprodukt in den meisten Wohlfahrtsstaaten in den letzten Jahrzehnten nicht vermindert; Kürzungen in einigen Bereichen des Sozialstaats steht ein Ausbau von Leistungen in anderen gegenüber – etwa in der Pflegeversicherung oder beim Elterngeld. Besser als von einem Rückbau des Wohlfahrtsstaats in den westlichen Industrieländern sollte man daher von seinem Umbau sprechen. Das Bild ändert sich noch einmal, wenn man den Blick von Europa zum Globalen Süden hin weitet, wo in den letzten Jahrzehnten, gerade in Afrika und Asien und besonders in Gestalt der Zunahme von *Social Cash Transfers* zur Armutsbekämpfung, durchaus ein Zuwachs an institutionalisierter Solidarität zu beobachten ist – wie rudimentär die Ausgestaltung dieser Form von Sozialpolitik mitunter auch aus europäischer Perspektive erscheinen mag.[229]

Das dritte Grundmotiv, das in der Geschichte der Solidarität immer wieder in der einen oder anderen Form auftaucht, ist das Spannungsverhältnis von Partikularismus und Universalismus. Wir waren in einem ersten Anlauf zusammen mit dem überwiegenden Teil der Solidaritätsforschung davon ausgegangen, dass es sich bei Solidarität um eine partikulare Norm handelt. Sie nimmt dann ihren Ausgang von dem Zusammengehörigkeitsgefühl einer Gruppe, das darauf beruht, dass ihre Mitglieder etwas gemeinsam zu haben meinen – das kann die soziale Lage, die nationale Zugehörigkeit oder der Glaube sein. Damit ist häufig eine exklusive Seite verbunden: Man will die Situation der eigenen Gruppe verbessern; wenn es sein muss, auch auf Kosten der Außenstehenden, zum Teil sogar explizit gegen sie gerichtet. In der Tat haben wir diese Form partikularer solidarischer Verbundenheit und die mit ihr zusammenhängenden Konflikte in der Geschichte der Solidarität immer wieder angetroffen. Die historische Entwicklung der Arbeiterbewegung ist durchzogen davon: vom Streit zwischen den sozialistischen Brüdern und Schwestern verschiedener Ausrichtung um die »richtige« Solidarität im Klassenkampf über die Interessenpolitik europäischer und amerikanischer Gewerkschaften gegen die Arbeiter und Arbeiterinnen in den Niedriglohnsektoren des Globalen Südens bis zur Frontstellung zwischen männlichen und weiblichen Beschäftigten. Ihre radikalste Ausprägung nahm die partikulare Solidarität sicher unter den Extrembedingungen des nationalsozialistischen Konzentrationslagers an. Hier konnte die Zugehörigkeit zu einer Gruppe – das galt insbesondere für die politischen Häftlinge, die Sozialdemokraten und Kommunisten – und das auf ihr beruhende Füreinander-Einstehen über Leben und Tod entscheiden: Während man die eigenen Genossen mit Lebensmitteln und Medizin versorgte, lieferte man den politischen Gegner im Zweifel ans Messer.

Zugleich zeigte sich aber auch, dass die Kategorien des »Wir« und der »Anderen« nicht festgeschrieben, sondern einem historischen Wandlungsprozess unterworfen sind. Immer wieder wurde um sie gerungen, waren sie politischen Deutungskämpfen ausgesetzt. Hinzu kommt, dass es eher die Regel als die Ausnahme war, dass Menschen in verschiedene Solidaritäten gleichzeitig eingebunden waren – ob es sich dabei nun um die konkurrierenden Solidaritätsansprüche der Arbeiterbewegung und der Nation vor dem Ersten Weltkrieg oder das Nebeneinander von nationaler Zugehörigkeit und europäischer Identität in der EU handelt. Vor allem aber trifft es auch nicht zu, dass sich Universalismus und Solidarität zwangsläufig und immer feindlich gegenüberstehen. Es wäre nicht richtig, davon auszugehen, dass Prozesse der Universalisierung zusammen mit »Institutionalisierung und Formalisierung« stets zu einem Abschmelzen von Solidarität führen.[230] Mit der Auflösung ehemals fest gefügter sozial-moralischer Milieus verschwand Solidarität nicht einfach. Sie wurde auch nicht »nur« in neue institutionelle Formen wie den Sozialstaat gegossen. Stattdessen verwandelte sie ihre Form und ihr Gesicht. Sie wurde, so könnte man sagen, »neu« entdeckt und in eine neue, zunehmend universelle Sprache der Menschenrechte und des Humanitarismus gekleidet, in die die Erfahrungen der Arbeiterbewegung und der beiden christlichen Konfessionen einflossen, die sie zugleich aber transzendierte.

Fraglos sind die Grenzen einer derart »universalen« Solidarität zu einem allgemeinen Mitgefühl und zum Altruismus fließend. Doch weist die Solidarität an zwei Stellen über diese hinaus: Zum einen zielt sie – anders als die *Caritas* – auf eine grundlegende Transformation der gesellschaftlichen Verhältnisse. Zum anderen beruht sie – ganz im Sinne der französischen Theoretiker des späten 19. Jahrhunderts – auf der Einsicht, dass die Menschen in der modernen Welt *nolens volens* aufeinander angewiesen sind und dass diese gegenseitige Abhängigkeit nicht an Staatsgrenzen Halt macht. Eine Pandemie lässt sich eben nicht im nationalen oder auch europäischen Alleingang besiegen. Ohne solidarisches Handeln im Sinne einer Versorgung auch der ärmsten Länder mit Impfstoff wird sie in Gestalt der einen oder anderen Mutation auch die reichen Regionen der Erde immer wieder heimsuchen.

Die Frage der Reziprozität, ihrer Unterscheidung von einseitiger Hilfe, ist ein viertes Grundmotiv in der Geschichte der Solidarität. Dass Solidarität »keine Einbahnstraße« sei, ist ein Allgemeinplatz. Auch idealtypische Definitionen von Solidarität gehen üblicherweise davon aus, dass ein wechselseitiges Geben und Nehmen für sie als Sozialbeziehung konstitutiv ist. Die Erwartung gegenseitiger Unterstützung im Bedarfsfall, beruhend auf einer Verbundenheit unter prinzipiell Gleichen, kennzeichnet in dieser Sichtweise die Solidarität und setzt sie von Formen der Wohltätigkeit ab, in die stets ein strukturelles Machtgefälle zwischen Gebenden und Nehmenden eingelassen ist. Auch wir sind in unserem historischen Durchlauf auf zahlreiche Ausprägungen von Solidarität gestoßen, in denen dem Element der Reziprozität eine entscheidende Bedeutung zukam. Ganz sicher galt das etwa für die Hilfs- und Unterstützungskassen der Arbeiter im 19. Jahrhundert, zu denen diese zum Teil beträchtliche Beiträge in der Erwartung entrichteten, dass ihnen beim Eintritt von Krankheit, Arbeitslosigkeit oder Unfall ebenso geholfen würde, wie das zuvor bei anderen der Fall gewesen war. Die Form der von der Ersten Internationale vermittelten Finanzhilfen von britischen Gewerkschaften für streikende Arbeiter im Ausland betonte ebenfalls den Reziprozitätsgedanken: Wenigstens formal handelte es sich bei ihnen nämlich nicht um Spenden, sondern um Darlehen, die später zurückgezahlt werden sollten. Und auch den Hilfspaketen für die Krisenländer in der Eurokrise seit 2010 haftete ein starker Reziprozitätsakzent an: Sie kamen in Gestalt von Krediten, die überdies mit der Erwartung umfangreicher wirtschafts- und sozialpolitischer Reformen verbunden waren.

Doch war und ist durchaus nicht alles, was unter dem Banner der Solidarität segelte, von Wechselseitigkeit und einer symmetrischen Beziehung zwischen Helfenden und Empfangenden gekennzeichnet. Schon bei den Solidaritätsappellen sowohl der Kommunisten als auch der Sozialdemokraten zugunsten der Hungerhilfe für Russland Anfang der 1920er-Jahre lässt sich kaum davon ausgehen, dass die deutschen Arbeiter ernsthaft erwarteten, die russische Bevölkerung könnte sich in absehbarer Zeit für ihre Spenden revanchieren. Erst recht gilt das für die Nicaragua-Solidarität der 1980er-Jahre oder gar für die Hilfe für Geflüchtete und Asylsuchende. Wenn Aktivistinnen und Aktivisten in solchen und in anderen Fällen dennoch unter dem Slogan »Solidarity, not Charity!« handelten, ging es um etwas anderes.[231] Sie strebten danach, dem scharfen hierarchischen Gefälle, das gerade in Hilfsbeziehungen wie denen zwischen Helfern und Geflüchteten angelegt ist, semantisch gegenzusteuern, sie wollten verdeutlichen, dass sie den anderen nicht als machtloses Objekt ihrer Unterstützung sahen, sondern als Gleichen anerkannten. Diese Tendenz, Unterstützungsakte, die früher in Kategorien der *Caritas* beschrieben worden wären, durch die Verwendung des Solidaritätsbegriffs den Stachel des jeder Hilfsbeziehung immanenten Machtungleichgewichts zu ziehen, lässt sich in den letzten Jahrzehnten verstärkt beobachten. Sie zeugt von der Durchsetzung universaler Normen, die die durch Akte expliziter Wohltätigkeit etablierten Hierarchien als zunehmend illegitim erscheinen lässt. Gleichzeitig verweist der Gebrauch des Solidaritätsbegriffs üblicherweise auf das politisch-transformative Ziel der Aktivistinnen und Aktivisten – sie wollen signalisieren, dass sie nicht nur helfen, sondern auch die bestehenden Zustände kritisieren. Angesichts dessen sollte der mit der Solidarität verbundene Reziprozitätsbegriff weit interpretiert werden: Reziprozität bezeichnet dann nicht nur die Beschreibung des wechselseitigen Gebens und Nehmens, sondern auch die symbolische Anerkennung des Unterstützten als Gleichen, die durch den Rekurs auf den Solidaritätsbegriff erst evoziert werden soll.

Damit sind wir bei den beiden Neuentwicklungen, die die Geschichte der Solidarität in unseren Augen in den letzten Jahrzehnten in besonderer Weise gekennzeichnet haben. Erstens konnten wir eine deutliche Pluralisierung und Ausweitung von Solidaritätsvorstellungen beobachten, die vor allem seit den 1960er-Jahren und mit den Neuen Sozialen Bewegungen einen immensen Schub erhalten haben. Ursprünglich als Kampfbegriff in erster Linie auf der politischen Linken beheimatet, avancierte die »Solidarität« in dieser Zeit zu einer Art von semantischem Dach, unter dem sich Anti-Atomkraft-Aktivisten und Friedensbewegte, Frauenrechtlerinnen und überhaupt Akteure aus ganz unterschiedlichen sozial-moralischen Milieus zusammenfanden, um Kritik an den vorherrschenden Zuständen zu artikulieren und sie zu verändern. Der Begriff der Solidarität bot sich hierfür besonders an, weil er nicht nur über starke Wurzeln in der Arbeiterbewegung verfügte, sondern verschiedene Traditionslinien besaß, die ihn für ganz unterschiedliche politische und religiöse Richtungen anschlussfähig machten. Besondere Prominenz gewann er in christlichen Kreisen und hier wiederum vor allem in der katholischen Welt. Wie sehr dabei die sozialharmonische Tradition des Solidarismus der katholischen Soziallehre eine bemerkenswerte Verbindung mit einer weitreichenden Gesellschaftskritik eingehen konnte, dokumentiert etwa die Sozialenzyklika »Fratelli tutti« des gegenwärtigen Papstes Franziskus. Solidarität bleibt in dieser Lesart immer noch Teil einer durch die traditionelle Familie geordneten, subsidiären Welt. Und doch geht ihr Wert darüber hinaus und entwickelt einige politische Sprengkraft: In einer Zeit, so Franziskus, »in der sich alles zu verwässern und aufzulösen scheint«, schaffe Solidarität eine neue Perspektive. Solidarität bedeute mehr als »einige sporadische Gesten der Großzügigkeit«, sie bedeute, dass man »die strukturellen Ursachen der Armut«, ökologische Zerstörung und die »zerstörerischen Auswirkungen der Herrschaft des Geldes« bekämpfen müsse.[232]

Besonders die transnationale Dimension der Solidarität erfuhr seit den 1960er-Jahren eine nachhaltige Ausweitung – und zwar sowohl ihrer Form als auch ihrer Reichweite nach. Aus einer Verlustperspektive spiegelte das die Erosion der traditionellen Milieus wider, in denen die Solidarität vorher gewurzelt hatte; positiv gewendet zeugte es von einer zunehmenden Anerkennung von Differenz in der Weltgesellschaft, von der Akzeptanz des anderen als gleichwertig – über soziale und ethnische Grenzen hinweg. Diese Entwicklung wurde ganz wesentlich durch die Dekolonisation der 1950er- und 1960er-Jahre vorangetrieben. Zunehmend richteten sich Solidaritätsadressen nun an die nationalen Unabhängigkeitsbewegungen in Algerien, Vietnam und anderen Ländern der »Dritten Welt«. Auf der einen Seite führte das dazu, dass nun tatsächlich die Repräsentanten des antikolonialen Kampfes selbst in Europa eine eigene Stimme erhielten und hier teilweise von den Solidaritätsbewegungen wie Ikonen verehrt wurden. Auf der anderen Seite besaß der solidarische Schulterschluss mit den Befreiungsbewegungen in Afrika, Asien und Südamerika eine unübersehbare eurozentristische Ebene. Vielfach ging es beim Ausdruck der Solidarität mit den weit entfernten Revolutionären und Unabhängigkeitskämpfern wenigstens implizit doch immer um die Frontstellungen von zu Hause. So glaubte man den antikapitalistischen Kampf, der in der satten westdeutschen Mittelstandsgesellschaft nicht so recht zünden wollte, nun stellvertretend in Vietnam oder Kuba führen zu können – genau wie beim Protest gegen die chilenische Militärjunta immer die Kritik an den Menschenrechtsverletzungen der Militärdiktaturen in Spanien, Portugal und Griechenland mitschwang. Und stets bildete bei allen westdeutschen Solidaritätsbewegungen mit dem antikolonialen und revolutionären Befreiungskampf die Rebellion gegen die eigene, vom Nationalsozialismus kontaminierte Elterngeneration den *Basso continuo*. Ein Gutteil der Solidarität im Zeitalter der Entkolonialisierung hatte daher immer auch den Charakter einer »Stellvertretersolidarität«.

Schließlich – und das ist die zweite wichtige Veränderung, die wir über das letzte halbe Jahrhundert hinweg zu beobachten glauben – haben sich unsere Vorstellungen und Praktiken der Solidarität zunehmend mit der Geschichte des Konsums verbunden und haben insofern einen Prozess der Vermarktlichung erfahren. Nun ist es nicht so, dass am Ende des 20. Jahrhunderts Verbraucherinnen und Verbraucher erstmals auf den Gedanken gekommen wären, ihre Verbundenheit mit weit entfernten Menschen durch ihr Konsumverhalten auszudrücken – dagegen sprechen schon die Boykotte gegen Zucker zur Abschaffung des Sklavenhandels um 1800 oder die »Buy Empire«-Kampagne nach dem Ersten Weltkrieg, mit der die weißen Siedler in den britischen Kolonien unterstützt werden sollten.[233] Auch hatte der französische Soziologe Émile Durkheim am Ausgang des 19. Jahrhunderts bereits frühzeitig aus einer theoretischen Perspektive auf den Zusammenhang von Kapitalismus, moderner Arbeitsteilung und den sich aus den gewachsenen Abhängigkeiten ergebenden neuartigen »organischen« Solidaritätsbeziehungen hingewiesen. Doch haben solche Abhängigkeiten und Verflechtungen in der zweiten Phase der Globalisierung nach dem Zweiten Weltkrieg noch einmal deutlich zugenommen und am Ende des 20. Jahrhunderts eine ganz neue Dimension erreicht – und mit ihnen auch die Konflikte über die moralische Qualität von Märkten und Konsumverhalten. Einerseits entfernte die Verlängerung der Produktionsketten zwar die Konsumenten immer weiter von den Produzenten und deren Lebensbedingungen. Andererseits jedoch ließ die Globalisierung die Welt schrumpfen – dank Fernsehen und digitaler Medien war man nun unmittelbar und in Echtzeit über Armut und Unterdrückung an weit entlegenen Orten der Erde informiert. Auch wenn Waren- und Konsumkritik keineswegs moderne Phänomene sind, erlebten sie vor diesem Hintergrund seit den 1960er-Jahren doch eine umfassende Ausweitung, die weit über die

»alte« Arbeiterbewegung hinaus allen voran die zivilgesellschaftlichen Initiativen und auch die Kirchen erfasste.

Die Verkopplung der Geschichte der Solidarität mit jener des Konsums ließ neue Formen der solidarischen Praxis in den Vordergrund treten und manchmal auch alte wiederauferstehen. Der Boykott bestimmter Konsumgüter wurde zu einer bevorzugten Spielart des solidarischen Protests – das prominenteste und langlebigste Beispiel hierfür war der Früchteboykott im Kampf gegen das südafrikanische Apartheidregime. Der Kauf von Kaffee und anderen Waren in den Weltläden, von denen besonders in Deutschland und den Niederlanden in den 1970er-Jahren zahlreiche entstanden, brachte die Verbundenheit mit Agrarproduzenten in den unterprivilegierten Regionen der Welt zum Ausdruck, die – einmal mehr – durch die Entkolonialisierung zunehmend in den Fokus der westlichen Öffentlichkeit gerückt waren. Ob Boykotte, Weltläden oder später die Fairtrade-Bewegung – Solidaritätskämpfe konnten sich nun nicht nur vor den Werkstoren, sondern auch an der Supermarktkasse entscheiden.

In dieser Entwicklung war die Entkopplung der Solidarität von lebens- und arbeitsweltlichen Bindungen angelegt. Immer weniger ließ sie sich als das Resultat kollektiver Lebenslagen interpretieren, immer mehr wurde sie zum Ausdruck individueller Konsumentscheidungen und bezog sich auf Menschen, die weder der gleichen Konfession noch der gleichen Klasse oder ethnischen Gruppe angehörten. In dieser Individualisierung von Solidaritätsentscheidungen und der mit ihr verbundenen Stiftung von Beziehungen zwischen Fremden in einer globalisierten Welt kann man durchaus einen Beleg für das Universalisierungspotenzial der Solidarität sehen – eine Universalisierung, die zugleich von neuen Formen ritueller Vergemeinschaftung wie weltweiten Popkonzerten oder Spendenkampagnen lebt.[234] Doch womöglich verliert die Solidarität damit zugleich auch an dauerhafter Verbindlichkeit und Verpflichtungscharakter – eine Konsumentscheidung ist jederzeit revidierbar und lässt sich beim nächsten Mal wieder anders treffen. Hinzu kommt, dass der globalen Reichweite der sich in Konsumakten ausdrückenden Solidarität zumeist eine eigenartige

Blindheit im Nahbereich korrespondiert: Von Boykotten zugunsten der Arbeiter in der Fleischindustrie, der Spargelstecher oder auch der Paketboten hat man noch wenig vernommen.

Es ist gut möglich, dass sich Solidarität künftig vor allem in »Klicks« oder »Likes« ausdrücken wird. Die Praktiken solidarischen Handelns haben sich immer wieder gewandelt. Vieles spricht dafür, dass Solidarität mit Entrechteten und Unterdrückten im Zeitalter der sozialen Medien schneller und mit einer größeren Beteiligung als bisher zu organisieren ist, dass ihre Flüchtigkeit aber noch zunehmen und ihr Haltbarkeitsdatum schneller überschritten sein könnte. Dennoch ist es wahrscheinlich, dass Solidarität auch in der Zukunft vielfach nicht umsonst ist, sondern etwas kostet – womöglich berechnen sich diese künftigen Kosten, gerade auch für jüngere Altersgruppen, in der neuen Währung der »Dislikes«, die heute durchaus schmerzhafte Folgen für jene haben können, deren Leben sich zu einem Gutteil in den sozialen Medien abspielt. Und natürlich entstehen in der digitalen Welt ganz neue Formen sozialer Beziehungen, von Öffentlichkeit und Präsenz, deren Wirkung weit über einen Solidarstreik alter Schule hinausgehen kann.

Auch die Klimaproteste der »Fridays for Future«-Bewegung zeigen derzeit, wie sich Formen solidarischer Praxis verändern, globalisieren und massiven politischen Druck entfachen können. Die universale Dimension der »Klimasolidarität« steht außer Frage: Wo sonst wäre die gesamte Menschheit mehr aufeinander angewiesen, als bei dem Versuch, die Erderwärmung in den Griff zu bekommen, wo sonst wären die Folgen eines Scheiterns dieser Bemühungen für alle ähnlich dramatisch? Kein anderes solidarisches Handeln kann für sich beanspruchen, räumlich und zeitlich so weit auszugreifen – es geht um nicht weniger als die Zukunft des Planeten, um eine entscheidende Weichenstellung im Anthropozän. Doch gleichzeitig treten die Fallstricke der Solidarität unweigerlich hervor: Mit wie viel »Klimasolidarität« der reichen Industrieländer des Nordens ist zu rechnen angesichts der Einschnitte, die dies für die eigene, verschwenderische Lebensführung bedeuten würde, und angesichts der im Vergleich zum

Globalen Süden geringeren Betroffenheit durch den Klimawandel auf kurze Sicht? Sind nicht die Kosten auch der »Klimasolidarität« wieder ungerecht verteilt zwischen den Privilegierten, die sich eine klimaschonende Umstellung ihres Konsums mühelos leisten können und die meisten Ressourcen verschwenden, und den Ärmeren, auf die das nicht zutrifft? Und zeigt nicht die Corona-Krise, wie schnell sich die Aufmerksamkeit verschiebt, auch wenn es bei der Erderwärmung wohl um das wichtigste Problem der Menschheit geht? Auch im Fall des Klimas gilt: Solidarität ist nicht umsonst, sie ist stets umstritten und um sie muss auch in Zukunft gerungen werden.

Dank

Bücher entstehen im Gespräch, und unser Buch ist das Ergebnis vieler Gespräche und Diskussionen – untereinander, aber vor allem auch mit vielen unserer wunderbaren Kolleginnen und Kollegen, allen voran in Bremen und Augsburg. Das ist ein großes Glück, und wir sind vielen hier zu großem Dank verpflichtet: in Augsburg der »Soligruppe«, zu der Sophia Dafinger, Bastian Högg, Jan Neubauer und Kornelia Rung gehören, mit denen wir nun schon seit einigen Jahren über die Probleme einer Geschichte der Solidarität debattieren. Ihre Hinweise und Kritik haben uns sehr geholfen, und ebenso auch die Kommentare von Florian Greiner, Daniel Maul, Winfried Süß und Claudius Torp.

Unterstützung gab es vom gesamten Augsburger Lehrstuhlteam, allen voran Chantal Hambeck, Michael Heidler und Jasmin Rother. Dass wir überhaupt gemerkt haben, was in dem Thema steckt, verdanken wir dem Projekt »Transnationale Praktiken der Solidarität« und insbesondere Stephan Lessenich und Michael Reder. In Bremen hat Lisa Damminger umfangreiche Recherchen in den Bundestagsprotokollen angestellt. Sarah Oldenburgs prüfender Blick beim Korrekturlesen ist dem Text an vielen Stellen zugutegekommen; Paul Göttle war eine unschätzbare Hilfe bei der Überprüfung der Zitate und beim Fahnenlesen. Ein besonderer Dank gilt Veronika Settele, von deren klugen Anmerkungen und Vorschlägen das Manuskript sehr profitiert hat.

Historiker sind zumeist Individualisten mit eigenen Arbeitsweisen und ganz unterschiedlichen Schreibstilen – das ist auch in unserem Fall so. Ein Buch gemeinsam zu verfassen ist daher immer auch ein kleines Abenteuer, auf das wir uns nur einlassen konnten, weil wir großzügige Unterstützung durch eine Forschungsprofessur des »Jakob-Fugger-Zentrum. Forschungskolleg für transnationale Studien«

erfahren haben. So konnte dann die Idee zu einem Projekt reifen, das die VolkswagenStiftung mit einem großen Vertrauensvorschuss bedacht und es in ihre Förderreihe »Originalitätsverdacht« aufgenommen hat. Ohne das Forschungssemester, das wir beide auf diese Weise nehmen konnten, hätte das Buch nicht geschrieben werden können.

Auswahlbibliografie

Anderson, Bonnie, Joyous Greetings. The First International Women's Movement 1830–1860, Oxford 2000.

Baldwin, Peter, The Politics of Social Solidarity. Class Bases of the European Welfare State 1875–1975, Cambridge 1990.

Balsen, Werner/Rössel, Karl, Hoch die internationale Solidarität. Zur Geschichte der Dritte-Welt-Bewegung in der Bundesrepublik, Köln 1996.

Banting, Keith/Kymlicka, Will (Hg.), The Strains of Commitment. The Political Sources of Solidarity in Diverse Societies, Oxford 2017.

Baringhorst, Sigrid, Politik als Kampagne – Zur medialen Erzeugung von Solidarität, Opladen 1998.

Bayertz, Kurt (Hg.), Solidarität. Begriff und Problem, Frankfurt a. M. 1998.

Beckert, Jens, u. a. (Hg.), Transnationale Solidarität. Chancen und Grenzen, Frankfurt a. M. 2004.

Bieler, Andreas/ Lindberg, Ingemar/Pillay, Devan (Hg.), Labour and the Challenges of Globalization. What Prospects for Transnational Solidarity?, London 2008.

Billmann, Lucie/Held, Lutz (Hg.), Solidarität in der Krise. Gesellschaftliche, soziale und individuelle Voraussetzungen solidarischer Praxis, Wiesbaden 2013.

Börner, Stefanie, Belonging, Solidarity and Expansion in Social Policy, Basingstoke 2013.

Braskén, Kasper, The International Workers' Relief, Communism, and Transnational Solidarity. Willi Münzenberg in Weimar Germany, London 2015.

Brunkhorst, Hauke, Solidarität unter Fremden, Frankfurt a. M. 1997.

Brunkhorst, Hauke, Solidarität. Von der Bürgerfreundschaft zur globalen Rechtsgenossenschaft, Frankfurt a. M. 2016.

Bude, Heinz, Solidarität. Die Zukunft einer großen Idee, München 2019.

Callahan, Kevin, Demonstration Culture. European Socialism and the Second International, 1889–1914, Leicester 2010.

Christiaens, Kim/Goddeeris, Idesbald/Rodríguez García, Magaly (Hg.), European Solidarity with Chile. 1970s-1980s, Berlin 2014.

Dafinger, Sophia, Hilfe, Wohltätigkeit, Solidarität? Die französische OSE und die Rettung von Kindern auf der Flucht vor dem »Dritten Reich«, in: Archiv für Sozialgeschichte 60 (2020), S. 123–146.

Dallinger, Ursula, Die Solidarität der modernen Gesellschaft. Der Diskurs um rationale oder normative Ordnung in Sozialtheorie und Soziologie des Wohlfahrtsstaats, Wiesbaden 2009.

Delap, Lucy, Feminisms. A Global History, Chicago 2020.

Durkheim, Émile, Über soziale Arbeitsteilung. Studie über die Organisation höherer Gesellschaften, Frankfurt a. M. 1988.

Eisenberg, Christiane, Deutsche und englische Gewerkschaften. Entstehung und Entwicklung bis 1878 im Vergleich, Göttingen 1986.

Engler, Marcus, Zur Entstehung europäischer Solidarität. Eine soziologische Analyse der Gewerkschaften bei Airbus im Konflikt, Wiesbaden 2016.

Featherstone, David, Hidden Solidarity. Histories and Geographies of Internationalism, London 2012.

Fiegle, Thomas, Von der »Solidarité« zur Solidarität. Ein französisch-deutscher Begriffstransfer, Münster 2003.

Gerhards, Jürgen, u. a. (Hg.), European Solidarity in Times of Crisis. Insights from a Thirteen-Country Survey, New York 2020.

Gould, Carol, Transnational Solidarities, in: Journal of Social Philosophy 38 (2007), S. 148–164.

Greiner, Florian, Introduction. Writing the Contemporary History of European Solidarity, in: European Review of History 24 (2017), S. 837–853.

Grimmel, Andreas/Giang, Susanne My (Hg.), Solidarity in the European Union. A Fundamental Value in Crisis, Cham 2017.

Große Kracht, Hermann-Josef, Solidarität und Solidarismus. Postliberale Suchbewegungen zur normativen Selbstverständigung moderner Gesellschaften, Bielefeld 2017.

Harnisch, Sebastian/Maull, Hanns Walter/Schieder, Siegfried (Hg.), Solidarität und internationale Gemeinschaftsbildung. Beiträge zur Soziologie der internationalen Beziehungen, Frankfurt a. M. 2009.

Hondrich, Karl-Otto/Koch-Arzberger, Claudia, Solidarität in der modernen Gesellschaft, Frankfurt a. M. 1992.

Honneth, Axel, Kampf um Anerkennung. Zur moralischen Grammatik sozialer Konflikte, Frankfurt a. M. 1992.

Imlay, Talbot Charles, The Practice of Socialist Internationalism. European Socialists and International Politics, 1914–1960, Oxford 2018.

Jaeggi, Rahel/Celikates, Robin, Sozialphilosophie. Eine Einführung, München 2017.

Jochem, Sven, Solidarität im deutschen Sozialversicherungsstaat, in: Sozialer Fortschritt 67 (2018), S. 25–44.

Knodt, Michèle/Tews, Anne (Hg.), Solidarität in der EU, Baden-Baden 2014.

Kocka, Jürgen, Arbeitsverhältnisse und Arbeiterexistenzen. Grundlagen der Klassenbildung im 19. Jahrhundert, Bonn 1990.

Lahusen, Christian/Grasso, Maria Teresa (Hg.), Solidarity in Europe. Citizens' Responses in Times of Crisis, Cham 2018.

Lenz, Ilse (Hg.), Die Neue Frauenbewegung in Deutschland. Abschied vom kleinen Unterschied. Eine Quellensammlung, Wiesbaden 2010.

Lessenich, Stephan, Doppelmoral hält besser: Die Politik mit der Solidarität in der Externalisierungsgesellschaft, in: Berliner Journal für Soziologie 30 (2020), S. 113–130.

Lessenich, Stephan, Grenzen der Demokratie. Teilhabe als Verteilungsproblem, Ditzingen 2019.

Lessenich, Stephan/Reder, Michael/Süß, Dietmar, Zwischen sozialem Zusammenhalt und politischer Praxis. Die vielen Gesichter der Solidarität, in: WSI Mitteilungen 73 (2020), S. 319–326.

Loh, Wulf/Skupien, Stefan, Die EU als Solidargemeinschaft, in: Leviathan 44 (2016), S. 578–603.

Mau, Steffen/Burkhardt, Christoph, Migration and Welfare State Solidarity in Western Europe, in: Journal of European Social Policy 19 (2009), S. 213–229.

Maul, Daniel, The International Labour Organization. 100 Years of Global Social Policy, Berlin 2019.

Möckel, Benjamin, Ethischer Konsum und zivilgesellschaftliches Engagement. Moralisierungsstrategien des privaten Konsums seit den 1960er Jahren, in: Beihefte der Historischen Zeitschrift 76 (2019), S.303–332.

Neubauer, Jan, Eine solidarische »Volksgemeinschaft«? Kollegialität, Kameradschaft und »Betriebsgemeinschaft« im Dritten Reich, in: Archiv für Sozialgeschichte 60 (2020), S. 95–121.

Offen, Karen, European Feminisms 1700–1950. A Political History, Stanford 2000.

Poutrus, Patrice, Umkämpftes Asyl. Vom Nachkriegsdeutschland bis in die Gegenwart, Berlin 2019.

Prisching, Manfred, Solidarität. Der vielschichtige Kitt gesellschaftlichen Zusammenlebens, in: Stefan Lessenich (Hg.), Wohlfahrtsstaatliche Grundbegriffe. Historische und aktuelle Diskurse, Frankfurt a. M. 2003, S. 157–190.

Reder, Michael, Solidarische Praktiken in globaler Perspektive. Sozialphilosophische Anmerkungen zu einem umstrittenen Begriff, in: Widerspruch 2006 (62), S. 13–26.

Rucht, Dieter, Solidartätsbewegungen, in: Hans-Werner Bierhoff/Detlef Fetchenhauer (Hg.), Solidarität. Konflikt, Umwelt und Dritte Welt, Opladen 2001, S. 43-64.

Rupp, Leila, Worlds of Women. The Making of an International Women's Movement, Princeton 1997.

Schaeffer, Merlin, Ethnic Diversity and Social Cohesion. Immigration, Ethnic Fractionalization and Potentials for Civic Action, Farnham 2014.

Scholz, Sally, Political Solidarity, University Park 2008.

Schönauer, Annika, u. a., Umkämpfte Solidaritäten. Spaltungslinien in der Gegenwartsgesellschaft, Wien 2019.

Stjernø, Steinar, Solidarity in Europe. The History of an Idea, Cambridge 2005.

Streeck, Wolfgang, Gekaufte Zeit. Die vertagte Krise des demokratischen Kapitalismus, Berlin 2015.

Süß, Dietmar/Woyke, Meik, Der Geruch von Weihrauch und Achselschweiß? Überlegungen zu einer Geschichte der Solidarität, in: Archiv für Sozialgeschichte 60 (2020), S. 11–27.

Tranow, Ulf, Das Konzept der Solidarität. Handlungstheoretische Fundierung eines soziologischen Schlüsselbegriffs, Wiesbaden 2012.

van der Linden, Marcel, Workers of the World. Eine Globalgeschichte der Arbeit, Frankfurt a. M. 2017.

Wagner, Greta, Helfen und Reziprozität. Freiwilliges Engagement für Geflüchtete im ländlichen Raum, in: Zeitschrift für Soziologie 48 (2019), S. 226–241.

Weiss, Holger (Hg.), International Communism and Transnational Solidarity. Radical Networks, Mass Movements and Global Politics, 1919–1939, Manchester 2016.

Welskopp, Thomas, Das Banner der Brüderlichkeit. Die deutsche Sozialdemokratie vom Vormärz bis zum Sozialistengesetz, Bonn 2000.

Welskopp, Thomas, German Trade Unions in the Nineteenth Century. Sociological Foundations in Comparative Perspective, in: German History 37 (2019), S. 314–326.

Anmerkungen

1   Vgl. Ulf Tranow, Das Konzept der Solidarität. Handlungstheoretische
    Fundierung eines soziologischen Schlüsselbegriffs, Wiesbaden 2012;
    ders., Solidarität: Vorschlag für eine soziologische Begriffsbestimmung,
    in: Analyse & Kritik 35 (2013), S. 395–421.

2   Helmut Thome, Soziologie und Solidarität: Theoretische Perspektiven
    für die empirische Forschung, in: Kurt Bayertz (Hg.), Solidarität. Begriff
    und Problem, Frankfurt a. M. 1998, S. 217–262, hier: S. 219.

3   Ulrich Klaus Preuß, Solidarität unter den Bedingungen von Vielfalt, in:
    Johannes Bizer/Hans-Joachim Koch (Hg.), Sicherheit, Vielfalt, Solidari-
    tät. Ein neues Paradigma des Verfassungsrechts? Baden-Baden 1998, S.
    125–135, hier: S. 131.

4   Dazu zentral und ausführlich: Hermann-Josef Große Kracht, Solidarität
    und Solidarismus. Postliberale Suchbewegungen zur normativen Selbst-
    verständigung moderner Gesellschaften, Bielefeld 2017.

5   Ferdinand Lassalle, Arbeiter-Programm. Über den besonderen Zusam-
    menhang der gegenwärtigen Geschichtsperiode mit der Idee des Arbei-
    terstandes (1862), in: ders., Gesammelte Reden und Schriften, Bd. 2, Ber-
    lin 1919, S. 139–202, hier: S. 195, Herv. i. O.

6   Ferdinand Lassalle, Herr Bastiat-Schulze von Delitzsch. Der ökonomi-
    sche Julian oder Kapital und Arbeit (1864), in: ders., Gesammelte Reden
    und Schriften, Bd. 5, Berlin 1919, S. 51 f., Herv. i. O.

7   Wilhelm Liebknecht, Zu Trutz und Schutz. Festrede gehalten zum Stif-
    tungsfest des Crimmitschauer Volksvereins am Sonntag, dem 22. Okto-
    ber 1871, Berlin 1891, S. 18.

8   Kurt Eisner, Sieben Briefe. An eine Freundin, IV. Solidarität, in: ders.,
    Gesammelte Schriften, Bd. 2, Berlin 1919, S. 52–56, hier: S. 56.

9   Émile Durkheim, Einführung in die Soziologie der Familie (1888), in:
    ders., Frühe Schriften zur Begründung der Sozialwissenschaft, Darm-
    stadt 1981, S. 53–76, hier: S. 54.

10 Émile Durkheim, Über soziale Arbeitsteilung. Studie über die Organisa-
    tion höherer Gesellschaften, Frankfurt a. M. 1988, S. 315.

11 Charles Gide, L'école nouvelle. Conférence faite à Genève le 28 Mars
    1890, zit. nach: Große Kracht, Solidarität, S. 195.

12　Charles Gide, Die Solidaristen, in: ders./Charles Rist, Geschichte der volkswirtschaftlichen Lehrmeinungen, Jena 1913, S. 667–697, hier: S. 694.

13　Gustav Gundlach, Solidarismus, in: Staatslexikon, Bd. 4, Freiburg 1933, S. 1613.

14　Große Kracht, Solidarität, S. 12.

15　Rede zur Eröffnung der Winterhilfsaktion gegen Hunger und Kälte, 13.9.1933, in: Max Domarus (Hg.), Hitler. Reden und Proklamationen 1932–1945. Kommentiert von einem deutschen Zeitgenossen, Teil 1: Triumph, Bd. 1: 1932–1934, Leonberg 1988[4], S. 169–342. Den Hinweis verdanken wir Jan Neubauer, Eine solidarische »Volksgemeinschaft«? Kollegialität, Kameradschaft und »Betriebsgemeinschaft« im Dritten Reich, Archiv für Sozialgeschichte 60 (2020), S. 95–121.

16　Herfried Münkler, Enzyklopädie der Ideen der Zukunft: Solidarität, in: Jens Beckert u.a. (Hg.), Transnationale Solidarität. Chancen und Grenzen, Frankfurt a. M. 2004, S. 15–28, hier: S. 15.

17　Michael Reder/Alexander Heindel, Die politische Solidarität in transnationaler Perspektive, in: WSI Mitteilungen 73 (2020), S. 349–355; Stephan Lessenich, Michael Reder, Dietmar Süß, Zwischen sozialem Zusammenhalt und politischer Praxis: Die vielen Gesichter der Solidarität, in: WSI Mitteilungen 73 (2020), S. 319–326.

18　Andreas Göbel/Eckart Pankoke, Grenzen der Solidarität, Solidaritätsformeln und Solidaritätsformen im Wandel, in: Kurt Bayertz (Hg.), Solidarität. Begriff und Problem, Frankfurt a. M. 1998, S. 463–494, hier: S. 478, Herv. i. O.

19　Friedrich Engels, Zur Geschichte des Bundes der Kommunisten, in: Karl Marx/Friedrich Engels, Werke, Bd. 21, Berlin 1973, S. 206–224, hier: S. 223.

20　Vgl. Mancur Olson, Die Logik des kollektiven Handelns. Kollektivgüter und die Theorie der Gruppen, Tübingen 1998.

21　Thomas Welskopp, Soziale Voraussetzungen und Bedingungen für die deutsche Gewerkschaftsbewegung im internationalen Vergleich, in: Karl Christian Führer u. a. (Hg.), Revolution und Arbeiterbewegung in Deutschland 1918–1920, Essen 2013, S. 45–59, hier: S. 47.

22　Hierzu und zum Folgenden grundlegend: Christiane Eisenberg, Deutsche und englische Gewerkschaften. Entstehung und Entwicklung bis 1878 im Vergleich, Göttingen 1986.

23　Vgl. Eric J. Hobsbawm, The »New Unionism« Reconsidered, in: Wolfgang J. Mommsen/Hans-Gerhard Husung (Hg.), The Development of Trade Unionism in Great Britain and Germany, 1880–1914, London 1985,

S. 13–31; Sidney Pollard, The New Unionism in Britain: Its Economic Background, in: ebd., S. 32–52.

24 Hierzu und zum Folgenden grundlegend: Thomas Welskopp, Das Banner der Brüderlichkeit. Die deutsche Sozialdemokratie vom Vormärz bis zum Sozialistengesetz, Bonn 2000.

25 August Bebel, Aus meinem Leben, Bd. 1, Stuttgart 1910, S. 50.

26 Ferdinand Lassalle, Offenes Antwortschreiben an das Zentralkomitee zur Berufung eines Allgemeinen Deutschen Arbeiterkongresses zu Leipzig (1863), Berlin 1919, S. 31.

27 Zahlen: BPB-Tabelle »Die Mitgliederentwicklung der gewerkschaftlichen Spitzenverbände«, Bundeszentrale für politische Bildung, 2012, www.bpd.de. Vgl. Hans-Ulrich Wehler, Deutsche Gesellschaftsgeschichte, Bd. 3, München 1995, S. 140–166, 772–804.

28 Vgl. Gerd Hohorst/Jürgen Kocka/Gerhard Albert Ritter, Sozialgeschichtliches Arbeitsbuch, Bd. 2, München 1975, S. 132–134.

29 Vgl. Thomas Welskopp, German Trade Unions in the Nineteenth Century: Sociological Foundations in Comparative Perspective, in: German History 37 (2019), S. 314–326, hier: S. 316.

30 Vgl. Jürgen Kocka, Arbeitsverhältnisse und Arbeiterexistenzen. Grundlagen der Klassenbildung im 19. Jahrhundert, Bonn 1990, S. 431–436; Klaus Tenfelde, Strukturelle Bedingungen für Solidarität. Erfahrungen der deutschen Arbeiterbewegung im 19. Jahrhundert, in: Gewerkschaftliche Monatshefte 28 (1977), S. 245–258.

31 Vgl. Sebastian Conrad, Globalisierungseffekte: Mobilität und Nation im Kaiserreich, in: Sven Oliver Müller/Cornelius Torp (Hg.), Das Deutsche Kaiserreich in der Kontroverse, Göttingen 2009, S. 406–421, hier: S. 406.

32 Marcel van der Linden, Workers of the World. Eine Globalgeschichte der Arbeit, Frankfurt a. M. 2017, S. 304.

33 Karl Marx, Inauguraladresse der Internationalen Arbeiter-Assoziation, in: Karl Marx/Friedrich Engels, Werke, Bd. 16, Berlin 1975, S. 5–13, hier: S. 12 f.

34 Vgl. Julius Braunthal, Geschichte der Internationale, Bd. 1, Bonn 1978, S. 128; Nicolas Delalande, Transnational Solidarity in the Making. Labour Strikes, Money Flows, and the First International, 1864–1872, in: Fabrices Bensimon/Quentin Deluermoz/Jeanne Moisand (Hg.), »Arise Ye Wretched of the Earth«. The First International in a Global Perspective, Leiden 2018, S. 66–88.

35 Internationaler Sozialisten-Kongreß zu Stuttgart 1907, Bd. 1, Stuttgart 1977, S. 102.

36 Vgl. James Joll, The Second International 1889–1914, London 1974, S. 2.

37 Vgl. Wolfgang Kruse, Krieg und nationale Integration. Eine Neuinterpretation des sozialdemokratischen Burgfriedensschlusses 1914/15, Essen 1994.

38 Zit. nach Georges Haupt, Programm und Wirklichkeit. Die internationale Sozialdemokratie vor 1914, Neuwied 1970, S. 40 f.

39 Wilhelm Liebknecht, in: Vorwärts, Sonderausgabe, 7.8.1900.

40 Der letzte Gang, in: Vorwärts, Sonderausgabe, 13.8.1900. Zu diesem Absatz vgl. Kevin J. Callahan, Demonstration Culture. European Socialism and the Second International, 1889–1914, Leicester 2010.

41 Hierzu ausführlich: Bruno Cabanes, The Great War and the Origins of Humanitarianism 1918–1924, Cambridge 2014, S. 248–299.

42 Karl-Otto Hondrich/Claudia Koch-Arzberger, Solidarität in der modernen Gesellschaft, Frankfurt a. M. 1992, S. 13.

43 Vgl. Tehila Sasson, From Empire to Humanity. The Russian Famine and the Imperial Origins of International Humanitarianism, in: Journal of British Studies 55 (2016), S. 519–537.

44 Vgl. Daniel Maul, Appell an das Gewissen der Völker. Fridtjof Nansen, der internationale Humanitarismus und die russische Hungerhilfe 1921–23, in: Themenportal Europäische Geschichte, 2011 ‹www.europa.clio-online.de/quelle/id/q63-28432›.

45 Vgl. Daniel Maul, Humanitärer Aufbruch. Internationale Hilfe in der Zwischenkriegszeit, in: Geschichte in Wissenschaft und Unterricht 66 (2015), S. 46–60.

46 Vgl. Kasper Braskén, The International Workers' Relief, Communism, and Transnational Solidarity. Willi Münzenberg in Weimar Germany, London 2015, S. 29–57.

47 Angaben nach Linda Mahood/Vic Satzewich, The Save the Children Fund and the Russian Famine of 1921–23: Claims and Counter-Claims about Feeding »Bolshevik« Children, in: Journal of Historical Sociology 22 (2009), S. 55–83; Rodney Breen, Saving Enemy Children. Save the Children's Russian Relief Operation, 1921–1923, in: Disasters 18 (1994), S. 221–238.

48 Vgl. Daniel Maul, The Rise of a Humanitarian Superpower. American NGOs and International Relief, 1917–1945, in: Miguel Bandeira Jerónimo/José Pedro Monteiro (Hg.), Internationalism, Imperialism and the Formation of the Contemporary World. The Pasts of the Present, Cham 2017, S. 129–148.

49 Kasper Braskén, In Pursuit of Global International Solidarity? The Transnational Networks of the International Workers' Relief, 1921–1935,

in: Holger Weiss (Hg.), International Communism and Transnational Solidarity. Radical Networks, Mass Movements and Global Politics, 1919–1939, Manchester 2016, S. 130–167, hier: S. 142.

50 Werner Beiser, Gewerkschaftsbewegung. Zersplitterung der Hilfsaktion für Rußland, in: Vorwärts Nr. 383, 16.8.1921, S. 8.

51 Rußlands Hungerkatastrophe, in: Vorwärts, Nr. 338, 20.7.1921, S. 1.

52 Jürgen Zarusky, Die deutschen Sozialdemokraten und das sowjetische Modell 1917–1933. Ideologische Auseinandersetzung und außenpolitische Konzeptionen, München 1992, S. 144.

53 Vgl. ebd., S. 145.

54 Vgl. hierzu und zum Folgenden grundlegend: Braskén, International Workers' Relief, S. 29–57.

55 Vgl. ebd., S. 62–67.

56 Kasper Braskén, The British Miners' and General Strike of 1926: Problems and Practices of Radical International Solidarity in International Communism and Transnational Solidarity, in: Holger Weiss (Hg.), International Communism and Transnational Solidarity. Radical Networks, Mass Movements and Global Politics 1919–1939, Leiden 2016, S.168–190.

57 Vgl. Franz-Josef Brüggemeier, Geschichte Großbritanniens im 20. Jahrhundert, München 2010, S. 142–149.

58 Richard Bernstein, Der Riesenkampf in England. Durchführung des Generalstreiks – Aufruf zur internationalen Solidarität!, in: Vorwärts, Nr. 208, 5.5.1926, S. 1.

59 Vgl. Friedrich Ensorn, Die Solidaritätsaktion setzt ein, in: Vorwärts, Nr. 214, 8.5.1926, S. 4.

60 Braskén, British Miners, S. 183.

61 Das Urteil der Film-Oberprüfstelle Nr. 4636 ist abgedruckt in: Bertolt Brecht, Kuhle Wampe. Protokoll des Films und Materialien. Ediert von Wolfgang Gersch und Werner Hecht, Berlin 1969, S. 122–135, hier: S. 131; Friederike Wißmann, Hanns Eisler. Komponist. Weltbürger. Revolutionär, München 2012, S. 84–91.

62 Vgl. David Featherstone, Hidden Solidarity. Histories and Geographies of Internationalism, London 2012, S. 69 ff.

63 Vgl. hierzu und zum Folgenden: Holger Weiss, Global Ambitions, Structural Constraints and Marginality as a Choice: The International Trade Union Committee of Negro Workers, in: ders. (Hg.), International Communism and Transnational Solidarity. Radical Networks, Mass Movements and Global Politics 1919–1939, Leiden 2016, S. 318–362, vor allem S. 330 ff.

64 Vgl. Jürgen Dinkel, Die Bewegung Bündnisfreier Staaten. Genese, Organisation und Politik (1927–1992), Berlin 2015, S. 34–44.

65   Weiss, Global Ambitions, S. 330 ff.

66   Vgl. Featherstone, Solidarity, S. 15 ff. Angaben nach ebd.

67   George Orwell, Mein Katalonien. Bericht über den spanischen Bürger-
     krieg (1938), Zürich 2012, S. 7 f.

68   Vgl. Tom Buchanan, Britain and the Spanish Civil War, Cambridge 1997,
     S. 93–120, vor allem S. 111–116.

69   Vgl. Sophia Dafinger, Hilfe, Wohltätigkeit, Solidarität? Die französische
     OSE und die Rettung von Kindern auf der Flucht vor dem »Dritten
     Reich«, in: Archiv für Sozialgeschichte 60 (2020), S. 123–146.

70   Björn-Erik Lupp, Von der Klassensolidarität zur humanitären Hilfe.
     Die Flüchtlingspolitik der politischen Linken 1930–1950, Zürich 2006,
     S. 224.

71   Ebd., S. 315.

72   Zit. nach Wolfgang Röll, Sozialdemokraten im Konzentrationslager Bu-
     chenwald 1937–1945, Göttingen 2000, S. 133.

73   Eugen Kogon, Der SS-Staat. Das System der deutschen Konzentrations-
     lager, München 1977, S. 393.

74   Nikolaus Wachsmann, KL. Die Geschichte der nationalsozialistischen
     Konzentrationslager, München 2016, S. 579 f.

75   Vgl. Herrmann Langbein, Menschen in Auschwitz, Berlin 1980, S. 370.

76   Ausführlich dazu: Johannes Tuchel, Möglichkeiten und Grenzen der
     Solidarität zwischen einzelnen Häftlingsgruppen im nationalsozialisti-
     schen Konzentrationslager, in: Gerhard Amanski/Robert Streibel (Hg.),
     Strategie des Überlebens. Häftlingsgesellschaften in KZ und Gulag,
     Wien 1996, S. 220–235.

77   Martin Gilbert, The Boys. Triumph over Adversity, London 1996.

78   Vgl. Steinar Stjernø, Solidarity in Europe. The History of an Idea, Cam-
     bridge 2005.

79   Grundsatzprogramm der Sozialdemokratischen Partei Deutschlands.
     Herausgegeben vom Vorstand der Sozialdemokratischen Partei Deutsch-
     lands, Bonn 1959, S. 7.

80   Ebd., S. 24 f. Folgende Zitate nach ebd.

81   Zu den westlichen Reaktionen siehe: Dinkel, Bewegung, S. 84–95.

82   Folgendes nach Thomas Scheffler, Die SPD und der Algerienkrieg
     (1954–1963), München 1995.

83   Zit. nach ebd., S. 24; folgende Hinweise nach ebd.

84   Vgl. Frank Biess, Republik der Angst. Eine andere Geschichte der Bun-
     desrepublik, Reinbek bei Hamburg 2019, S. 87–115.

85   Ausführlich zur Rolle der heterogenen Linken in Frankreich: Christoph
     Kalter, Die Entdeckung der Dritten Welt. Dekolonisierung und neue ra-

dikale Linke in Frankreich, Frankfurt a. M. 2011.

86   Vgl. Hans-Jürgen Wischnewski, Mit Leidenschaft und Augenmaß. In Mogadischu und anderswo, München 1989, S. 108.

87   Werner Balsen/Karl Rössel, Hoch die internationale Solidarität. Zur Geschichte der Dritte-Welt-Bewegung in der Bundesrepublik, Köln 1996, S. 75–78.

88   Vgl. Scheffler, SPD und Algerienkrieg, S. 66–70.

89   Vgl. Ebd., S. 66–70

90   Hierzu grundlegend: Lasse Heerten, The Biafran War and Postcolonial Humanitarianism. Spectacles of Suffering, Cambridge 2017; Florian Hanning, Am Anfang war Biafra. Humanitäre Hilfe in den USA und der Bundesrepublik Deutschland, Frankfurt a. M. 2021.

91   Vgl. Wischneswki, Leidenschaft, S. 109.

92   Vgl. Kalter, Entdeckung, S. 246–276.

93   Vgl. Franz Fanon, Die Verdammten dieser Welt, Frankfurt a. M. 1966.

94   Vgl. Robert Brigham, Guerilla Diplomacy. The NLF's Foreign Relations and the Vietnam War, Ithaca 1999.

95   Vgl. die unterschiedlichen Redebeiträge in: Der Kampf des Vietnamesischen Volkes und die Globalstrategie des Imperialismus. Internationaler Vietnam-Kongreß-Westberlin, Berlin 1968.

96   Vgl. Detlef Siegfried, 1968. Protest, Revolte, Gegenkultur, Ditzingen 2018, S. 191 ff.

97   Vgl. Jan Eckel, Allende's Shadow, Leftist Furor, and Human Rights. The Pinochet Dictatorship in International Politics, in: Kim Christiaens/Idesbald Goddeeris/Magaly Rodgríguez García (Hg.), European Solidarity with Chile, 1970s-1980s, Berlin 2014, S. 67–92.

98   Vgl. Kim Christiaens/Magaly Rodriguez Garcia, A Global Perspective on the European Mobilization for Chile (1970s-1980s), in: Kim Christiaens/Idesbald Goddeeris/Magaly Rodgríguez García (Hg.), European Solidarity with Chile, 1970s-1980s, Berlin 2014, S. 7–46.

99   Vgl. Balsen/Rössel, Solidarität, S. 330.

100   Vgl. Kim Christiaens, Europe at the Crossroads of Three Worlds. Alternative Histories and Connections of European Solidarity with the Third World, 1950s-1980s, in: European Review of History 24 (2017), S. 932–954.

101   Zu den Verwendungsweisen des Menschenrechtsbegriffs in Deutschland vgl. Lora Wildenthal, The Language of Human Rights in West Germany, Philadelphia 2013.

102   Vgl. Fernando Henrique Cardoso/Enzo Faletto, Abhängigkeit und Entwicklung in Lateinamerika, Frankfurt a. M. 1976, S. 226.

103   Vgl. Christian Helm, Botschafter der Revolution. Das transnationale

Kommunikationsnetzwerk zwischen FSLN und der bundesrepublikanischen Nicaragua-Solidarität 1977–1990, Berlin 2018, S. 146–170. Ausführlich Frank Bösch, Zeitenwende 1979. Als die Welt von heute begann, München 2019, S. 95–140.

104 Vgl. Stefanie Senger, Getrennte Solidarität? West- und ostdeutsches Engagement für Nicaragua Sandinista in den 1980er Jahren, in: Frank Bösch/Caroline Moine/Stefanie Senger (Hg.), Internationale Solidarität. Globales Engagement in der Bundesrepublik und der DDR, Göttingen 2018, S. 64–92.

105 Zit. nach Sophie Lorenz, »Heldin des anderen Amerikas«. Die DDR-Solidaritätsbewegung für Angela Davis, 1970–1973, in: Zeithistorische Forschungen 10 (2013), S. 38–60, hier: S. 46.

106 Vgl. Helm, Botschafter der Revolution, S. 191.

107 Vgl. ebd., S. 297.

108 Basierend auf Dietmar Süß, Den Kapitalismus bearbeiten. Solidarität, »Dritte-Welt-Bewegung« und der Kampf gegen den »Neoliberalismus« seit den 1970er Jahren, in: Thomas Kroll/Bettina Severin-Barboutie (Hg.), Wider den Kapitalismus: Antikapitalismen in der Moderne, Frankfurt a. M. 2021, S. 159–184.

109 Johannes Riehm, Leben mit dem unerklärten Krieg, Berichte von einem Aufenthalt in Ocotal/Nicaragua Sommer 1986, Wiesbaden 1986, S. 19 f.

110 Ebd.

111 Zit. nach Andreas Wittkowsk, Nicaragua Libre. 1. Arbeitsbrigarde der IG Metall-Jugend. Reisebericht von A. Wittkowski, 21. April bis 25. Mai 1985, Hamburg 1986, S. 38 f.

112 Vgl. Informationsbüro Nicaragua e. V./Teilnehmer der Brigade »Todos juntos venceremos«, Gemeinsam werden wir siegen! Arbeitsbrigaden in Nicaragua, Wuppertal 1984, S. 37.

113 Jocelyn Olcott, Globalizing Sisterhood. International Women's Year and the Politics of Representation, in: Neil Ferguson u. a. (Hg.), The Shock of the Global. The 1970s in Perspective, Cambridge 2010, S. 281–293.

114 Let me Speak! Testimony of Domitila, a Woman of the Bolivian Mines, by Domitila Barrios de Chungara with Moema Viezzer, New York 1978, S. 202 f. (unsere Übersetzung).

115 Bina Agarwal, From Mexico 1975 to Beijing 1995, in: Indian Journal of Gender Studies 3 (1996), S. 87–92, hier: S. 88.

116 Christa Wichterich, Strategische Verschwisterung, multiple Feminismen und die Glokalisierung von Frauenbewegungen, in: Ilse Lenz/Michiko Mae/Karin Klose (Hg.), Frauenbewegungen weltweit. Aufbrüche,

Kontinuitäten, Veränderungen, Opladen 2000, S. 257–280, hier: S. 263.

117   Vgl. zu diesem und dem vorangehenden Absatz allgemein: Petra Gödde, Globale Kulturen, in: Akira Iriye (Hg.), 1945 bis heute. Die globalisierte Welt, München 2013, S. 535–669, hier bes. S. 616–624.

118   Boston Women's Health Club Collective, Our Bodies, Ourselves. A Book by and for Women, Boston 1971.

119   Leena Schmitter, »Erlebte Solidarität«. Die Frauengesundheitsbewegung der 1970er-Jahre als imaginierte transnationale Gemeinschaft, in: Traverse 23 (2016), S. 75–86, hier: S. 83; alle Angaben nach ebd.

120   Vgl. Diarmaid Kelliher, Solidarity and Sexuality: Lesbians and Gays Support the Miners 1984-5, in: History Workshop Journal 77 (2014), S. 240-262.

121   Zit. nach Siegfried, 1968, S. 223, umfassend dazu S. 218-225.

122   Vgl. Anja Schade, Solidarität und Alltag der DDR aus der Sicht exilierter Mitglieder des African National Congress, in: Frank Bösch/Caroline Moine/StefanieSenger (Hg.), Internationale Solidarität. Globales Engagement in der Bundesrepublik und der DDR, Göttingen 2018, S. 186-208.

123   Vgl. Simon Stevens, Why South Africa? The Politics of Anti-Apartheid Activism in Britain in the Long 1970s, in: Jan Eckel/Samuel Moyn (Hg.), The Breakthrough. Human Rights in the 1970s, Philadelphia 2014, S. 202-224.

124   Vgl. Jan Eckel, Verschlungene Wege zum Ende der Apartheid. Südafrika in der internationalen Menschenrechtspolitik 1945-1994, in: Zeithistorische Forschungen 13 (2016), S. 306-313.

125   Vgl. Sebastian Tripp, Fromm und politisch. Christliche Anti-Apartheid-Gruppen und die Transformation des westdeutschen Protestantismus 1970-1990, Göttingen 2019.

126   Ebd., S. 107-161.

127   Ebd., S. 111.

128   Vgl. Peter van Dam, Handel im Tempel? Fair Trade und Kirchen in den Niederlanden seit 1945, in: Wilhelm Damberg/Traugott Jähnichen (Hg.), Neue Soziale Bewegungen als Herausforderung sozialkirchlichen Handelns, Stuttgart 2015, S. 279-296.

129   Benjamin Möckel, Gegen die »Plastikwelt der Supermärkte«: Konsum- und Kapitalismuskritik in der Entstehungsgeschichte des »fairen Handels«, in: Archiv für Sozialgeschichte 56 (2016), S. 335-352, zum Folgenden bes. S. 344 f.

130   Vgl. Sebastian Justke/Sebastian Tripp, Ökonomie und Ökumene. Westdeutsche und südafrikanische Kirchen und das Apartheid-System in den 1970er- und 1980er-Jahren, in: Zeithistorische Forschungen 13 (2016),

S. 280–301.

131 Vgl. Tripp, Fromm und politisch, S. 163–181.

132 Vgl. Knud Andresen/Detlef Siegfried, Sonderfall und Musterbeispiel. Südafrika im Kontext einer Geschichte der Menschenrechte, in: Zeithistorische Forschungen 13 (2016), S. 302–305.

133 Vgl. Kim Christiaens/Idesbald Goddeeris, Solidarity or Anti-Apartheid? The Polish Opposition and South Africa, 1976–1989, in: Anna Konieczna/Rob Skinner (Hg.), A Global History of Anti-Apartheid. »Forward to Freedom« in South Africa, Cham 2019, S. 291–315.

134 Hierzu ausführlich: Idesbald Goddeeris (Hg.), Solidarity with Solidarity. Western European Trade Unions and the Polish Crisis, 1980–1982, Lanham 2010; Natalie Bégin, Kontakte zwischen Gewerkschaften in Ost und West. Die Gründung von Solidarność und ihre Auswirkungen in Deutschland und Frankreich, in: Archiv für Sozialgeschichte 45 (2005), S. 293–325.

135 Angaben nach Albrecht Riechers, Hilfe für Solidarność. Zivilgesellschaftliche und staatliche Beispiele aus der Bundesrepublik Deutschland in den Jahren 1980–1982, Bonn 2006, S. 38–58; Stefan Müller, Die Ostkontakte der westdeutschen Gewerkschaften. Entspannungspolitik zwischen Zivilgesellschaft und internationaler Politik 1969 bis 1989, Bonn 2020.

136 »Im Jahr 2000 ein türkischer Kanzler«, in: Der Spiegel, 7/1989, S. 26–50, hier: S. 27. – Kap. 5 basiert in Teilen auf: Cornelius Torp, Grenzen der Solidarität? Flüchtlingsmigration und nationaler Wohlfahrtsstaat, in: WSI Mitteilungen 73 (2020), S. 335–342.

137 Vgl. Florian Tennstedt, Peitsche und Zuckerbrot oder ein Reich mit Zuckerbrot? Der Deutsche Weg zum Wohlfahrtsstaat 1871–1881, in: Zeitschrift für Sozialreform 43 (1997), S. 88–101.

138 Zit. nach Lothar Gall, Bismarck. Der weiße Revolutionär, Frankfurt a. M. 1980, S. 605.

139 Vgl. Karl Heinz Metz, Solidarität und Geschichte. Institution und sozialer Begriff der Solidarität in Westeuropa im 19. Jahrhundert, in: Kurt Bayertz (Hg.), Solidarität. Begriff und Problem, Frankfurt a. M. 1998, S. 172–194, hier: S. 180 ff.

140 Vgl. Kurt Bayertz, Begriff und Problem der Solidarität, in: ebd., S. 11–53, hier: S. 36 ff.

141 Zuletzt: Ute Frevert, Mächtige Gefühle. Deutsche Geschichte seit 1900, Frankfurt a. M. 2020, S. 325.

142 Vgl. Martin Kohli, Private and Public Transfers between Generations: Linking the Family and the State, in: European Societies 1 (1999),

S. 81–104; ders. u. a., What Transfers from Parents Contribute to the Economic Well-Being of Adult Children, in: Herbert Obinger/Elmar Rieger (Hg.), Wohlfahrtsstaatlichkeit in entwickelten Demokratien. Herausforderungen, Reformen und Perspektiven, Frankfurt a. M. 2009, S. 493–516.

143   Vgl. Hans Günter Hockerts, Der deutsche Sozialstaat. Entfaltung und Gefährdung seit 1945, Göttingen 2011, S. 23–42; Michael Hughes, Shouldering the Burdens of Defeat. West Germany and the Reconstruction of Social Justice, Chapel Hill 1999.

144   Vgl. Harriet Jones/Michael Kandiah (Hg.), The Myth of Consensus. New Views on British History, 1945–64, Basingstoke 1996; Jose Harris, War and Social History: Britain and the Home Front during the Second World War, in: Contemporary European History 1 (1992), S. 17–35; Harold Smith (Hg.), War and Social Change. British Society in the Second World War, Manchester 1986.

145   Manfred Prisching, Solidarität. Der vielschichtige Kitt gesellschaftlichen Zusammenlebens, in: Stefan Lessenich (Hg.), Wohlfahrtsstaatliche Grundbegriffe. Historische und aktuelle Diskurse, Frankfurt a. M. 2003, S. 157–190, hier: S. 179.

146   Hierzu und zum Folgenden: Stefanie Börner, Belonging, Solidarity and Expansion in Social Policy, Basingstoke 2013; dies., Strittige Solidarität. Zur Elastizität von Solidaritätskonstruktionen in den deutschen und britischen Arbeiterunterstützungskassen des 19. Jahrhunderts, in: Zeitschrift für Sozialreform 64 (2018), S. 23–49; dies., Solidaritätsdynamiken. Praktiken der Solidarität in der Gesetzlichen Krankenversicherung und ihren Vorläuferorganisationen. in: Archiv für Sozialgeschichte 60 (2020), S. 74–94.

147   Vgl. Thomas Rahlf (Hg.), Deutschland in Daten. Zeitreihen zur Historischen Statistik, Bonn 2015 (https://histat.gesis.org/histat/de/table/details/F10798FAFCCCCC4701206F58C47CC744).

148   Vgl. Florian Tennstedt, Sozialgeschichte der Sozialpolitik in Deutschland. Vom 18. Jahrhundert bis zum Ersten Weltkrieg, Göttingen 1981, S. 165 ff.; Claudia Huerkamp, Der Aufstieg der Ärzte im 19. Jahrhundert. Vom gelehrten Stand zum professionellen Experten: Das Beispiel Preußens, Göttingen 1985, S. 194 ff.

149   Vgl. Johannes Frerich/Martin Frey, Handbuch der Sozialpolitik in Deutschland, Bd. 1, Von der vorindustriellen Zeit bis zum Ende des Dritten Reiches, München 1996, S. 108.

150   Winfried Schmähl, Sicherung bei Alter, Invalidität und für Hinterbliebe-

ne, in: Bundesministerium für Arbeit und Soziales/Bundesarchiv (Hg.), Geschichte der Sozialpolitik in Deutschland seit 1945, Bd. 2/1, Baden-Baden 2001, S. 401–459, hier: S. 412.

151 Vgl. Manfred Gustav Schmidt, Sozialpolitik in Deutschland. Historische Entwicklung und internationaler Vergleich, Wiesbaden 2005, S. 34; Florian Tennstedt, Sozialgeschichte der Sozialversicherung, in: Maria Blohmke, Handbuch der Sozialmedizin, Bd. 3, Stuttgart 1976, S. 385–492, hier: S. 422.

152 Vgl. Schmidt, Sozialpolitik, S. 36–38.

153 Vgl. Michael Stolleis, Historische Grundlagen. Sozialpolitik in Deutschland bis 1945, in: Bundesministerium für Arbeit und Soziales/Bundesarchiv (Hg.), Geschichte der Sozialpolitik in Deutschland seit 1945, Bd. 1, Baden-Baden 2001, S. 199–332, hier: S. 216–223.

154 Vgl. Alberto Alesina/Edward Glaeser, Fighting Poverty in the US and Europe. A World of Difference, Oxford 2004; Keith Banting/Richard Johnston/Stuart Soroka, Immigration and Redistribution in a Global Era, in: Pranab Bardhan/Samuel Bowles/Michael Wallerstein (Hg.), Globalization and Egalitarian Redistribution, New York 2006, S. 261–288.

155 Vgl. zum Überblick: Tom van der Meer/Joachem Tolsma, Ethnic Diversity and Its Effects on Social Cohesion, in: Annual Review of Sociology 40 (2014), S. 459–478; Keith Banting/Will Kymlicka, Introduction. The Political Sources of Solidarity in Diverse Societies, in: dies. (Hg.), The Strains of Commitment. The Political Sources of Solidarity in Diverse Societies, Oxford 2017, S. 1–58; Merlin Schaeffer, Ethnic Diversity and Social Cohesion: Immigration, Ethnic Fractionalization and Potentials for Civic Action, Farnham 2014, S. 1–31.

156 Norbert Blüm (CDU), Verhandlungen des Deutschen Bundestages. Stenographische Berichte (= BT), 7/168, S. 11778 (25.4.1975).

157 Vgl. Ein nagelneues Moped als Gastgeschenk für den Neuankömmling, in: Frankfurter Allgemeine Zeitung, 7.9.2004.

158 Hildegard Hamm-Brücher (FDP), BT, 9/105, S. 6353 (9.6.1982).

159 Hans Graf Huyn (CSU), BT, 8/79, S. 6214 (10.3.1978).

160 Vgl. Ulrich Herbert/Karin Hunn, Beschäftigung, soziale Sicherung und soziale Integration von Ausländern, in: Bundesministerium für Arbeit und Soziales/Bundesarchiv (Hg.), Geschichte der Sozialpolitik in Deutschland seit 1945, Bd. 7, Baden-Baden 2005, S. 619–651, hier: S. 645.

161 Vgl. Alexander Reiser, »Sie sind doch kein Deutscher!«, in: taz, 6.4.2013; Christian Neef, Russlanddeutsche. »Nicht mehr stumm wie ein Fisch«, in: Der Spiegel, 8/1998, S. 64 ff.

162 Helmut Kohl (CDU), BT 11/113, S. 8099 (1.12.1988).

163 Wolfgang Schäuble (CDU), BT, 13/41, S. 3191 (1.6.1995).

164 Information zur Sozialhilfe auf der Website des Bundesministeriums für Arbeit und Soziales (https://www.bmas.de/DE/Themen/Soziale-Sicherung/Sozialhilfe/sozialhilfe.html).

165 Abschreckende Wirkung, in: Der Spiegel, 37/1981, S. 38–42, hier: S. 42. Vgl. Ulrich Herbert/Karin Hunn, Beschäftigung, soziale Sicherung und soziale Integration von Ausländern, in: Bundesministerium für Arbeit und Soziales/Bundesarchiv (Hg.), Geschichte der Sozialpolitik in Deutschland seit 1945, Bd. 6, Baden-Baden 2008, S. 751–777, hier: S. 774 f.; Wie geschmiert, in: Der Spiegel, 41/1980, S. 131–132; Was tun, in: Der Spiegel, 10/1982, S. 54–56.

166 Constanze Janda, Migranten im Sozialstaat, Tübingen 2012, S. 286 f.

167 BVerfG, Urteil des Ersten Senats vom 18. Juli 2012–1BvL 10/10 – Rn. 1–114.

168 BT, Drucksache 18/6185, S. 1; BGBl. v. 20.8.2019.

169 Christel Hanewinckel (SPD), BT 12/160, S. 13592 (26.5.1993).

170 Vgl. Herbert Leuninger, Zur Situation der ausländischen Arbeitnehmer in der Bundesrepublik Deutschland, in: Caritas, Zeitschrift für Caritasarbeit und Caritaswissenschaft 77 (1976), S. 142–145.

171 Zur Kritik an den Wohlfahrtsverbänden vgl. Dietrich Thränhardt, Im Dickicht der Verbände. Korporatistische Politikformulierung und verbandsgerechte Verwaltung am Beispiel der Arbeitsmigration in der Bundesrepublik, in: Rudolph Bauer/Hartmut Dießenbacher (Hg.), Organisierte Nächstenliebe. Wohlfahrtsverbände und Selbsthilfe in der Krise des Sozialstaates, Opladen 1984, S. 45–66, bes. S. 56 f.

172 Ausführlich dazu die wegweisende Arbeit von Bastian Högg, Die Angst um »die Anderen«. Die Asylbewegung in den achtziger Jahren (1973–1989), unveröffentlichte Masterarbeit Universität Augsburg 2020; Julia Kleinschmidt, Streit um das »kleine Asyl«. »De-Facto-Flüchtlinge« und Proteste gegen Abschiebungen als gesellschaftliche Herausforderung für Bund und Länder während der 1980er Jahre, in: dies./Alexandra Jaeger/David Templin (Hg.), Den Protest regieren. Staatliches Handeln, neue soziale Bewegungen und linke Organisationen in den 1970er und 1980er Jahren, Essen 2018, S. 231–258.

173 Vgl. Frank Bösch, Engagement für Flüchtlinge. Die Aufnahme vietnamesischer »Boat People« in der Bundesrepublik, in: Zeithistorische Forschungen/Studies in Contemporary History 14 (2017), S. 14–40.

174 Vgl. Michael Vössing, Humanitäre Hilfe und Interessenpolitik. Westdeutsches Engagement für Vietnam in den 1960er und 1970er Jahren, Göttingen 2018.

175 Vgl. Jürgen Miksch, Pro Asyl. Bundesweite Arbeitsgemeinschaft für

Flüchtlinge, in: Theologia Practica 24 (1989), S. 97–101.

176 Hierzu ausführlich: Ulrich Herbert, Geschichte der Ausländerpolitik in Deutschland. Saisonarbeiter, Zwangsarbeiter, Gastarbeiter, Flüchtlinge, München 2001, S. 278 ff.; Patrice Poutrus, Umkämpftes Asyl. Vom Nachkriegsdeutschland bis in die Gegenwart, Berlin 2019, S. 83–102.

177 Vgl. Dieter Filsinger, Ausländer im kommunalen Handlungskontext. Eine empirische Fallstudie zur Bearbeitung des »Ausländerproblemes«, Berlin 1992, S. 41–57.

178 Vgl. Karin Hunn, »Nächstes Jahr kehren wir zurück ...« Die Geschichte der türkischen Gastarbeiter in der Bundesrepublik, Göttingen 2005, S. 491 f.

179 Vgl. Friedrich Stramann, Zwischen bürokratischem Eigeninteresse und Selbsthilfeanspruch. Wohlfahrtsverbände im Arbeitsfeld »Ausländerpolitik«, in: Rudolph Bauer/Hartmut Dießenbacher (Hg.), Organisierte Nächstenliebe. Wohlfahrtsverbände und Selbsthilfe in der Krise des Sozialstaates, Opladen 1984, S. 9–26.

180 Vgl. Julia Kleinschmid, Psychosoziale Notstände. Bewältigungsmodelle für Folteropfer in psychosozialen Zentren in Leuven und Frankfurt am Main, in: dies. u. a. (Hg.), Grenzen von Ordnung. Eigensinnige Akteur_innen zwischen (Un)Sicherheit und Freiheit, Münster 2016, S. 211–225.

181 Als einer der ersten Versuche vgl. Maria-Eleonora Kasten, Sozialarbeit mit Ausländern. München 1984, bes. S. 116–148.

182 Vgl. Arbeitsbericht PSZ 1984, S. 14 ff.

183 Vgl. Herbert Leuninger, Wer hilft den Helfern? Kirchliche Einflußnahme auf das Asylklima. Referat auf der Tagung »Lebenshilfe für Asylbewerber« des Deutschen Caritasverbandes und des Katholischen Lagerdienstes vom 28. bis 29. Mai 1984 in Königstein/Taunus (www.leuninger-herbert.de/herbert/archiv/Navigation/Biografie/index.html).

184 Alle Zitate nach Herbert Leuninger, Kirche und Flüchtlinge. Auf welche Plausibilitäten kann sich das Engagement der Wenigen berufen, in: Klaus Barwig/Dietmar Mieth (Hg.), Migration und Menschenwürde. Fakten, Analysen und ethische Kriterien, Mainz 1987, S. 140–157.

185 Vgl. Verein Flüchtlingsbetreuung nach dem Münchner Modell (Hg.), Flüchtlingsbetreuung im Sammellager »mit Sonderaufgaben«. Eine Dokumentation über den Werdegang des Münchner Betreuungsmodells. 16 Jahre Erfahrungen in der Betreuung von Flüchtlingen in sogenannten Gemeinschaftsunterkünften, Oldenburg 2003.

186 Hierzu grundlegend: Lutz Raphael, Jenseits von Kohle und Stahl. Eine Gesellschaftsgeschichte Westeuropas nach dem Boom, Berlin 2019.

187 Rolf Heinze, Soziales Engagement zwischen Erosion und neuen Potentia-

len, in: Gewerkschaftliche Monatshefte 47 (1996), S. 774–779, hier: S. 775.

188   Vgl. Klaus Kock/Edelgar Kutzner, Solidarität im Arbeitsalltag, in: WSI Mitteilungen 73 (2020), S. 327–334.

189   Vgl. Stefanie Hürtgen, Mensch sein auf der Arbeit? Kollegialität als Balance von allgemein-menschlichen und leistungsbezogenen Aspekten von Arbeit, in: Lucie Billmann/Lutz Held (Hg.), Solidarität in der Krise. Gesellschaftliche, soziale und individuelle Voraussetzungen solidarischer Praxis, Wiesbaden 2013, S. 237–262.

190   Katarzyna Gajewska, Transnational Labour Solidarity. Mechanisms of Commitment to Cooperation within the European Trade Union Movement, London 2009, S. 64–70.

191   Vgl. Thomas Blanke, Die Entscheidungen des EuGH in den Fällen Viking, Laval und Rueffert – Domestizierung des Streikrechts und europaweite Nivellierung der industriellen Beziehungen, in: Oldenburger Studien zur Europäisierung und zur transnationalen Regulierung 6 (2008), S. 9 f.

192   Hans Braun, Und wer ist mein Nächster? Solidarität als Praxis und als Programm, Tübingen 2003, S. 15.

193   Zu ihrer schwierigen Geschichte vgl. u. a. Marcus Engler, Zur Entstehung europäischer Solidarität. Eine soziologische Analyse der Gewerkschaften bei Airbus im Konflikt, Wiesbaden 2016.

194   Vgl. Veronika Dehnen/Luitpold Rampeltshammer, Transnationale Solidarität auf betrieblicher Ebene: Utopie oder Realität? Der Europäische Betriebsrat bei General Motors Europe, in: Frank Gerlach u. a. (Hg.), Solidarität über Grenzen. Gewerkschaften vor neuer Standortkonkurrenz, Berlin 2011, S. 109–129.

195   Vgl. Magdalena Bernaciak, East-West European Labour Transnationalism(s). Rivalry or Joint Mobilisation?, in: Andreas Bieler/ Ingemar Lindberg (Hg.), Global Restructuring, Labour and the Challenges for Transnational Solidarity, London 2011, S. 34–47, hier: S. 37 f.

196   Vgl. Dehnen/Rampeltshammer, Transnationale Solidarität, S. 109–129.

197   Rebecca Steger, Alte Widersprüche oder neue Ansätze? Postkoloniale Perspektiven auf zapatistische Solidarität, Arbeitspapiere zur Lateinamerikaforschung, Köln 2014, S. 110.

198   Zit. nach Chico Whitaker, Das Weltsozialforum. Offener Raum für eine andere Welt, Hamburg 2007, S. 21 ff.

199   Vgl. »Kein Pardon für den Adlerhorst«, in: Blätter des Informationszentrums 3. Welt, 144/1987, S. 3 ff.

200   Vgl. Nina Ascoly/Bettina Musiolek/Ineke Zeldenrust, The Code Debate in Context: A Decade of Campaigning for Clean Clothes, in: Christoph Scherrer/Thomas Greven (Hg.), Global Rules for Trade. Codes of Con-

duct, Social Labeling, Workers Rights Clauses, Münster 2001, S. 72–89.

201 Vgl. Nora Lohmeyer/Elke Schüßler/Markus Helfen, Kann Solidarität »von unten« in globalen Zuliefererketten organisiert werden? Der Fall ExChains, in: Industrielle Beziehungen/The German Journal of Industrial Relations 25 (2018), S. 400–424.

202 Vgl. Daniel Maul, The International Labour Organization. 100 years of Global Social Policy, Berlin 2019, S. 241–264.

203 Vgl. Florian Greiner, Introduction. Writing the Contemporary History of European Solidarity, in: European Review of History 24 (2017), S. 837–853, hier: S. 842 f.

204 Zit. nach Marcus Klamert, Solidarität als Rechtsprinzip der Europäischen Union, in: Michèle Knodt/Anne Tews (Hg.), Solidarität in der EU, Baden-Baden 2014, S. 19–39, hier: S. 29.

205 Hierzu ausführlich: Jürgen Gerhards u. a. (Hg.), European Solidarity in Times of Crisis. Insights from a Thirteen-Country Survey, New York 2020.

206 Vgl. Steffen Mau, Europäische Solidarität. Erkundung eines schwierigen Geländes, in: Sebastian Harnisch/Hanns Walter Maull/Siegfried Schieder (Hg.), Solidarität und internationale Gemeinschaftsbildung. Beiträge zur Soziologie der internationalen Beziehungen, Frankfurt a. M. 2009, S. 63–87; ders., Europäische Solidaritäten, in: Aus Politik und Zeitgeschichte 62 (2008), H. 21, S. 9–14, hier: S. 11.

207 Vgl. Christian Lahusen/Maria Teresa Grasso, European Solidarity: An Introduction to a Multifaceted Phenomenon, in: dies. (Hg.), Solidarity in Europe. Citizens' Responses in Times of Crisis, Cham 2020, S. 1–28, hier: S. 15–17.

208 Art. 9 EU-Vertrag.

209 Richtlinie (EU) 2011/24 des Europäischen Parlaments und des Rates vom 9. März 2011 über die Ausübung der Patientenrechte in der grenzüberschreitenden Gesundheitsversorgung, ABl. L. 88, 4.4.2011, S. 57, Art. 7 (1).

210 European Commission, Sozialpolitisches Scoreboard. Wichtigste im Überblick. Vgl. Uwe Puetter, Die Wirtschafts- und Sozialpolitik der EU, 2009, Wien 2009, S. 140–174; Marion Möhle, Europäische Sozialpolitik. Eine Einführung, Wiesbaden 2020, S. 31–56.

211 Vgl. Johannes Blum u. a., Reformvorschläge zur Eurozone – eine gemeinsame europäische Arbeitslosenversicherung als Lösung?, in: ifo Schnelldienst 72 (2019), H. 2, S. 55–61; Zwischen Fiskalunion und fiskalpolitischer Eigenverantwortung. Zum Vorschlag einer europäischen Arbeitslosenversicherung, Gutachten des Wissenschaftlichen Beirats beim Bundesministerium der Finanzen 03/2016, Berlin 2016; Martin Greive/

Jan Hildebrand, Das sind die Details zu Scholzens Plänen für eine europäische Arbeitslosenversicherung, in: Handelsblatt Online, 16.10.2018 (https://www.handelsblatt.com/politik/international/vertrauliches-papier-das-sind-die-details-zu-scholz-plaenen-fuer-eine-europaeische-arbeitslosenversicherung/23192280.html).

212 Vgl. Robert Shelburne, Restoring Stability to Europe, United Nations Economic Commission for Europe Discussion Paper Series 3/2012; Renate Neubäumer, Eurokrise. Keine Staatsschuldenkrise, sondern Folge der Finanzkrise, in: Wirtschaftsdienst 91 (2001), S. 827–833; Jens Beckert/Wolfgang Streeck, Die Fiskalkrise und die Einheit Europas, in: Aus Politik und Zeitgeschichte 62 (2012), H. 4, S. 7–17.

213 Vgl. Fritz Wilhelm Scharpf, Vom asymmetrischen Euro-Regime in die Transfer-Union – und was die deutsche Politik dagegen tun könnte, in: Leviathan 45 (2017), S. 286–308.

214 Alle Daten sind der Website der Weltbank entnommen (data.worldbank.org).

215 Vgl. Philip Manow, Die Politische Ökonomie des Populismus, Berlin 2019.

216 Zur »Ever Closer Union« vgl. Vaughne Miller, »Ever Closer Union« in the EU Treaties and Court of Justice Case Law, House of Commons Library Briefing Paper 07230, 16.11.2015; Zum Sachverhalt insgesamt vgl. Wolfgang Streeck, Warum der Euro Europa spaltet statt es zu einigen, in: Leviathan (43) 2015, S. 365–387.

217 Axel Honneth, Kampf um Anerkennung. Zur moralischen Grammatik sozialer Konflikte, Frankfurt a. M. 1992, S. 209 f.

218 Wulf Loh/Stefan Skupien, Die EU als Solidargemeinschaft, in: Leviathan 44 (2016), S. 578–603, hier: S. 588.

219 Vgl. Tim Bartz/Claus Hecking Sein Name: Bond, Corona-Bond, in: Spiegel Online, 23.4.2020 (https://www.spiegel.de/wirtschaft/soziales/giuseppe-conte-vor-dem-eu-gipfel-sein-name-bond-corona-bond-a-d2ed67a1–2dc4–4785-bde3-eb40ead88b42).

220 Vgl. Thomas Riecke, Das Recht des Stärkeren, in: Handelsblatt, 12.5.2020, S. 14 f.

221 Nel gioco delle alleanze europee è Macron che ha la carta decisiva, in: Corriere della sera, 4.4.2020, unsere Übersetzung.

222 Vgl. Lorenzo Cicchi u.a., EU-Solidarität in Zeiten von Covid-19, in: WSI Mitteilungen 73 (2020), S. 427–437, hier bes. S. 430 f.

223 Hauke Brunkhorst, Solidarität unter Fremden, Frankfurt a. M. 1997, S. 8.

224 Hauke Brunkhorst, Solidarität. Von der Bürgerfreundschaft zur globalen Rechtsgenossenschaft, Frankfurt a. M. 2016.

225 Vgl. auch »Solidarität ist immer auch Solidarität unter Fremden«, Zeit-

Online-Interview mit Rahel Jaeggi, 12.9.2020 (https://www.zeit.de/kultur /2020-09/corona-pandemie-moria-brand-fluechtlingslager-solidaritaet-rahel-jaeggi).

226 Leila Rupp, Transnationale Frauenbewegungen, in: Europäische Geschichte Online (EGO), hg. vom Institut für Europäische Geschichte (IEG), Mainz 2011-08-26 (http://www.ieg-ego.eu/ruppl-2011-de URN: urn:nbn:de:0159-2011080841).

227 Millionen streiken gegen Gewalt an Frauen, in: Zeit Online, 9.3.2020 (https://www.zeit.de/gesellschaft/zeitgeschehen/2020-03/mexiko-gewalt-frauen-streik-demonstration).

228 Schröder fordert Optimismus, in: Spiegel online, 6.4.2001 (https:// www.spiegel.de/politik/deutschland/konjunktur-schroeder-fordert-optimismus-a-126777.html). Vgl. Hans Günter Hockerts/Winfried Süß, Markt und Nation. Über zwei Relationen des Sozialstaats und ihren Wandel in Zeiten von Globalisierung und Europäisierung, in: Christian Marx/Morten Reitmayer (Hg.), Die offene Moderne – Gesellschaften im 20. Jahrhundert. Fs. für Lutz Raphael zum 65. Geburtstag, Göttingen 2020, S. 318-343, hier: S. 327 f.

229 Vgl. Lutz Leisering, The Global Rise of Social Cash Transfers: How States and International Organizations Contructed a New Instrument for Combating Poverty, Oxford 2019.

230 Münkler, Enyzklopädie, S. 20.

231 Greta Wagner, Helfen und Kritik. Das Verhältnis von Solidarität und Wohltätigkeit in der Hilfe für Geflüchtete, in: WSI Mitteilungen 73 (2020), S. 356-361, hier: S. 356.

232 Enzyklika Fratelli tutti von Papst Franziskus über die Geschwisterlichkeit und die soziale Freundschaft vom 3. Oktober 2020. Hg. vom Sekretariat der Deutschen Bischofskonferenz, Bonn 2020 (Verlautbarungen des Apostolischen Stuhls 227), S. 74 f. (abrufbar unter: https://www.dbk-shop.de/media/files_public/2866c20f6f2fa6c6c9d6f587f628b613/DBK_2227.pdf).

233 Vgl. Frank Trentmann, Herrschaft der Dinge. Die Geschichte des Konsums vom 15. Jahrhundert bis heute, München 2017, S. 764-777.

234 Sigrid Baringhorst, Solidarität - Erlebnisaspekt und Selbstinszenierung, in: Hans-Werner Bierhoff/Detlef Fetchenhauer (Hg.), Solidarität. Konflikt, Umwelt und Dritte Welt, Opladen 2001, S. 253-272, bes. S. 254ff.

Autoren

Dietmar Süß

ist Professor für Neuere und Neueste Geschichte an der Universität Augsburg.

Cornelius Torp

ist Professor für Neuere und Neueste Geschichte an der Universität Bremen.